JN079718

日朝交隣外史ノート

示車右甫

花乱社

一、誠信の交わりと申す事人々申す事に候らえども、多くは字義を分明に仕《つかまつ》らざる事これあり候。誠信と申し候は実意と申す事にて、互いに欺《あざむ》かず争わず、真実を以《もっ》て交わり候を誠信とは申し候。朝鮮とまことの誠信の交りを取り行わるべしと思し召し候になり候ては、送使（対馬藩使節）をも尽《ことごと》く御辞退なされ、すこしも彼国（朝鮮国）の造作《ぞうさ》（費用）に御なりなされず候時ならではまことの誠信とは申しがたく、その訳《わけ》彼国の書藉（大国が小国を憐れむ朝貢体制をいう）を見申し候らえば底意のある所相知れ申し候。（下略）

享保十三（一七二八）戊申年十二月二十日

雨森東五郎

（雨森芳洲『交隣提醒《こうりんていせい》』より）

はじめに

「一衣帯水」ということばがあります。これを日本について考えると、世界で一番ふさわしい所は朝鮮との関係です。朝鮮の南端の釜山と九州の北端対馬島の間はわずか五〇キロの、対馬海峡を隔てた密接な地位にあります。古代以来、この地理的条件は変わりませんでした。

古代、日本という国はありませんでした。「倭国」と呼ばれていました。命名者は中国です。「倭」の呼称は七世紀前後頃、「日本」に改称されました。天武天皇と持統天皇の時代である、との説があります。日本の独立です。日本人は誇りをもって、呱々《ここ》の声をあげたのです。しかし、これは、容易に国際的には認められませんでした。とくに朝鮮は、倭国の名称に執着しました。

この書は、この日朝両国の二千年に及ぶ歴史を通覧するものです。

古代中国は、中華（洛陽一帯）を囲んで、周辺の地域を南北四辺に分けました。東夷、南蛮、西戎、北狄です。

『説文解字注』はいいます。「夷は、大に从（従）い、弓に从（従）う、東方の人です」。また、いいます。「東夷は大に従う、大は人である。夷の俗は仁、仁の者は寿、君子不死の国である」

ここには、東夷の人を異族として蔑視する差別観はありません。

『後漢書　東夷列伝』はいいます（『論語』子罕篇一四）。「故に孔子は九夷に居らんと欲せしなり」。九夷の古名は畎夷《けんい》・于夷・方夷・黄夷・白夷・赤夷・玄夷・風夷・陽夷です。

ところで、「東夷」では漠然として、どこか分かりません。『爾雅』はいいます。「夷に九つの種がある、一に玄菟《げんと》、二に楽浪《らくろう》、三に高麗《こうらい》（以上、朝鮮半島）、四に満飾《まんしょく》、五に鳧更《ふゆ》、六に索家《さくか》、七に東《とう》屠《と》（以上、満州）、八に倭人《わじん》、九に天鄙《てんぴ》（以上、倭）」

さらに『論語』（公治長篇七）はいいます。「（孔）子曰わく、道行なわなければ、桴《いかだ》に乗りて海に浮かばん」

よって中華の東方の海に浮かぶ島は倭人の国ということになります。しかし、当時、この島は未確認で、孔子の夢想した理想郷と考えられます。

春秋時代、呉と越が長江の南方にありました。これに近く倭人が居住していました。

紀元前四七三年、越王勾践《こうせん》が呉王夫差《ふさ》を破り、夫差は自殺し、呉は滅びました。勾践から六代あと、無彊《むきょう》の代、越は楚に侵攻するも逆に敗退し、楚の威王に滅ぼされました。倭人はこれらの混乱の前後にかけて、一部は海行して東支那海、対馬海峡を経て北部九州に逃れ、あとの一部は山東半島に、さらには楽浪郡を経て朝鮮半島南岸、洛東川周辺に居着いた模様であります。

『新羅本紀　第一』（『三国史記』巻第一）によれば、始祖の姓は朴氏で、諱は赫居世《かくきょせい》といい、前漢孝宣帝の五鳳元年甲子の年（紀元前五七）四月丙辰の日に即位しました。王号を居西干《きょせいかん》といい、このとき十三歳。国号を徐那伐《じょなばつ》といいました。

三十八（前二〇）年春二月、〔新羅は〕瓠公《ここう》を派遣し馬韓を訪問させた。馬韓王が瓠公をなじって次のように言った。

辰韓《しんかん》と卞韓《べんかん》とは我が属国である。近年貢物を送って来ない。大国に仕える礼儀としてそのようなことでよかろうか。

瓠公はそれに答えて、

我が国では二聖（始祖と閼英）が建国してから人間社会の事柄が安定し、天候が順調で穀物倉は充実しており、人々は互いに敬い譲り合っています。〔そのため〕辰韓の遺民ははじめ卞韓・楽浪・倭人に至るまで〔新羅を〕畏れないものはありません。それにもかかわらず、我が主は謙虚で、私を遣わして、国交を開こうとしています。〔このようなことは〕礼儀に過ぎたことというべきでしょう。

といった。そこで大王は激しく怒り、瓠公を刀で脅かした。〔すると瓠公は〕これはいったいどういうつもりなのか。

〔といった。馬韓〕王が怒って彼を殺そうとしたが、左右の〔重臣たちが王を〕諌めとどめた。そして彼の帰国を許した。

これより以前に中国人で、秦の時代の争乱に苦しみ、東方に移住する者が多かった。彼らの多くは馬韓の東にいて、辰韓と雑居していた。この時期になって彼らは次第に盛んになった。その故、馬韓がこれを憎んで責めたのである。

瓠公はその出身の氏族名を明らかにしていない。彼はもともと倭人で、むかし瓢《ひさご》を腰にさげ、海を渡って〔新羅に〕来た。それで瓠公と称したのである。

赫居世八（紀元前五〇）年、倭人が出兵し（新羅《しんら》の）辺境に侵入しようとしたが、（新羅の）始祖には神のような威徳があると聞いて引き返した。

第二代南解王の十一（紀元一四）年、倭人が兵船百余隻で海岸地方の民家を略奪した。（そこで）六部の精鋭を動員してこれに当たらせた。楽浪は新羅国内が手薄だと考え、金城を激しく攻撃した。その夜、流星が賊の軍営に落ちたので、彼らは恐れ戦《おのの》いて退却し、閼川《あつせん》（慶州市の東川）のほとりに陣をはり、石積み二十個を創って退却した。六部の兵一千人がこれを追撃して、吐含山《とがんざん》の東から閼川に来たが、これらの石積みを見て賊軍が多いと思い、追撃するのをやめた。

以上が倭人が新羅の歴史に登場する始めです。倭人の兵船百余隻が沿岸地方に侵入したことから、彼らは、海を渡ってきた北九州の倭人、倭奴国の者であることが推量されます。

『東夷列伝』によれば、建武中元二（紀元五七）年、倭奴国王は、後漢世祖光武帝から「漢委奴国王」の印綬を授受されました。次いで安帝の永初元（一〇七）年、倭国王帥升《すいしょう》らは後漢に朝貢し、生口（奴隷）一八〇人を献上しました。さらに『魏志倭人伝』によれば、景初二（二三八）年、倭の女王卑弥呼は、魏都に大夫難升米《なしめ》を使節として送り、その結果、明帝から「親魏倭王卑弥呼」と呼称され、礼物を賜りました。

時代は下って、朝鮮南部の三韓（馬韓・弁韓・辰韓）の時代、倭は百済に与《くみ》して朝鮮の内乱に出兵し、その結果、三世紀から四世紀にかけて、三韓は、百済（馬韓）・新羅（辰韓）・伽耶（弁韓）として独立していきました。

三六九年、百済は、中国から伝えられた七支刀《しちしとう》を倭国に献上しました。

五三八年、百済の聖明王は、仏像、経綸を倭国にもたらしました。

六六〇年、斉明天皇の代、倭国と友好関係にあった百済が滅亡。その後、復興を支援した倭国軍は六六三年、錦江の白村江《はくすきのえ》の戦いで新羅・唐連合軍に敗退しました。

六六八年、中大兄皇子の代、朝鮮の三国（高句麗・新羅・百済）は統一され、新羅が成立しました。新羅は早速、倭国へ「朝貢調使」を派遣し、国交の回復を期しました。

百済滅亡後、百済王とその部族、貴族などを含む一部の百済人が倭国に帰化し、さらにその一部が倭国朝廷に仕えました。

六七四年、新羅は、天武天皇（中大兄皇子即位六六八年）の賀騰極使及び天智天皇（六七一年崩御）の弔喪使を倭国に遣わしました。新羅は六七四年、唐から侵略を受けると、さらに倭国に親近し、以後六九七年までに、朝貢のための倭国への遣使は二十六回に及びました。これに対し倭国の遣新羅使は十回となりました。

しかしその間、六八七年、倭国の使者が新羅に行き、天武天皇の喪（六八六年崩御）を告げようとしたところ、新羅は先例と異なり、下位の官人が倭国の「勅」を受けようとしたため、倭国の使者が受け取りを断って帰国する事件があり、また六八九年、新羅の弔使に対し、倭国は朝貢の不十分を非難しました。よって以後、朝貢も不定期になりました。

八世紀には両国の関係は疎遠になり、九世紀には公的通交は途絶えました。この間、日本国は八二四年まで、新羅人の帰化を認めました。

高麗が新羅を滅ぼし、建国したのが九一八年です。一三九二年、李氏朝鮮が始まるまで続きました。高麗の顕著な事業は、仏教を奨励し、国家事業としての仏典の刊行です。『大蔵経』六千余巻を、十一世紀に雕造《ちょうぞう》しました。さらに官僚制度では、いわゆる両班制度を採用しました。武人単独政権の否定です。

一二五九年、高麗は一二三一年以来の蒙古軍の執拗な侵攻に屈し、太子を蒙古に送り降伏しました。

こうした状況の中、日本国は文永（一二七四年）・弘安（一二八一年）のとき、高麗も参加した蒙古の襲来を受け、撃破しますが、その後、この戦いで最大の戦禍を蒙った対馬・壱岐は倭寇に変身し、朝鮮南岸を荒すことになります。倭の悪名の始まりです。

倭寇は、李氏朝鮮（一三九二年成立）の時代になって終熄させられました。対馬と富山浦など三浦《さんぽ》の間に、歳遣船《さいけんせん》貿易が始まり、ようやく平穏な時期が訪れました。また同時期、室町幕府将軍足利義満は朝鮮と通交し、通信使の訪問を受け入れました。

しかし、一五〇年ほどのち、突然、激震が走ります。最大の倭寇ともいうべき、文禄の役（一五九二年）の豊臣秀吉の朝鮮出兵です。

徳川時代は、日朝の隣好回復の時代です。朝鮮通信使が十二回、来日して善隣友好を深めました。しかし、その底流には、儒教の国朝鮮の考え方と、徳川時代中期から幕末にかけての日本における皇国史観、ひいては尊王攘夷思想の台頭によって対立し、必ずしも円滑に交流の和が結ばれたとはいえないようです。

明治維新後、日本新政府は国書を送り、朝鮮に対して改めて和を求めましたが、朝鮮の小中華主義に妨げられて、朝鮮は容易に国書を受理しませんでした。これを契機に征韓論が起こりました。これは大久保利通らの働きで無事に収まりましたが、欧米諸国と通商を開いた先進国日本は、朝鮮に開国を働きかけました。

こうして明治九年、「修好条規」が締結され、これによって、徳川時代の通信使にかわる修信使が四回にわたって日本を訪問しました。使節は日本で先進国の実態を目の当たりにし、これに勢いづいた朝鮮の開化派は、守旧派に逆らって朝鮮開国に奔走しました。しかし、守旧派の抵抗は強く、開化派は失脚します。

以後、日清戦争、日露戦争などがあり、迂余曲折ののち、ついに一九一〇（明治四十三）年の日韓併合に至りました。

朝鮮との長い歴史の中にあって、汚点のついた「倭」ということばは、無意識に朝鮮の怨念となって、朝鮮人の記憶にわだかまり続けました。

明治の時代までの「日本のかたち」は、こうした背景を負って、いみじくもこの朝鮮を反面教師として、その一端が形作られました。

日朝交隣外史ノート❖目次

日朝交隣外史ノート

1 倭と倭寇

「倭」とは不思議な文字である。字義は「したがう」である。『説文解字』では「従順なさま」である。表音は「イ」あるいは「ワ」である。この字は古代、日本の呼称とされた。命名者は中国である。当時「日本」の呼称はない。

しかし、別の説がある。淵源は中国にある。後漢の王充《おうじゅう》が編んだ『論衡』に次の通り記してある。

「周の時は天下太平、越裳《えつしょう》（越《ベトナム》の裳国）は白雉《はくち》を献じ、倭人は鬯草《ちょうそう》（霊芝《れいし》）を貢す」

また、いう。

「武王の紂《ちゅう》を伐つや、庸・蜀の夷、佐《たす》けて牧野に戦う。成王の時、越常雉《えつしょうち》を献じ、倭人暢《ちょう》（草）を貢《こう》す。幽・厲衰微《れいすいび》するや、戎《じゅう》・狄周《てきしゅう》を攻め、平王東走し、以て其の難を避く」

ただし、「周の時」は、武王が紂を討ったとき、つまり、西周の初年、紀元前一一二〇年頃である。また「成王の時」は、いつかといえば、武王と西周の最後の十二代王・幽王（前七七一年死去）との間で、成王は武王の次の王であるから、西周の初期ということになる。

この時節、この「倭人」が、のちに日本人を称する倭人の始祖であるとする確たる証拠はない。

日本は縄文時代である。

中国の巴《は》県（重慶の付近・長江の流域）にあった巴国に倭人がいたとされる。『尚書』によれば、武王が紂王を討伐したとき、巴と蜀が支援して出兵したとある。この倭人は、武帝の無謀な侵攻で多くの国が滅亡し、多数が僻地に逃亡、あるいは亡命した倭族の後裔とされる。

ちなみに武帝は前漢の七代皇帝（建元元年〔前一四〇〕即位）で、元狩元（前一二二）年には匈奴を討ち、元封三（前一〇八）年には朝鮮の衛氏を滅ぼし、楽浪郡をはじめ漢の四郡を朝鮮に置いた。

中国の歴史書『漢書 地理志』に次の記事がある。読み下す。

「楽浪郡の海中に倭人あり、分れて百余国をなし、歳時を以て来たり献見すと云う」

これは紀元前一世紀の倭人の状況を記している。楽浪とは朝鮮半島の北辺である。楽浪、真番、臨屯、玄菟の四郡からなる。

紀元前一〇九年、漢の武帝は朝鮮に出兵し、翌年これを平定した。朝鮮国の王子や大臣たちは戦闘の激化につれ、相次いで降伏した。前一〇八年、衛氏朝鮮が滅ぼされた。同年、設置された四郡のうち、前八二年、真番・臨屯両郡が廃止、玄菟郡も西北方に後退、前七五年には楽浪郡だけになった。

西暦一二年、前漢を滅ぼした王奔《おうもう》（新国王、在位八～二三年）は、高句麗国に匈奴討伐を命じた。高句麗王騶《すう》がこれに反対し殺された。各地の異民族が王奔に反乱した。これは、王奔の新国滅亡の遠因となった。三〇年、漢は楽浪郡の遼東七県を放棄し、新国のあとを受け継いだ後漢によって、楽浪郡の諸地域は自治を許され、楽浪郡の支配地は縮小した。

その後、二〇四年頃、遼東郡に進出した公孫氏が楽浪郡を復活し、その南部を帯方郡にし、朝鮮南部の倭・韓両種族を支配した。

『魏志東夷伝』はいう。

「辰韓」《国は鉄を出す、韓・濊《わい》・倭、みな従ってこれを取る。……その男女は倭に近く、また文《いれ》身《ずみ》す》

「弁韓」《其の瀆盧《とくろ》国は倭と界を接す》

「韓」《韓は帯方の南に在り、東西は海をもって限りと為し、南は倭と接す》

この「倭」は中国系の倭である。南朝鮮に屯していた部族である。

漢人あるいは朝鮮人が南海を越え遭遇したのが日本系の倭人である。対馬、壱岐、九州北部の人であったろう。従順で優しい人柄であった。狭義でいえば、この地域が倭国であった。「分れて百余国」を作る、というが、この百余国は今日いうところの「国」ではない。一定の地域の集落であったろう。

『後漢書　東夷列伝』（以下『東夷列伝』）によれば、

「倭は韓の東南の大海に在り、山島に依りて居《すまい》をなし、凡そ百余国なり。武帝の朝鮮を滅ぼしてより、使駅を漢に通ずる者三十許国なり、国は皆王と称して世世統を伝う。その大倭王は邪馬壹に居《お》る」

次いで光武帝が朝貢した奴国に印綬を授けたとある。

「建武中元二（五七）年倭奴国、貢を奉り朝賀し、使人は自ら大夫を称し、倭国の極南界也。光武は賜うに印綬を以てす」

この文章で注意すべきは、「倭国の極南界」である。九州の北部をなすと推察される。ここが極南界とするならば、その極北側に「倭国」があったことになる。それは、海を隔てた朝鮮半島の南岸地帯にほかならない。朝鮮の倭と北九州の倭が同類であったことになる。

金印には、「漢委《い》奴国王」と陰刻してあった。

「倭奴」と「倭国」と「委奴」との関係はどうか。

倭国は倭人の住む国である。倭奴と委奴は同義であろう。この時節、漢国に朝貢するほどの勢力を蓄えた委奴国が形成され、存在したのはまぎれもない。

委奴の「委《い》」は、『説文』によれば「すなおにしたがうさま」である。表音は「イ」で、ワとは読まない。「奴」は「ド」または「ヌ」と読み、『説文』では「奴隷《どれい》」である。よって、「委奴」は「イド」または「イヌ」である。

金印の文字を率直に読むと「漢《かん》の委《い》奴《ぬ》の国王」となる。「奴」には蔑視の意味がある。

ところで、『後漢書』巻一、光武帝紀に「二年春正月辛未《しんび》、初めて北郊に立て、后土を祀る、后土、東夷の倭奴国王、使いを遣わして奉献す」とある。

この「東夷」が問題である。「夷」はえびすで、中国の東部の異民族の総称で、一名「醜夷」とも称し、ここでも中国の中華主義による蔑視感がにじんでいる。

「安帝の永初元（一〇七）年倭国王（の使いの）帥升《すいしょう》等、生口《せいこう》百六十人を献じ、請見を願う」

この倭国が、先の奴国とどのような関係にあるのか不明である。五十年後のことで、奴国が存続したとみてよいのか。いずれにしても、生口（奴隷）を一六〇人も献ずる力を蓄えていたほどの国であろう。

「桓《かん》・霊《れい》の間、倭国大乱し、更々《こもごも》相攻伐し、年を歴《ふ》るも主なし。一女子あり名づけて卑弥呼《ひみこ》といい、年長じて嫁がず、鬼神の道に事《つか》え、能く妖を以て衆を惑わし、是に於いて共に立てて王となす」

桓・霊の間とは、後漢朝の桓帝（在位一四六～一六七年）と霊帝（在位一六八～一八九年）の間のことである。

倭国大乱とは、倭国内の争乱のことである。奴国が滅ぼされた。

『魏志倭人伝』（魏志東夷伝・倭人）には次の通り「倭国」について記されている。

「倭人は帯方《たいほう》東南の大海の中に在り、山島に依りて国邑《こくゆう》をなす。旧《もと》百余国、漢時に朝見者が有り。今使訳の通ずる所は三十国なり。郡より倭に至るには海岸を循りて水行し、韓国を歴《へ》て南し東して、其の（倭の）北岸狗邪韓国に到る、七千余里なり」

帯方郡は、後漢末の二〇四年、楽浪郡が二つに分かれたもので、楽浪郡の南、朝鮮半島の南部である。

倭国には男子は大小となくみな顔や体に入れ墨をし、墨、丹、朱を塗っていた。古くから中国に朝貢する者あり、みずから大夫を称した。
「始めて一海を千余里度《わた》ると対海国に至る。大官は卑狗《ひく》、副官は卑奴母離《ひなもり》曰う、絶島に居所し、方は四百余里可し。土地、山は険しく、深林多く、道路は禽鹿の径の如し。千余戸有り、良田無く、食は海の物で自活した。乗船して南北に市羅《してき》した。……南に邪馬壹国に至る、女王の都する所である。十日水行、陸行一月すると、官は伊支馬《いしま》、次は弥馬升《みましょう》、弥馬獲支《みまかくき》、奴佳鞮《なかてい》という」
　この女王が卑弥呼である。景初二（二三八年。景初三年説あり）年以降、帯方郡を通じて魏に使者を送り、皇帝から「親魏倭王」に任じられた。正始八（二四七）年には、狗奴国と紛争し、そのとき帯方郡から塞曹掾史《さいそうえんし》・張政が派遣され、この機縁により、朝鮮半島の国々と使者を交換した。

　以下に『新羅本紀』（『三国史記』巻第一）より、倭人に関する記事を抜粋、要約する。文中の（）〔〕は原本の注である。

　新羅の始祖は朴氏で、諱は赫居世《かくきょせい》である。前漢の孝宣帝の五鳳元年甲子（前五七）の年四月丙辰の日、正月十五日に即位した。王号を居西干《きょせいかん》といった。このとき十三歳。国号は徐那伐《じょなばつ》といった。居西干とは、辰韓《しんかん》（引用者注：朝鮮古代三韓の一つ）で王者のことをいう。辰韓は、閼川楊山村、突山高墟村、觜山珍支村、茂山大樹村、金山加利村、明活山高耶村の六村。朝鮮からの移住民が山間に分かれて村落を作った。

八（前五〇）年、倭人が出兵し（新羅の）辺境に侵入しようとしたが、（新羅の）始祖は神のような威徳があると聞いて引き返した。

南解次次雄《なんかいじじゆう》王の時代十一（一四）年、倭人が兵船百余隻で海岸地方の民家を略奪した。六部の精鋭を動員して、これに当たらせた。

儒理尼師今《じゆりにしきん》王の時代三（五九）年夏五月、倭国と国交を結び互いに使者を交換した。十七（七三）年、倭人が木出島（慶南蔚山市の目島か）に侵入した。王は角干《かくかん》羽烏《うう》を派遣し、これを防いだが、勝つことができなかった。羽烏はこの戦いで戦死した。

祇摩《ぎま》尼師今王の時代十（一二一）年夏四月。倭人が東部の辺境に侵入した。十二（一二三）年春三月、倭国と講和した。

阿達羅《あだつら》尼師今王の時代二十（一七三）年夏五月、倭の女王卑弥呼が使者を送って来訪させた。

伐休《ばつきゆう》尼師今王の時代十（一九三）年六月、倭人が大飢饉に見舞われ、食糧を求めて（新羅に）千余人も来た。

奈解《なかい》尼師今王の時代十三（二〇八）年夏四月、倭人が国境を侵したので、伊伐飡《いばつさん》の利音に軍隊を率いて反撃させた。

助賁《じよふん》尼師今王の時代四（二三三）年五月、倭軍が東部の国境を侵した。秋七月、伊飡《いさん》の于老《うろう》が倭人と沙道で戦った。風向きをはかって火をつけ、（倭軍の）舟を焼いた。賊兵は水に溺れてことごとく死んだ。

沾解尼師今王《てんかい》の時代三（二四九）年夏四月、倭人が舒弗邯《じょふつかん》の于老を殺した。

儒礼尼師今王《じゅれい》の時代四（二八七）年夏四月、倭人が一礼部を襲い、村々に火をつけて焼き払い、一千人もの人々を捕えて立ち去った。

六（二八九）年夏五月、倭兵が攻め寄せてくるとの情報で船を修理し兵器を修繕した。九（二九二）年夏六月、沙道城を攻め落とそうとした。一吉湌《いっきつさん》の大谷《たいこく》に命じて、兵を率いて救援させ、この城を確保した。

十一（二九四）年夏、倭兵が侵入して長峯城を攻めたが、勝てなかった。

十二（二九五）年春、王は重臣たちに次のように言った。

「倭人がしばしば我が国の城や村を襲うので、人々は安心して生活することができない。私は百済と共謀して一時海上に出てその国を攻撃しようと思うが、どうであろうか」

舒弗邯の弘権は答えた。

「我が国の人々は水上の戦いに慣れていません。危険を冒して遠征すれば、おそらくは思いがけない危険があるでしょう。まして百済は嘘が多く、その上つねに我が国の侵略を企図しております。おそらく（百済と）共同で（倭侵略を）謀議することは国難でしょう」

王は、「よくわかった」と言った。

基臨《きりん》尼師今王の時代三（三〇〇）年春正月、倭国と国使の交換をした。

訖解《きつかい》尼師今王の時代三（三一二）年春三月、倭国王が使者を派遣して、王子の花嫁を求めてきたので、阿飡《あさん》の急利の娘を〔王子の嫁として〕倭国に送った。

三十五（三四四）年春二月、倭国が使者を派遣して花嫁を求めてきたが、娘はすでに嫁に行ったとして辞退した。

三十六（三四五）年二月、倭国が国書を送ってきて、国交を断絶した。

三十七（三四六）年、倭軍が突然風島（不明）を襲い、辺境を掠め犯した。〔倭軍は〕さらに進んで金城を包囲し、激しく攻めた。王は城を出て戦おうとしたが、伊伐飡の康世が、賊軍は遠くからやって来て、その鋒先は当たるべからざるものがあります。賊軍〔の我が軍に対する当たり〕をゆるめさせるのがよく、その軍の疲れを待ちたいと言った。王はこれをよしとし、門を閉じて兵を出さなかった。賊軍は食糧がなくなり、退却しようとしたので、康世に命じて精鋭な騎馬隊を率いて追撃し、これを敗走させた。

奈勿《なこつ》尼師今王の時代九（三六四）年夏四月、倭兵が大挙して侵入してきた。王はこの報告を聞いて、〔倭軍の勢力に〕対抗できないことを考慮して、草人形を数千個作り、それに衣を着せ、兵器を持たせて、吐含山の麓に並べ、勇士一千人を斧峴《ふけん》の東の野原に伏せておいた。倭軍は数をたのんでまっしぐらに進撃してきたので、伏兵を出動させて倭軍に不意打ちをかけた。倭軍は大敗して逃走したので、追撃して倭兵をほとんどすべて殺した。

三十八（三九三）年夏五月、倭軍が侵入して金城を包囲し、五日も解かなかった。将軍たちはみな城を出て戦いたいと願った。王は「今は賊軍が舟を捨てて内陸深く入り込んで、いわゆる死地にいるので、その鋒先は防ぐことができない〔ほど鋭くなっている〕」といい、城門を閉ざして〔持久戦に持ち込むと〕賊軍はうるところなく退却した。〔そこで〕王はまず勇敢な騎馬隊三百人を派遣し、賊軍の帰路を遮断し、歩兵隊一千人を派遣して独山に追い込み、はさみうちをして倭軍を大敗させ、多くを殺したり捕えたりした。〔以上、『新羅本紀』〕

中国の吉林省輯安県に「広開土王の碑」がある。王の死後二年して四一四年に建てられた。高句麗の王の文治と武功を記録したものである。この碑文中に「倭」の字が出てくる。関連の記事を次にあげる〔碑文については諸説がある。本件は武田幸男著『広開土王碑との対話』白帝社刊による。読み下し文の括弧注は引用者が付した〕。

＊…字画の一部が合致する碑字　[字]…推定した碑字
□…釈文できない碑字（□の横の字は引用者による）

百残新羅旧是属民由来朝貢而倭以辛卯年来渡[海]破百残[東]□[攻]*新羅以為臣民

［読み下し文］
百残《ひやくざん》（百済の蔑称）・新羅《しんら》は旧《もと》是れ（高句麗の）属民にして、由来朝貢《ゆらいちようこう》せり。而《しか》るに、倭《わ》は辛《かのとの》卯《うの》（紀元三九一）年《とし》を以て来《きた》り、[海]を渡りて百残を破り、[東]のかた新羅*を□して（攻めて）、以て臣民と為せり。

以六年丙申王躬率□《水》軍討伐*残国軍□□

［読み下し文］

以て、（永楽）六《しんぽう》（三九六）年丙申《ねんひのえのさる》、王（広開土王）、躬ら□《水》軍を率い、残国（軍）を討伐す□□。

九年己亥百残違誓与倭和通王巡下平穣而新羅遣使白王云倭人満其国境潰破城池以奴客為民帰王請命太王恩*慈*称其忠誠*[特]遣使還告以□計

［読み下し文］

（永楽）九（三九九）年己亥《つちのとのゐ》。百残は（高句麗との）誓いに違《そむ》き、倭と和通せり。（広開土）王、平穣《へいじょう》に巡下す。而《しこう》して新羅は使を遣わし王（広開土王）に白《もう》して、「倭人は其の国（新羅）境に満ち、城池を潰破し、奴客（百済）を以て民と為せり。王（広開土王）に帰（帰服）して命を請わん」と云う。太王（好太王・広開土王）、恩慈*もて其の忠誠を称*《たた》う。[特]に使を遣わし、還りて告げしむるに、□計を以てす。

十年庚子教遣歩騎五万往救新羅従男居城至新羅城倭満其中官軍方至倭賊退□□背急追至任那加羅従抜城城即帰服安羅人戍兵□新羅*城□《塩》城倭□□潰城六*十*九*尽*拒□□安羅人戍兵[満]□□□其□□□□□□□言*

［読み下し文］

（永楽）十（四〇〇）年庚子《かのえのね》。（広開土王は）教して歩騎（歩兵と騎兵）五万を遣わし、住《ゆ》きて新羅を救わしむ。男居城従《よ》り新羅城に至るまで、倭は其の中に満つ。官軍（高句麗軍）、方《まさ》に至らんとするに、倭賊は退□《却》す。□背して急追し、任那加羅《みなまから》の従抜城《じゅうばつじょう》に至るや、城は即ち帰服す。安羅人《あんらじん》の戍兵《じゅへい》は、新羅*城・□《塩》城を□す。倭は□□潰城六*十*九*尽拒*□□。安羅人の戍兵は、［満］□□□□其□□□□□□□《信》言*。

十四年甲辰而倭不軌侵入帯方界□□□□□石城□連船□□□王躬率合戦従平穣□□先鋒相遇王幢要截盪刺倭寇潰敗斬殺無数

［読み下し文］

（永楽）十四（四〇四）年甲辰《きのえのたつ》。而《すなわ》ち倭は不軌《ふき》にして、帯方《たいほう》の界に侵入し、□□□□□石城□連船□□□せり。［王］（広開土）、躬*ら率い合戦し、平穣従《よ》*り□□先鋒、相《たが》ひに王幢《おうとう》に遇い、要截《ようせつ》して盪刺《とうし》す。倭寇は潰敗し、斬殺せらるるもの無数。

同十七（四〇七）年も広開土王は歩兵と騎兵五万を遣わして合戦し、倭軍を斬殺した。鎧兜、一万を獲得、軍資、器械は数えきれないほどであった。

以上、広開土王と倭軍の戦争を中心に、新羅、加羅、百済の興亡の概略を述べたが、この倭軍はおそらく九州などの倭人によって構成されたもので、大和朝廷ではない。

五五四年、百済の聖王は新羅と戦い戦死した。しかし、倭国との交友は維持された。

六六〇年、新羅と与した唐は蘇定方《そていほう》将軍を遣わし、山東半島から百済に侵攻。百済の義慈王は降服して、百済は滅亡した。

唐軍の主力が百済から帰国すると、百済の旧臣鬼室福信《きしつふくしん》らが百済復興を企図、倭国に人質にされていた百済王子扶余豊璋《ふよほうしょう》を国王として迎えようとした。倭国斉明天皇はこれを支援した。扶余に対して多数の軍隊をつけ百済に送り込んだ。このとき扶余に疑念が生じた。百済復興後、扶余は内部対立により自分の地位を鬼室に奪われると誤解し、鬼室を暗殺した。

六六三年、錦江中流の白馬江（白村江《はくすきのえ》）にて、倭国軍は新羅・唐の連合軍に敗退した。扶余豊璋は高句麗に逃れた。

『隋書』第三・煬帝上はいう。

「大業三（六〇七）年其王の、多利思比孤《たりしひこ》使いを遣わして朝貢す。使者いわく、『聞く、海西の菩薩天子、重ねて仏法を興すと。故に朝拝に遣わし、兼ねて沙門数十人、来りて仏法を学ぶ』と。その国書にいわく、『日出ずる処の天子、書を日没する処の天子に致す、恙《つつが》なきや』云々。帝は之を覧《み》て悦ばず、鴻臚卿《こうろきょう》に謂《い》いていわく、『蛮夷《ばんい》の書、無礼あるものは、復《また》以て聞かす勿れ』」と。

大業三年は、日本の推古朝十五年であるが、「多利思比孤」は「天足彦《あまたらしひこ》」にあたるそうである。用明天皇とされるが問題がある。用明天皇は欽明天皇第四子で、推古天皇は同母の妹である。用明天皇の逝去は五八七年頃であるから、六〇七年には存在しない。ちなみに、推古天皇の名は「豊御《とよみ》食《け》炊《かしき》屋《や》姫《ひめ》天皇《すめらみこと》」（『日本書紀』）である。

文意は、倭の王が遣わした国書が、両者ともに「天子」と表現したことに、煬帝が「無礼である」と機嫌を損ねたというのである。帝国の王に平等の認識はない。蛮夷は卑称でなければならない。

『旧唐書 日本国伝』（編纂九四五年）はいう。読み下す。

「日本国は、倭国の別種なり。その国は日の辺に在るを以て、故に日本を以て名とす。或はいわく、倭国は自らその名の雅《ただ》しからずを悪《にく》み、改めて日本となすと。或は云う、日本は旧小国、倭国の地を併すと。その人（唐）朝に入る者自ら矜大《きょうだい》にして、実《まこと》を以て対《こた》えず、故に中国は焉《これ》を疑う。また云う、その国の界は東西・南北各々数千里、西界・南界は咸《みな》大海に至り、東界・北界は大山有りて限りを為し、山の外は即ち毛人《もうじん》の国なりと」

この書の問題は、日本への改称の時節が不明であることである。推定では、推古天皇（在位五九二〜六二八）十二（六〇五）年四月朔日の「高麗国の大興王、日本国の天皇、仏像を造ると聞きて、黄金三百両を貢上《たてまつ》る」と記すことに関するようである。また、天智天皇（在位六六八〜七一）以降と記す説もある。

しかし、倭国が日本国を自称したとしても、以後中国・朝鮮には十分に認識されなかった。

和銅五（七一二）年撰上の『古事記』に神武天皇の記事がある。

「若御毛沼命、亦の名は豊御毛沼命、亦の名は神倭伊波礼毘古命」

これが神武天皇の呼称である。天皇の呼称は、奈良時代後期の文人・淡海三船《おうみのみふね》が歴代天皇を漢風に一括諡号《しごう》を撰進したとされるから、『古事記』作成の時代にはない。

神倭《かむやまと》伊波礼毘古命《いはれひこのみこと》の意味は、神の倭の謂れ彦の命、つまり、神たる倭のいわれ（由緒）を負う彦（勝れた人）命（神の名称を敬意を表す語）である。

『古事記』の「倭」の用法としては、文中の「神武天皇」の項に一つの歌がある。

「倭《やまと》の　高佐士野《たかさじの》を　七《なな》（人）行《ゆ》く　媛女《おとめ》ども　誰《た》れをし枕かな」（倭の高佐士野というところを七人の媛女が行っている、そのうち誰を選びてともに寝ようか）との謂である。

ここでの「倭」の用法は、一定地域の倭《やまと》の小国の名である。いわゆる大和《やまと》（大倭）であろう。『魏志倭人伝』にいうところの日本の総称としての倭ではない。

次いで、この神武天皇の名が、養老四（七二〇）年撰上の『日本書紀』では「神日本磐余彦《かむやまといわれひこ》　天《のすめら》皇《みこと》」と変わった。倭を日本として認識したのである。

この認識で重要なことは、中国、韓国で使用された「倭《わ》」の言葉に込められていた蔑視観が拭われて、日本人としての自尊心が、天皇家をもとに芽生えていったことである。

神武天皇以後、十五代応神天皇までの間、倭の字がつく天皇は、四代懿徳《いとく》天皇の大倭《おおやまと》日子《ひこ》鉏友《すきとも》命《みこと》、六代孝安天皇の大倭帯日子国押人命《おおやまとたらしひこくにおしひとのみこと》、七代孝霊天皇の大倭根子日子賦斗邇命《おおやまとねこひこふとにのみこと》の四人である。

この倭は、当該天皇の座所が多分に奈良地方にあることと関係している。よって倭は奈良の地方を表している。

一方、『日本書紀』にて、日本と名のつく文字を持つ天皇は神武天皇ただ一人で、以後「日本」の字を含んだ天皇はない。ということは、倭を「日本《やまと》」と称することは未だ限定的で、一般化しなかったからであろう。日本が外国に「日本」を自称するのは、なおのちのことである。

『旧唐書』の編纂ののち百年、一〇六〇年、『新唐書』東夷伝が編纂された。日本についていう。読み下す。

「日本は、古《いにしえ》の倭の奴《な》也。京師《けいし》を去ること〔一〕万四千里にして、新羅の東南に直りて海中に在り。島にして居す。〔その土地の広さは〕東西には五月の行《こう》にして、南北には三月の行なり。国〔の都〕には城郛《じょうふ》無く、木を聯《つら》ねて柵落《さくらく》と為し、草を以って屋《やね》を茨《ふ》く。左右には小島五十余り〔ありて〕、皆自ら国と名づけ、而して之に臣附《しんぷ》す。本率一人を置き、諸部を検察せしむ」……

「咸亨《かんこう》元〔六七〇〕年、〔日本は唐に〕使いを遣わして〔唐が〕高〔句〕麗を平らげしことを賀《が》す。後稍《ようや》く夏《か》の音を習い、倭の名を悪《にく》みて更《あらた》めて日本と号す。使者自ら言う、

『国、日の出ずる所に近ければ、以って名と為す』と。

或いは云う、

『日本は乃ち小国にして、倭の幷《あわ》す所と為る。故に其の号を冒《おか》す』と」（『新唐書』日本）

この『新唐書』の文中でも、問題は、いつの時期に倭国から日本国に変わったかが知れないことである。

「長安元〔七〇一〕年、其の王文武《もんむ》〔文武天皇〕立ち、改元して太宝と曰う。〔文武天皇は〕朝臣真《あそんま》

人粟田《ひとあわた》を遣わして方物を貢《こう》せしむ。朝臣真人とは、猶《な》お唐の尚書のごとき也。〔粟田は〕進徳冠《しんとくかん》を冠《かぶ》り、〔冠の〕頂《いただき》には華蘤四披《かかしひ》（位を示す花飾りの四本）有りて、紫袍帛帯《しほうはくたい》（紫の上衣としろぎぬの帯）す。真人は学を好み、能《よ》く文を属《つら》ね、進止に容《かたち》有り。武后《ぶこう》之を麟徳殿《りんとくでん》に宴《えん》せしめ、司膳卿《しぜんけい》〔の位〕を授けて、之を還らしむ。

　文武死して、子の阿用《あよう》（元明）立つ。（元明）死して、子の聖武《しょうむ》立ち、改元して白亀《はくき》と曰う」（『新唐書』日本）

右（三四頁）の咸亨《かんこう》元（六七〇）年の時期に相当する日本の記事は、『日本書紀』天智八（六六九）年是歳の条に「小錦中河内直鯨《かわちあたいくじら》等を遣わし大唐に使いす」とあって、一年ずれている。

また、長安元年（七〇一）は日本の大宝元年で、文中の「文武の死」は七〇七年、子の阿用（元明天皇）が同年即位し、元明の死が七一五年、次いで元正女帝（草壁皇子の娘）があとを継ぎ、神亀元（七二四）年、聖武が即位した。『新唐書』と日本の『続日本紀』には異同がある。

『冊府元亀』によれば、長安二年の条に「十月日本国その大臣朝臣真人を遣使して方物を貢す」とある。遣唐使粟田真人は、大宝元（七〇一）年暴風のため出発が遅れ、翌七〇二年、入唐を果たしたようである。大宝元（七〇一）年にできあがった『大宝令《たいほうりょう》』の「公式令《くしきりょう》」の詔書式に「大事を蕃《ばん》国使《こくし》に宣するの辞」として、「明神御宇《あきつかみとあめのしたしらす》日本天皇詔旨」と規定してある。慶雲元（七〇四）年に帰国した真人は「初めて唐に至る時」日本国使を名乗ったと復命した。同年六月、文武天皇は二十五歳の若さで死去した。

以上をもって考えれば、日本の称号の成立は、天智九（六七〇）年から『大宝令』の成立する七〇一年の間であろう。折しも天智天皇は天智二（六六三）年、白村江の戦いで唐の大軍に大敗し、国内の防御体制の強化、冠位制、官僚制度の整備に注力した。対馬、壱岐、筑紫に烽《とぶひ》を設置し、さらに筑紫に提防を設け水城とした。次代の弘文天皇のあと、天武天皇は法典『飛鳥浄御原令《あすかきよみはらりょう》』の編纂に着手し、これは持統天皇の代（在位六九〇～九七）に成立した。この時代、朝廷において意識改革があったのであろう。日本国の成立である。倭国からの脱出である。

倭に寇を付して、「倭寇」という。「寇」の意は「あだ」または「ぬすむ」である。外敵ともいう。倭が侵攻することである。

この使用例で別に「元寇」がある。元が侵攻したという。相手は日本である。この言葉が誰によって作られたかは知れない。文永十一（一二七四）年の蒙古襲来、弘安四（一二八一）年元軍の襲来を元寇の役として、後世日本が、倭寇と区別して元寇と呼んだのである。日本本国最初の敵軍の侵入であった。ちなみに元《げん》帝国の開国は一二七一年、初代フビライ・ハーンによってである。

一二六六年十一月、モンゴル帝国フビライ・ハーンは、修好を求めて二通の詔書を発した。一通は日本、あとの一通は高麗宛てである。この詔書は到達しなかった。使者、黒的・殷弘の二人が、対馬を前にして「大洋万里、風濤天を蹴る」さまを見て引き返したからである。

文永五（一二六八）年正月、蒙古皇帝は改めて使節団を派遣した。大宰府に来て、鎮西奉行少弐資能《すけよし》に交付、これは鎌倉へ送られた。大蒙古国皇帝奉書と高麗国王書状、及び使節団団長の添え状の三通である。奉書の冒頭は次の通りである。読み下す。

「天の慈しみを受ける大蒙古国皇帝は書を日本国王に奉ず。朕が思うに、いにしえより小国の君主は国境が相接していれば、通信し親睦を修めるよう努めるものである」

鎌倉では、朝廷の文書博士菅原長成が、修好を受け入れない趣旨の返書を起草した。末尾を読み下す。

「……およそ天照皇太神の天統を輝かしてより、今日の日本皇帝（亀山天皇）の日嗣を受けるまで……ゆえに天皇の国土を昔から神国と号すのである。知をもって競えるものでなく、力をもって争そうこともできない。唯一無二の存在である。よく考えよ」

この返書は幕府の建議で返牒されなかった。これが文永・弘安の役に繋がった。

ここで注意すべきは、両国の書状に「倭」の言葉がなく、いずれも「日本」とあることである。蒙古及び高麗には、すでに「倭」を「日本」とする認識があったのである。

この元寇より先、高麗王朝（九一八〜一三九二）の高宗十（一二二三）年五月、倭が高麗の金州を寇《あだ》した。次いで同十二年四月、倭船二隻が慶尚道の沿海の州県を、さらに同十三年の正月と六月に、慶尚道沿海州郡と金州に侵攻した。

安貞元（一二二七）年五月、高麗から全羅州道按察使が日本大宰府に赴き、日本人の高麗における悪事を言挙げして、その理由を問うた。牒文には、高麗在住の対馬の島人が、支給された館内で、高麗人に暴行を働いたということ、この行為は従来の友好関係を破壊するものである、などと記してあった。

この節、日本船は進奉船として、小規模の朝貢を高麗と行っていた。高麗では、進奉船の乗員には住む処を与え保護していたのである。

同年五月、大宰小弐資頼《すけより》は上奏せず返書した。「賊船寇辺の罪」として謝し、修好の互市《ごし》を願った。賊船というからには、日本は公式の貿易船とは認めていないということであろう。事後、京都の朝廷はこれを聞き、大宰府で高麗使節の面前で、悪事を働いた日本人九十人を斬首し、勝手に返書を高麗に送ったことは「我が国の恥」と憤った。

しかし、これは、いうところの倭寇ではない。

文永十一（一二七四）年十月、モンゴル・高麗の混合軍が、二万六〇〇〇人を九百の軍船によって対馬海峡を押し渡り、まず対馬を攻めた。代官（地頭代）宗資国《そうすけくに》が手勢八十余騎で戦うも、小茂田浜で全滅した。住民は、あるいは拉致され、あるいは山奥に逃れ永らえた。十月十四日、壱岐の守護代平景隆が百余騎で応戦するも破れ、守護代は樋詰《ひづめ》城で自害した。十月十六日から十七日まで、肥前の沿岸松浦郡・平戸島、鷹島の松浦党の根拠が攻められた。数百人が討たれ、あるいは捕虜となった。この惨事は、土地の記憶として「モクリ・コクリ（蒙古・高麗〔高句麗〕）」の俚諺とともに庶民の中に末長く残り続けた。

その後、倭人の高麗への侵攻は途絶えた。

高麗朝忠定王二（一三五〇）年二月、突如、朝鮮半島の南部、固城・竹林・巨済・合浦《がっぽ》の地を日本人が犯した。高麗軍は奮戦して、三百余人を討ち取った。同四月、百余の倭船が順天府を襲い、南原・求礼・霊光・長興の漕船を略取して引き上げた。漕船は官米（租税）の運送船である。同五月、六十六の倭船がまたも天府を襲うも、一隻が捕獲され、十三人が斬られ撃退された。同六月、二十艘の倭船が合浦の営舎を放火、固城・会原（合浦）を強襲、その足で長興府・安壌郡を襲った。同十一月、東萊府を倭寇が荒らした。

これらの一連の倭人による集団的侵略的行為が、成文での「倭寇」の始まりである。高麗、恭愍王《きょうびん》（在位一三五一～七四）の時代、倭寇の行動はさらに活発化した。倭寇防衛のため財政が窮迫し、百貫の報禄の支給に支障をきたした。

倭寇の目指したところは三つである。

一　米穀などの生活必要品の獲得
二　朝鮮半島の南部のみならず、首都開京付近まで侵攻したこと
三　船団が二十艘の規模から四百艘に拡大し、兵三千人に及んだこと

恭愍王の次、辛禑王《しんう》（在位一三七五～八八）の時代、倭寇の侵害は最大になった。辛禑二（一三七六）年のとき、倭寇が充斥（満ちひろがること）して、沿海の州郡は蕭然として空村と化した。国家はこれを患い、嘗て羅興儒《らこうじゅ》を覇家台《はかだい》（博多）に派遣し、和親を説かした。覇家台

の主将（九州探題今川了俊）は羅興儒を拘囚した。待遇は餓死するに均しくも、わずかに生還するを得た。

辛禑三年、高麗朝の権臣が、前年のことを含み、文官鄭夢周《ていむしゅう》を指名して覇家台に報聘（招聘に報いること）して、倭賊を禁ずるように請願した。人は皆これを危ぶんだが、夢周は難色を示さなかった。覇家台では、古今の交隣の被害を極論した。主将は敬服し、厚く歓待した。倭の僧侶が詩を求めれば立ちどころに筆を取り作詩した。僧侶ら群集し、肩に担いで奇勝を観るように勧めた。帰るに及んでは、九州の節度使の遣わすところの周猛仁とともに還った。かつ俘虜の尹明・安遇聖ら数百人を刷還し、かつ三島（対馬・壱岐・松浦）の侵攻を禁じさせた。倭人、これを久しく称慕して止まなかった。

倭寇の内容に変化が出た。高麗の賤民が倭寇に加担したのである。同王八（一三八二）年、寧海を犯した倭寇は、禾尺《かしゃく》の群衆が倭寇の名を騙《かた》ったものであった。禾尺は、高麗人から異種族と見られた賤民である。こののち、倭寇に禾尺の割合が増加していく。いわゆる偽倭寇である。

倭寇の行動範囲は、北は北朝鮮の龍州（義州）付近まで延び、南は朝鮮の全羅・慶尚の地方の奥地まで至り、日本海側の江陵道を北上するまでになった。軍隊に騎馬隊が従軍した。

辛禑十三（一三八七）年七月、日本の覇家台から所虜の一五〇人が帰された。九州探題今川了俊が高麗の要求に応えたものである。

辛昌王の元（一三八九）年二月、慶尚道元帥・朴威は兵船百艘をもって対馬島を攻撃した。倭船三百艘を焼き、蘆舎《ろしゃ》（庶民の家屋）をもほとんど焼き尽くした。さらに元帥・金宗衍、崔七夕、朴子安らが引き続き襲来して、被虜民百人余を探し出し連れ帰った。辛昌王は朴威に衣服、鞍馬、銀錠（当時の銀貨）を賜り、これを奨した。

2 富山浦

明徳三（一三九二）年、李成桂《りせいけい》は高麗王朝恭愍王を追放し、李氏朝鮮を立てた。内政は別にして、外交には二つの問題があった。一つは元国（蒙古）に対するものである。

これより先、一三六八年、中国では動乱の中から朱元璋《しゅげんしょう》が台頭して明国を立て、元を北方に追い払った。高麗王恭愍王は明に入朝し、親明の方針をとった。しかし、高麗王朝には親元派もいた。恭愍王のあと、辛禑を擁立した李仁任《じんにん》・崔瑩《さいえい》らである。

一三八八年、明はかつての元の双城《そうじょう》総管府を直轄地とする方針を打ち出した。これに対して、崔瑩は北元を助けるため、明の遼東地方を攻撃した。そのとき親明派の遠征軍の指揮者の一人に李成桂が撰ばれた。崔瑩ら親元派を駆逐し、辛禑を廃してその子辛昌を王位につけた。その後、辛昌・恭愍王も廃止し、新官僚層の推戴を受けて李氏朝鮮が成立したのである。李朝は明に朝貢し、その属国になった。

残るは倭寇対策である。李成桂は、すでにして辛禑王の六（一三八〇）年、倭が雲峰に侵入して放火したとき、迎撃してこれを智異山に敗退せしめた経験を持っていた。

即位の同年閏十二月、李成桂は直ちに僧覚鎚を室町幕府に派遣し、倭寇の禁止を要求した。将軍足利義満は、僧絶海中津《ぜっかいちゅうしん》に答書を起草させ、さらに九州探題に賊船の横行を禁止させ、被虜人を送還するよう命じた。併せて隣好を修めることを告げ、委細は僧寿允を派遣して述べさせた。応永二（一三九五）年七月、九州探題今川了俊は朝鮮に使僧を送り、被虜男女五七〇人余を送還した。併せて、朝鮮の日本回礼使工曹典書・崔龍蘇の来日を謝し、力を禁賊に尽くす旨を報告、別に金積善らが『大蔵経』をもたらしたことに深謝した。

同年、了俊が大内義弘の讒言によって九州探題の職を追われると、朝鮮との交渉権は大内氏に奪われた。十二月、義弘は李朝に貢物を献上した。翌年三月、通竺・永琳の二禅僧を朝鮮に送って倭賊の禁止と被虜人の送還を報じ、次いで『大蔵経』を求めた。

この節、中国の倭寇対策はどうであったか。

明建国の一三六八（正平二十三・応安元）年、太祖朱元璋《しゅげんしょう》（洪武帝）は正式に外交を開こうとして日本に使節を派遣したが、五島周辺海域で「賊」に襲われ、目的を達しなかった。翌年、再び派遣した。国書はいう。宛先には「賜日本国王璽書」とある。

「上帝は、生を好み、不仁なる者をにくむ。……北夷を殄絶《てんぜつ》して以て中国の主たるも、ただ四夷には未だ報ぜず。ちかごろ山東へ来り奏するに、倭兵しばしば海辺に寇し、人の妻子を生離し、物命を損傷すと。故に書を修めて特に正統の事を報じ、かねて倭兵超海せるの由を諭す。詔書到れるの日、臣たるが如くんば書を表じて来庭せよ。臣たらずんばすなわち兵を修めてみずから固め、永く境土を安んじて以て天体に応えん。必ず寇盗を為すが如んば、朕まさに舟師に命じて諸島に揚帆せしめ、その徒を捕絶し、ただちにその国に抵《いた》り、その王を縛るべし。豈《あに》、天に代わりて不仁なる者を伐たざらんや。王これを図れ」

洪武帝の使者楊載ら七人の一行は大宰府を訪れた。征西将軍懐良親王がいた。南朝後醍醐天皇の皇子である。征西将軍は問答無用として五人を斬り、楊載・呉文華の二人を三カ月拘留して放免した。

明朝は諦めない。洪武三（一三七〇）年、「諸国はすでに朝貢に応じている」として、趙秩を使者として派遣した。趙秩は元朝の文人趙子昂《ちょうすごう》の孫である。趙秩は「蒙古を追い払って立てた明朝の使者」であると断って、懐良親王に見《まみ》えた。親王は訊問した。

「その方、蒙古襲来前、使者として来る趙良弼《りょうひつ》ならずや」

「否なり、蒙古の使者にあらず。中華の明皇帝の使者として参ったものなり。信用できぬなら殺すがよい。しかし、殺せば皇帝は黙ってはいない。きっと日本に遠征することになろう。我朝の軍は蒙古を蹴散らした『天兵』なり。ひとたび戦争になれば、天命がどちらにあるか、はっきりしている。我朝は蒙古と違い礼を重んじる。あなたも礼をもって対応されんことを」

翌一三七一（建徳二・応安四）年十月、「日本国王良懐《ママ》」は、使者として「祖来」という僧侶を明朝に派遣、馬と方物（献上物）及び留学僧九人を送り、加えて「明州（寧波）・台州にて被虜された男女七十余人」を返還した。

この「日本国王良懐」の称号が問題である。日本での認識は、征西将軍は朝廷の出先に過ぎない。それを国王と称する意味は、真に国王でない使臣を国王と呼ぶことで、日本を属国化する意味になる。「良懐」を明の日本の王と呼ぶのは、明の都合に過ぎず、その限定付きの称号である。

洪武五（一三七二）年五月、洪武帝は返答使として、仲猷《ちゅうゆう》祖闡《そせん》・無逸《むいつ》克勤《こつごん》と二人の禅僧に大統暦を持たせて派遣した。ところが同年四月、懐良親王は博多にいなかった。新九州探題の今川了俊に追われ、大宰府は陥落、筑後の矢部に五条氏を頼って落ち延びていた。

「日本国王良懐」宛ての書簡を携えた使者らは、博多の聖福寺に拘束された。翌年六月、正使二人は京都に召喚された。管領の細川頼之は、使者が呈した書簡が良懐宛てであることに疑問を呈した。

「詔書（国書）はいずくにありや」

使者は答えた。

「一般的に詔書を携えるが、携えないこともある。そのときは使者が口上によって伝える。不思議ではない」

管領はこれを取り上げなかった。しかし、将軍足利義満には取り次いだはずである。ともに北朝である。八月、使者は足利義満によって帰国させられた。

以後、義満は一三七四年と一三八〇年の二回、明朝に使者を派遣した。

一回目、明朝は「時に日本国は持明（北朝）と良懐（南朝）と争立し、宣聞渓等、その国臣の書をもたらす。……表文（天子に奉る上奏文）なく、上命してその貢を却す。……さきには、国王良懐、表を奉じて来貢す。朕、もって日本正君と為す」として、これを却下した。

さらに二回目も、「表無く、ただその征夷将軍源義満の丞相（明の百官の長）に奉ずる書を持つのみ、辞意倨慢《きょまん》（文意が傲慢）にして、上命して却す」として却下した。

このとき義満の官位は権大納言右近衛大将如元である。明国に対しては「日本国征夷将軍源義満」と名乗ったが、これも拒否された。天皇の家臣で陪臣である義満を国王とは認めなかった。

応永元（一三九四）年、義満は太政大臣を辞し出家した。これにて天皇の陪臣という柵《しがらみ》から脱した。

応永八（一四〇一）年、「日本国准三后《じゅんさんこう》源道義《どうぎ》」（道義は義満の出家後の名である）の名義で、博多の商人肥富《こいとみ》を正使、僧祖阿《そあ》を副使として明朝に派遣した。儒臣東坊城《ひがしぼうじょう》秀長が起草した書はいう。

「日本国准三后源道義は大明皇帝陛下に書を上る《たてまつ》」を冒頭の挨拶とし、「好を通じ方物献じ、金千両・馬十匹などのものを送り、かつ海島漂寄者（明の被虜人）を送還す」とあった。

使者二人は翌九年、明の使僧・天倫道彝《どうい》と一庵一如を伴って帰朝した。

ちなみに准三后は、皇族や上級公卿に対し、三君（太皇太后宮・皇太后宮・皇后宮）に准じて、年官・年爵を給与した優遇策で、のち名目だけの無年官・無年爵となった。

明恵帝の詔書には「爾日本国王源道義」に続き、「心は王室に存り、愛君の誠を懐《いだ》き、波濤を踰越《ゆえつ》して遣使来朝す」とあり、さらに、大統暦を分かち正朔を奉ぜしめる、とあった。

正朔とは昔、天が諸侯に暦を分け与えることであるが、そこには明年の施政方針が示されていた。

よって前施政方針に従い属国となることを意味した。折しも同年、明国では、永楽帝が前帝建文帝を抗争のうえ陥《おとしい》れ、三代皇帝になった。

翌十年二月、足利義満は僧絶海中津に国書を起草させ、天龍寺の堅中圭密に明の使者を同伴させ明に派遣した。堅中は使節として、永楽帝の新王即位を賀す方物を献じ、義満の「表」を提出した。文章の頭初は「日本国王臣源表」す、であった。永楽帝は義満の国書を嘉納し、同年十一月、使者を遣わし返書した。

「日本国王源道義が天地の道理を知って、早速即位賀礼の使をよこしたことを褒め、印章をあたえる」とあった。印章は亀鈕《きちゆう》の金印で「日本国王之印」と陽刻してあった。義満はこれを甘受した。

永楽帝の勘合符が日本に齎《もたら》されたのは、このときである。

勘合符は、倭寇などの私貿易を抑え、正式の使船の証として交付する割符のことである。

応永十一（一四〇四）年、明朝は、義満が壱岐・対馬諸島の倭寇を禁じたのを嘉賞する旨の国書を送ってきた。

これより先、応永四（一三九七・太祖六）年、大内義弘は再度、朝鮮に永範・永廓を送ったが、その回礼使に李朝は前秘書監・朴惇之《とんし》を任じ、永範らを同行させ、日本に派遣した。一行は翌五年夏に来日、「三島の賊」を禁止するよう幕府に要求した。将軍義満は禁賊を約束し、被虜人百人を送り返し、使者に『大蔵経』の版木と仏具とを要求させた。

同五年、朝鮮にいた日本人が蔚州の知事を捕えて対馬に逃げ帰った。李朝は朴仁貴以下五人の使者を対馬に派遣し、守護宗頼茂《そうよりしげ》に犯人を確保して送還するよう求めた。翌六年四月、宗氏は使者を派遣して、犯罪人に代わり被虜人八人を送還することを予告、五月これを実施した。これを機縁に頼茂は同六年、子貞茂をして土物と馬六頭を朝鮮に献上せしめ、さらに翌七年、馬を献じて倭寇禁止の意を告げた。

やや遡って太祖五（一三九六）年、倭船六十隻が寧海丑山島に投降してきた。李朝は首領の疚六《きゆうろく》を厚遇し、宣略将軍に任じ翌年二月、米三十石、豆二十石、さらには十月、米豆五十石を給した。倭寇への懐柔策であった。

このことがあってのち、富山浦《ぷさんぽ》（のち釜山浦）に入港する倭人の投降者が増えていった。富山は朝鮮半島の東南に位置する寒村に過ぎなかった。次第に日本人村が形成されていくことになる。居住したのは三島（対馬・壱岐・松浦地方）の人たちで、「投化倭人」と呼ばれた。医者や船匠となり、李朝の要職に就く者まで現れた。

しかし、倭人は倭寇の張本人である。李朝は、倭人が集団で居住して暴発することを恐れ、各州郡に分置、あるいは沿海部を避け、山間の僻地に移した。

朝鮮の官職を与えられた者を「受職倭人」と呼んだ。位階に相当して官服が支給された。彼らには貿易が許された。

太宗七（一四〇七）年、李朝は、慶尚道兵馬節制使の上申により、興利《こうり》倭船（米・豆・塩などの日用品の交易の日本船）が無制限に各港に停泊し、朝鮮の海軍の動静を窺う危険があり、慶尚左右の道都の万戸（軍官）所在の防御地だけに停泊させ、日本各地の首領から行状（文引《ぶんいん》・渡航証明書）を支給させ統制することにした。万戸とは、もともと蒙古の軍制にて数千人の軍団の指揮者を意味する。これが李朝にも引き継がれて、相当数の配下を持つ統率者にも適用された。李朝は投化倭人にも万戸の職名を与えて、倭人を懐柔していた。いわゆる受職倭人である。

入港場を富山浦と薺浦《せいほ》（乃而浦《ないじほ》ともいう）の二浦に制限し、続いて太宗十（一四一〇）年にも、使送倭船（使節による輸送船）についても同様に制限した。

太宗十四（一四一四）年、対馬の宗貞茂の使人三十四人、少弐氏の使人三十一人、壱岐の使人二十人、日向州の使人二十人、都合一〇五人が、蔚山で梵鐘を求めようとして、その贈与の遅いのを怒って抜刀し、狼藉を働いた。李朝は使送船の選別をした。宗氏、大内氏、少弐氏、九州探題に限り、これを宗貞茂から通告させた。

応永二十五（一四一八）年三月、朝鮮に融和的であった日本国対馬島守護・宗貞茂が亡くなった。李朝は弔慰使に司直李芸《りげい》を派遣した。夏四月『朝鮮王朝実録』甲辰の条にいう。

「日本対馬島守護宗貞茂死す。司直李芸を遣わして祭を致さしめ、米・豆・紙を贈る。貞茂が対馬島に在る間、その威、諸島に行きわたり、国家を向慕し群盗を禁制し辺境を犯すことを得ざらしむ。故にその死を惜しみて、特に厚く賜る」

翌年八月、嗣子貞盛が就任の挨拶に李朝に使者を出した。『李朝実録』世宗零年八月の条は記した。

「日本国対馬州守護都々瓦《ママ》（丸）の使人、礼物を献じ、その父貞茂の意志を以て梵鐘及び般若経を求む」

「都々瓦」は都々熊丸のことで、都々熊丸は貞盛の幼名、虎熊丸である。

貞盛は就任時、若輩につき、対馬の対朝鮮交渉役は万戸・早田《そうだ》左衛門太郎が専断した。永楽十八（一四二〇）年二月、李朝の回礼使宋希璟《そうきけい》が訪日の途次、対馬で対面した人物である。希璟は評した。

「今事勢を観るに、馬島はおよそ事皆此の人より出づるに似たり」

世宗元（一四一九）年、倭寇の侵攻が活発化した。五月七日、倭船三十二艘が庇仁県を犯し、兵船七艘を焼き死者大半、城をいくつも陥れ、城外の民家を掠め取った。

五月十二日、海州にも侵犯、殺害、あるいは捕虜となった者、三百人に達した。

五月十四日、李朝の上王太宗は対馬遠征を決意し、世宗に出兵を命じた。上王兵曹判書の趙末生に命じた。

「……対馬は島を為す。慶州尚道の鶏林に隷す。本、是我が国の地。文籍の載せて在り。照然としてこれを考えるべし。第《つい》で、その地甚だ小さく、又海中に在り、往来を阻うを以て、民、焉《ここ》に居らず。是に於いて、倭奴の其国に黜《しりぞ》き帰す所の者無し。咸《みな》来りて投集す。以て窟穴《くつけつ》を為す。或る時竊《ひそか》に発す。平民を劫掠《ごうりゃく》し、銭穀を攘奪す。因って賊殺を肆《つく》す。……」

朝鮮の三軍都体察使（総指揮官）李従茂《じゅうも》は九節制使（九人の指揮官）を率い、六月十七日、巨済島を発し、船出するも、海中逆まく波浪に遮られ、巨済島に仮泊する有様であった。兵船は京畿・忠清道・全羅道・慶尚道併せて二二七艘であった。総勢一万七二八五人、食料六十五日分を携行した。六月二十日、先遣隊十余艘が対馬に到着した。李従茂は、投化倭人を使者として、宗貞盛に倭寇掃討の理由を付し予告した。

宗氏の返答に誠意がなかった。

朝鮮軍は、上島の豆知浦をまず占領した。家屋一九三九戸を焼き、一二九艘の賊船を捕獲、斬首一一四人、捕虜二十一人、捕らわれていた中国人一三一人を救出した。

一方で上下の対馬をつなぐ大船越の各所に柵を設けて、南北の交通を遮断した。浅茅湾の北辺、仁位に上陸、この地を占領した。ここは倭寇の首領と目された早田氏・藤氏の根拠地であった。六九戸と十五隻を焼き、斬首九人、中国人五人、朝鮮人八人を救出した。

しかし、左節制使朴実率いる隊は仁位で敗北し、百数十人の死者を出した。

朝鮮軍は、救出した中国人の情報により、対馬の食糧事情が貧困に苦慮することを知り、糧道を絶つ戦術に替えた。島内の交通網は分断され、島民は餓死の危機に見舞われた。

七月、宗貞盛は停戦と修好を願い出た。

九月二十日、拘留されていた投化倭人藤賢・辺尚らが対馬島より還ってきた。守護宗都々熊丸（貞盛）は都伊端都老を遣わし、書を礼曹判書に通じ降伏を乞い、印信を賜われんことを請うた。乃《かく》て土物を献じた。

十月十七日、対馬島の賊、中都万戸（早田）左衛門太郎は書を礼曹に通じて、いった。

「貴国（対馬）本島を討つを見る時、敬って王命を畏れる。敢えて一箭《や》を発せず、且つ宗俊（貞盛の弟）に説いた。官軍（朝鮮軍）を委護（確護）し、之の汲水を使わせんと。その時、将《まさ》に師（貴国の軍師）、悉く皆之を知る。前月送るところの船及び格人（都伊端都老）を還されんことを」

十二月十七日、日本国源義持の使臣・僧亮倪《りょうげい》が闕（高殿）を詣で、書契を進め、土宜《どぎ》を献じた。

書契の内容は次の通りである。

吾邦と貴朝とは海を隔てるの国に於いては、最も近し、然り而して鯨波の険多く、嗣音も時ならず（時はずれの音信）。懈《おこた》るにあらざる也。今釈氏亮倪を遣わす。

起居を問訊し、兼ねて釈典七千軸を求めしむ。若し允許《いんきょ》を蒙らば、則ち此の邦の人受けあいて、永く勝縁を結ばしめん。其の利為るや、亦博《ひろ》からざらんや。伏して乞う、恕《ゆる》して之を容れんことを。不典の土宜は具に季幅に列す。義持の父道義（足利義満）、帝（世宗）嘗て王に封ず。義持、命を用いず、征夷大将軍を自称す。而して国人則ち之を御所と謂う。故に其の書只日本国源義持と曰う。王の字無し（国王でないので国だけとなる）。

翌年正月六日、亮倪は世宗に拝謁した。

世宗が問うた。

「その方、求めるものは何事ぞ」

亮倪は答えた。

「大蔵経のみです」

「大蔵経は我が国に希有のものである。然れば一部を賜るに当てん」

「我が国、厚く上恩を蒙っております。これに優るものはありません」

亮倪は一詩を呈して、言葉に替えた。


広く山川を拓き、禹貢《うこう》（詩経）に帰す。

高く日月を懸け、堯天《ぎょうてん》（堯帝）を掲げる。

聖朝何ぞ以て、皇化に酬いん。

端拱《たんきょう》（正姿）して三呼す、万万年。


ちなみに、無涯《むがい》亮倪は博多の臨済宗妙楽寺の僧で、このときは正使であり、副使は、将軍の側近として典医や外交使節の接待役を務めていた陳外郎《ちんういろう》の子で、博多の商人平方吉久であった。

世宗は、「乃ち両国の通好が永く堅く渝《かわ》る母《な》し」を論じ、かつ去年の対馬島征討の故《わけ》であることを告げた。

閏正月十五日、仁寧府少伊宋希璟が、日本への報聘に派遣された。無涯亮倪らが帰国のため同行した。漢陽を発ち、東萊の温井で、亮倪に二詩を呈した。一詩にいう。

清明なる佳節、翺翔《こうしょう》（旅立ち）を共にし、
柳は緑、花は紅にして、腸を断《た》たんと欲す、
愧《は》ずる莫れ、扁舟の海角（岬）に留まるを、
朝鮮の風景は扶桑（日本）に勝《まさ》れり。

二月十五日、富山浦を出船、対馬に向かった。二十日、住吉の宿で、早田万戸三美多羅（左衛門太郎）と会食した。早田は、対馬が慶尚道に属するという朝鮮側の主張に抗議した。もし、このことが少弐氏に伝えられれば、少弐氏はあえて戦争に訴えてでも争うと付け加えた。

京都に着いたのは四月二十一日であった。翌日、深修庵に泊った。大将軍義持に会うまでには日時を要した。陳外郎が希璟に言った。

「去年六月、朝鮮の兵船が対馬に至った。少弐満貞殿が御所（大将軍）に報告した。『江南（中国）の兵船一千、朝鮮の兵船三百艘が、日本国に向かって来る。吾力戦してこれを退く』と。御所は、少弐殿に賞物を送り、朝鮮に向かって怒った。今官人（回礼使・希璟）が兵庫まで来た。我らは用心した。故《ことさら》に官人入来するは何ぞ」

希璟が弁明した。

「対馬行兵のことは説明しよう。先頃、宗貞茂が殿下（李朝）に向かい、誠を致し礼を尽くした。我殿下、その誠心を知り、その米布を給うこと、前後算《かず》なく、酒肉に至るまで皆これを与えた。聖恩深重なる故、二十余年（朝鮮と日本が）一家と為った。去年の春、対馬島の賊輩、上国の辺鄙に侵犯し、人民を殺掠し、兵船を盗み取った。我殿下、震怒し、ついに征伐したものである。将に命じて云った。『只賊輩のみを伐《う》て、その都々熊丸（貞盛）は則ちこれを生かし、九州に至りては皆これを安んぜよ』」

希璟は朝鮮と日本の友好を説き、中国の侵攻を誤報であると説得した。

六月十六日、希璟は宝幢寺にて大将軍義持に見《まみ》え書契を奉呈し、回礼使の役目を終えた。

同二十七日、京都を発ち、十月二十五日、漢陽に帰着した。復命書の末語に次の通り記した。

「今予は、一介の書生にして、行兵の翌年、疑危の際に当たり、三寸の舌を持って不測の険を踏み、倭王の難弁の惑いを解き、少弐殿の報復の計を沮《はば》みて、還りて上に聞かす」

希璟は日本への出発時、「僉知承文院事」に昇任していたが、帰国後、その労に報いるため「繕工監正」が加えられた。日本訪問時、四十五歳。詩文による日本旅行記『老松堂日本行録』を著し、一四四六年、七十一歳で死去した。

応永三十（一四二三）年、実質的に日本との交渉を采配していた先王太宗が逝去した。親日的な世宗の時代となる。

世宗八（一四二六）年、塩浦《えんぽ》が開港場に認められて、開港場は三浦《さんぽ》になった。これは、対馬の早田左衛門が慶尚道全域で任意に交易できるよう要求したことに対し、拒絶すること適わず、代償として止むなく塩浦の入港場を追加したものである。

正長元（世宗十・一四二八）年、新将軍足利義教の就任祝賀のため通信使が来朝した。正使は朴瑞生、副使は李芸、書状官は金克柔である。使節は日本探索の役目をも負っていた。帰国して復命した。『世宗実録』巻四二（世宗十年十二月甲申）によると、次の通りである。

倭賊曾て我が国を侵略し、我が人民を虜し、以て奴婢《ぬひ》と為し、或は遠国に転売し、永く還らざらしむ。其の父兄子弟痛心切歯するも、未だ讐《あだ》に報いることを得ざる者、幾何《いく》人ぞ。臣等の行くや船を泊する処、毎《つね》に被虜の人、争いて逃げ来らんと欲すれども、其の主の枷鎖《かさ》堅囚《けんしゅう》するを以て未だ集せず、誠に愍《あわ》れむべきなり。日本は人多く食少なく、多く奴婢を売り、或は人の子弟を竊《ぬす》みて之を売る。滔々《とうとう》として皆是《これ》なり。

一　臣（朴）日本に到り、対馬島自り兵庫に至る。其の賊数及び往来の路を審《つまび》らかにす。対馬、壱岐、内外、大島、志賀、平戸等の若《ごと》きは、赤間関以西の賊也。四州以北の竈戸・社島等の処は、赤間以東の賊也。其の兵幾《ほと》んど数万に至る。其の船千隻を下らず、若し東西相応じ、一時に兵を興せば、則ち禦《ふせ》ぐ枷に難あらん矣。

一　日本は尚浮屠《ふと》（仏徒）、交好にて贈るところの物は、仏経に踰《こ》えるもの無し。

一　日本の農人には、水車を設けて有る。水を斡《めぐ》らして田に灌ぐ者、学生金慎を使わして其の造車の法を審らかにした。其の車は水の為、乗る所は、自ら能く回転し翡翠《かささぎ》の而《ごと》く之を注ぐ。与《ため》にわが国昔年人力に因って造る所の車とは、之を注ぐに異なるものならん矣。但し急水に置くべし、漫水に置くべからず也。水砧《きぬた》（洗濯台）亦然り。臣竊《ひそ》かに之を料（思量）る、漫水と雖も人をして之に升《のぼ》りて踏ましむべし。則ち亦灌注すべき矣。今回その形を造り名付て献ず。乞う、各官において之の処に置かしむべし。依って此に造作す、以て灌漑の利を助ける。（以下略）

ちなみに通信使が持ち帰った日本式の水車の模型をもとに後日試作し、ようやく正祖（在位一七七六～一八〇〇）の代に実用化したが、その維持費と手間に時間を費やし、費用の安い人力の水車に取って代わられ、朝鮮では容易に普及しなかった。

しかし、復命書の中にゆるがせにできない課題があった。要約する（『世宗実録』巻四六、世宗十一年十二月乙亥）。

「倭賊は対馬を拠点に赤間関以西の賊と四国以北の竈戸・社島（宮島）を拠点とした賊が数万人、船数は千隻を下らず、これが東西相応じて興兵すれば制御できない、しかし、宗貞盛は民に命じて汲水を許さず、大内・宗像・大友・志佐・佐志・田平・呼子氏らが分住して厳立禁防している、則ち賊は命に従わず、その俗は礼儀を知らず、少しも合意しない。御所（将軍）の命と雖もこれを拒み従わない。これをみるに御所と修交刷《な》でととのえることは交隣の道と雖も、禁賊の策はなお緩やかであろう。日本は求めることがない限り、遣使しない。今回の賀新弔旧の大節へも礼を致さず（通告せず）接待もまた礼にかなっていなかった。願わくは自今、国家已むを得ざること、及び報聘の外は遣使を許さず、上項の諸島の主と厚応薄来して、その心を悦ばせ、或は遣使して禁賊の策と為さん」とした。

復命を受けた世宗は認識した。

「日本国は其の王薨《こう》ずも、訃告（死亡通知）、及び即位の遣使をせず、亦通交の遣使もしない。我が国は亦通信使を遣わす必要もない也。然れば、我が交隣の礼は、不可不修（修せざるべからず）に在る。故に遣使して賻《ふ》（贈り物）を致す。且つ即位を賀す。彼宜しく報謝せよ」

賢明な判断である。

永享四（一四三二）年、世宗は回礼使を派遣した。正使・李芸《りげい》、副使・金久冏、従事官・房九成であった。回答国書は次の通りである。

「我が両国は世々修好を隣す。常に信義を敦くす。今また専ら報聘を使わす。喜慰喜慰《きい》（よろこびまさる）、恵む所の礼物、敬って已《もつ》て領受されよ。往きて謝意を申す、不典の土宜及び示す所の蔵経、倶に別録に在り、切に領納を希《こいねが》う」

永享七（一四三五）年、宗貞盛は、今後貞盛の文引のない者には接待をしないように李朝に申し入れた。

三浦が開港場と認められてから、同地に定住する倭人が増えた。朝鮮側は、同場は船の出入りのためだけの開場で、定住を予定していなかった。主に対馬の出身者である。

対馬は土地が痩せ、人口が増加すると、それだけ食い扶持が減るので、出稼ぎに出て住み着くのである。「恒居倭《こうきょわ》」と称した。彼らは倭館の関限を越えて居住し、団地を購入して耕作した。さらには朝鮮半島の沿岸で漁業、あわよくば密貿易を行った。

朝鮮の検断権（警察・司法権）は行使をはばまれた。恒居倭が倭寇化することに躊躇《ちゅうちょ》したのである。倭人の有力者に任せた。居留地の治外法権である。早田左衛門が采配した。しかし、恒居倭をそのままにして増加させるわけにはいかない。絶えず恒居倭の撤収を宗氏に要請した。

一四三六年、宗氏の支配下にない者が対馬に送還され、三浦に宗氏の代官が置かれた。而して、三浦の日本人の居住者は、二〇六人から、一四六六年に一六五〇人、さらに一四九四年には三一〇五人に達した。

永享十一（一四三九）年、李朝は正使に高得宗を任じ、通信使を派遣した。幕府足利義教への表敬訪問であったが、実際は日本事情の探索であった。この途次、対馬島主宗貞盛と懇談した。事が日朝の海域における漁業のことに及んだ。得宗は提案した。

「対馬島人の釣漁する者は、島主の三個の図書（実名を刻んだ公用銅印のことで、これを受けた受図書人は送使船に乗船することが許された）・文引を受け、知世浦に行って文引を納め、万戸は文引を改めて給する。孤草島の定める処の外には横行してはいけない。釣漁が終われば還って世知浦に到り、万戸の文引を還し、税の魚を納める。万戸は島主の文引に勘考した由の印を着し、還付して、その験《しるし》とした。もし文引の無い者が、風浪に耐えずと称して、潜《ひそか》に兵器を持って辺島を横行することがあれば、賊とみなして論《あげつら》う」(『世宗実録』)

これは嘉吉元(一四四一)年、孤草島釣魚禁約として実行された。孤草島は全羅道南海沖の無人島である。現在の巨文島《きよぶん》とされる。

嘉吉三年、対馬からの歳遣船(毎年派遣される使送船)の上限が年間五十隻に定められた。宗氏は定数外として特送船(緊急の用事に対応する使送船)を、島主歳遣船(宗氏宗家名義の歳遣船)とは別に、有力庶家名義の歳遣船を定め、また島主歳遣船の増加を要求したが、やむを得ず報告の要があれば数外の特送船は認められ、歳賜の米・豆は二百石に定められた。癸亥《きがい》約条と称える。対馬島の歳遣船五十隻は、二十五隻が薺浦、二十五隻が富山浦に泊り、その余の諸氏は任意に三浦に分泊することになった。

この統制により、これに適わない他の通行者が、偽名を使って使者とし交易に参入し出した。

この節、日本の朝鮮への輸出品は、胡椒、丹木、朱紅、銅、金などである。朝鮮からの輸入品は綿布であった。

同年、世宗二十五(一四四三)年、通信使の書状官として日本に来た申叔舟《しんしゆくしゆう》が、文明三(一四七一)年に著した『海東諸国紀』に三浦の記録がある。

「東萊富山浦《ぷさんぽ》の図」

東萊官　馬飛乙外峴（干飛烏山）　東平県　梁直　見江寺　倭館　営庁　憩月菴　折英島（絶影島）

富山浦より、大丘・尚州・槐山・広州に由り京城に至る、十四日程。永川・竹嶺・忠州・楊根に由り京城に至る、十五日程。東萊より富山浦に至る、二十五里。恒居倭戸六十七。男女老少幷《ならび》に三百二十三。水路梁山（黄山江より洛東江に至る）・昌寧・善山・忠州（金遷より漢江に至る）・広州に由り京城に至る、二十一日程。

「熊川薺浦の図」

鞍岾　私岾　熊川宮　門　門　観音寺　長松菴　禅福寺　江副寺　梁　熊神峴　倭館　営庁

陳明菴　慶運寺　荒神菴　朝音寺　仏寺　安養寺　正明寺　知世浦　玉浦　永登浦

薺浦より、金山に由り京城に至る、日行二息十三日程。大丘・尚州・槐山・広州に由り京城に至る、十四日程。水路金海（黄山江より洛東江に至る）・昌寧・善山・忠州（金寧より漢江に至る）・広州に由り京城に至る、十九日程。熊川より薺浦に至る、五里。恒居倭戸三百八。人丁男女老少幷に一千七百二十二。寺社一十一。

「蔚山塩浦の図」

節度使営　蔚山　営庁　魴魚津牧場　倭館

塩浦より、永川・竹嶺・忠州・楊根に由り京城に至る、十五日程。水路慶州・丹陽・忠州・広州に由り京城に至る、十五日程。蔚山より塩浦に至る、三十里。恒居倭戸三十六。男女老少幷に一百三十一。寺社一。

成化十（一四七四）年甲午三月、礼曹左郎南悌、三浦付火倭人の去るを饋餉《きしょう》（宴会）せしに因り、図し来る。

三浦にはいずれにも李朝の支庁があり、恒居倭の接待所・倭館も存在した。薺浦は一番大きく、塩浦が一番小さかった。

「三浦禁約」

対馬の人、初めて来りて三浦に寓さんと請う。互市・釣魚・其の居止及び通行は皆定むる処有りて違越するを得ず。事畢《おわ》れば則ち還る。縁に因り留居し、漸《ようや》く止まるもの繁滋《さかん》なり。世宗命じて書を当主宗貞盛に移《い》し、皆刷還せしむ（正統元年丙辰・一四三六）。貞盛の答書に曰く、当《まさ》に並に刷還すべし。其の中最も久しき者六十人は姑《しばら》く仍《な》を留まらんことを請う、と。乃ち之を許す。……

丙戌（一四六六）年、巡察使朴元亨、饋餉に因り密かに人口を計る（前記三浦の人口にほぼ同じ）。

……旧約の商販人にして潜《ひそ》かに恒居人戸に接する者、因縁結幕《けつばく》（縁により庵をつくる）の者、貿易の事畢りたる後に故《ことさら》に留まる者は並に痛禁（厳禁）す。

世宗二十七（一四四五）年、李芸が亡くなった。李朝はその業績を讃え、記録した。要約する（世宗廿七年二月の項目）。

李芸は蔚山郡吏で、同地に恭愍王二十二（一三七三）年に生まれた。本貫は鶴城（蔚山）である。八歳のとき、倭寇の襲撃により母を拉致された。

太祖五（一三九六）年十二月、倭賊彦六が三千人の兵を率いて降伏を申し出てきた。慶尚道監司知蔚山郡事・李殷をして接待にあたらせた。ところが、受け入れについて可否がまとまらない。そうこうするうちに、倭賊に放言する者が出た。「李朝の官軍が倭賊を攻撃しようとしている」。倭賊は李殷を人質にして、帰り仕度にかかった。

李芸は最後の倭船に乗り込んで身を隠した。海上に出て身を現わし、李殷との同船を求めた。倭賊は李殷らを殺す算段をしていた。李芸は所持していた官用の銀の食器を贈り宥《なだ》めた。ついに倭賊は李芸の誠意を認め、殺害を断念した。

翌年、李朝は通信使・朴仁貴を対馬に派遣し、和解し、李芸は殷とともに帰国した。恭靖王庚辰定宗二（一四〇〇）年、李芸は朝廷に請い、回礼使・伊銘に従って、不明の母を探しに日本の三島を訪ねた。壱岐に行く途次、対馬当主宗頼茂に会ったとき、伊銘が拘留された。

伊銘は宗氏と個人的に遺恨があったのである。代わりに李芸が壱岐に渡った。志佐氏に礼物を贈り、俘虜を還し、禁賊するよう請い、回礼使の役目を代行した。しかし、母の消息は不明のままであった。

太宗元（一四〇一）年、回礼使に任じられ、礼物を持って壱岐に派遣された。途次、対馬では宗頼茂が竄《さん》（流刑）されて混乱中で、乗船を奪われたが、ようやくにして壱岐に赴き、被虜五十人を刷還し、倭の羅君の船を借りて帰国した。この功により左軍副司直になり、羅君には米三百石が給与された。

これより庚寅十（一四一〇）年に至る十年の間、歳ごとに通信使となり、三島に往返し、被虜五百余人を刷還した。よって護軍に累遷した。

世宗四（一四二二）年、回礼使の朴熙中・朴安臣に従って日本に派遣され、その前後七十余人を刷還、その労によって上護軍に加え、ついに僉知《せんち》中枢院事を拝受した。

癸亥（世宗二十五・一四四三）年、倭賊が近辺に寇し、人物を略奪すると、自ら名乗り出て対馬島体察使となり、被虜人七十八人、倭賊十四人を推刷して還った。よって同知に進官した。倭国に奉使すること、およそ四十余行である。

享年七十三、二子、宗・実を残した。

成宗六（一四七五）年、申叔舟は死去した。臨終にあたり成宗が、何か言い残すことはないかと問うと「願わくは、我が国が日本との平和関係を失うことのありませぬように」と答えた。

明応三（一四九四）年、李朝高宗は、私貿易の通交を禁止する挙に出た。当時、日朝貿易は、外交使節の贈答品、政府買い上げの公貿易、それに政府管轄下の私貿易の三形態があった。中でも私貿易は利益が多く盛大になるばかりであった。ところが、私貿易の蔭に隠れて禁制品の密輸が紛れ込み、種々の弊害が発生し、制限せざるを得なくなったのである。

一方、密輸に加担した恒居倭は穏やかでなかった。

燕山君三（一四九七）年には、「塩浦倭酋奴耳沙也文、釜山浦倭酋而羅多羅（次郎太郎）、薺浦倭酋渡豆（佐渡）」が、同六年には、「乃而浦（薺浦）頭倭の沙頭沙母文（佐渡左衛門）」が任命された。いずれも日本人である（『燕山君日記』巻二二、三年四月二十五日条、巻三七、六年三月五日条による）。

永正七（一五一〇）年二月三日、巨済島で薺浦の恒居倭四人が、孤草島へ釣りに向かう途次、朝鮮の役人に海賊と誤認され、斬殺された。四月四日、憤慨した三浦の恒居倭は合同して蜂起した。対馬島主宗盛順《もりより》に二百隻の軍船を要請し、総勢四五〇〇人をもって、二隊に分かれて、富山浦と薺浦の僉使《せんし》営を襲った。

薺浦では僉使・金世均を虜にし、富山浦では僉使・李友曽を殺害した。五日、対馬勢の一軍は薺浦から熊川へ進み、熊川城を包囲し、近辺の村に狼藉を働き、県監に降伏を求めた。これは慶尚右道兵馬節度使・金錫哲の反撃にあって、降らなかった。

あとの一軍は釜山浦から東萊城に迫り、東萊県令に要求書を送り付けたが拒否された。

八日、和平を求めるもならず、巨済島でも四日から九日にかけて水軍の軍地に攻撃を仕掛けたが、不発に終わった。

九日、対馬軍将宗盛弘は、家臣糸瀬播磨に兵三人をつけて対馬に返し、戦況の芳《かんば》しからざるを報告した。その間、事態は好転しない。十九日、朝鮮側は慶尚道都元帥・柳順丁を総指揮官として、防御使・柳平年、黄将らの大軍をもって薺浦の対馬勢を総攻撃した。盛弘以下二九五人が戦死、倭船三隻は撃沈され、百隻が敗走した。

三浦の乱と称する。

対馬と李朝の交通は断絶した。

永正八（一五一一）年、宗盛順は足利氏の管領大内義興を頼り、室町幕府に解決を委ねた。室町幕府、足利義稙《よしたね》は九州探題を介し、僧弸中《ほうちゅう》を派遣した。

中宗七（一五一二・永正九）年四月二十三日、弸中は対馬の首魁十八人を斬り、それを証拠に、宗氏の特送船で富山浦に到った。

同年（一五一二）八月二十日、和解は李朝からの通告の形で成された。一方的である。壬申《じんしん》約条という。

三浦の恒居倭は廃止。開場港を薺浦一港に限定する。宗氏歳遣船を半減の二十五隻とする。宗氏への歳賜を半減の米豆百石とする。受職人（李朝から官職を授かった日本人）及び受図書人《じゅとしょにん》（図書という通交許可証を持つ日本人）に対して再審査を行い、実態の伴わない者の資格を剥奪する、などである。

富山はいつ「釜山」に改められたのか。

『魏志東夷伝』によれば、富山は洛東江下流域に小さな部族国家としてあった。三世紀前半である。六世紀末、伽耶から政治的文化的影響を受けながらも、部族国家間の割拠に互し、生き残り、統一新羅のときに東萊郡と称された。一漁村に過ぎなかった。

一三六八年、高麗恭愍王の時代、講究使・李夏生を対馬に派遣し、白米千石を富山浦から送り出したとある。

一四八六年に描かれた『東国輿地勝覧《とうごくよちしょうらん》』に、釜山は東平県にあって、山の形が釜のようであるので釜山と呼んだとある。「釜山」の初見である。しかし、この呼称は一般に周知しなかったようである。現に、申叔舟が記した『海東諸国紀』の「富山浦」の文字の使用の最後は一四六九年のことである。

この三浦の乱では、「釜山浦」の呼称が使用された。

大永三（一五二三）年、宗盛長の代、日本国使僧一鶚と尭甫を李朝に遣わし、歳遣船の復活を求めた。九月三日、歳遣船は五隻増えて三十隻となった。

天文十三（一五四四）年四月十五日、倭船二十余隻が慶尚道蛇梁鎮《だりょうちん》を襲った。甲辰蛇梁の倭変である。李朝はこの張本人を倭寇と断定した。よって、日本国王使臣及び大内・小弐氏以外の倭人との通交を断絶した。またも宗氏は朝鮮との通交権を喪った。この倭寇は偽倭寇であったようである。

天文十六（一五四七）年、宗晴康の代、懸命な講和交渉の結果、二月十三日、李朝の明宗は認許した。宗氏歳遣船は従来の二十五隻に戻す。開港場は釜山浦一カ所とする。五十年以前からの受図書・受職人は接待しない。潜商（密貿易）は禁止する、という内容であった。

弘治三（一五五七）年一月十五日、宗義調《よししげ》は日本国王使僧天富を李朝の宣慰使・任輔臣のもとへ派遣し、朝鮮・日本両国の通交における改革案十項目を上表した。

日本は朝鮮へ使臣を派遣しているが、朝鮮は派遣していない。対馬に関しては、歳遣船を減少した。また、その他の日本使臣の出入りも釜山浦に制限されており、関禁（通関）が厳しすぎるとして是正を求めるものであった。

四月一日、明宗は、歳遣船を希望通り五隻を加えて三十隻に戻すと回答した。

3 壬辰倭乱

天正十六（一五八八）年六月、対馬島主宗義智《そうよしとし》は、二回目の朝鮮への日本国使を編成した。正使は僧景轍玄蘇《けいてつげんそ》、副使は宗義智である。その他は家臣柳川調信《しげのぶ》、侍僧瑞春、博多の商人島井宗室らである。

一回目の使者、家臣橘康広の訪朝が不調に帰したからであった。天正十四（一五八六）年のことである。豊臣秀吉の国書に「今、天下は朕が一握に帰す」とあった。一方、朝鮮の返書は「海路迷昧なれば、遣使を許さず」とする、あっけないものであった。

橘氏の使者の役目は、秀吉の日本国内の統一が実現し、朝鮮へ出兵しようとする意図を、秀吉の関白就任を祝する通信使招待と名目をすり替えての、宗氏の策略であった。

玄蘇一行は首都漢城の東平館に招じ入れられ、そこで日本への通信使の派遣を奏上した。朝鮮側の印象では、義智は年若く精悍で、他の家臣らは義智の前では平身、膝行《しっこう》する有様であった。義智は、どうあっても通信使を連れ帰ると言って頑張った。

使節は李朝に、二羽の孔雀と鳥銃（種子島鉄砲）、槍、刀などを献上した。孔雀は南陽海島に放たれ、鳥銃は軍器寺（兵器製造所）に下された。朝鮮始まって以来の鳥銃の到来である。

大提学の官職にあった柳成龍《りゅうせいりゅう》は、日本に対する国書を書くため、国王に進言した。

「速やかに議事を決定し、両国間に憂いを生ずることなきよう御高配のほどを」

知事・辺協も進言した。

「よろしく使者を派遣して返答なされよ。同時に彼の国の動静を探ってくるのも、失計ではありますまい」

宣祖の内心はこうである。

「この書契を以て未だ尽くさずと為すに非ず。当に後事を慮りてこれを為すべし。彼れ（日本）通信を渇望し、もし我が民を刷還して、さらに信使を請わば（日本に）送らざるべし。予が意、初め賊魁を縛送せしめ、然るのち之を送らば光あり。もしただ刷還して通信せば快からざるに似たり。送らざるも亦当たらず、何を以てか之を処せん」

宣祖二十三（一五九〇）年三月、僉知・黄允吉を正使に、司成《しせい》・金誠一を副使に、典籍・許筬を書状官に任命、日本に出発した。玄蘇ら日本の使節も帰国のため同行した。

四月二十九日、釜山浦から乗船、対馬、壱岐、那古耶（名護屋）、博多州、長門州を経て、七月二十日、ようやく京都に着いた。宿舎は大徳寺である。謁見は十一月七日、聚楽第《じゅらくだい》で行われた。

秀吉は朝鮮の使節に、轎《かご》に乗ったまま第中に入ることを許し、笳や角（いずれも楽器）をもって行列を前導し、堂に上がって礼を行わせた。

謁見の間は三重の席が設けられ、秀吉は南に向かった床の間に座り、紗帽《さぼう》（李朝文官の礼帽）をかぶり、黒袍《くろほう》（束帯用の上着）をまとっていた。施設の座卓には宴礼のための道具はなく、ただ中ほどに、焼いた餅を器に盛り、瓦器《かわらけ》で酒を酌み、その酒も濁り酒であった。礼法も至って簡単で、酒盃も二、三巡してあっけなく終わった。

朝鮮の国書には、朝鮮が日本に朝貢する言葉はなく、秀吉の就任を祝うものであった。日本からの返書は、使節の帰途、堺で交付された。これは使節の望んだものではなかった。

「日本国関白秀吉、朝鮮国王閣下に書を奉る」とあって後段に至り、不都合な文言があった。

「国家の隔たりも山海の遠きも屑《いさぎよ》しとせず、一超ただちに大明国に入り、吾が朝の風俗を四百余州に易《か》え、帝都の征化を億万年に施すもの、方寸の中に有り。……予、大明に入るの日、士卒を将《ひき》いて軍営に臨まば、すなわちいよいよ隣盟を修すべきなり。……」

金誠一は、道（理）にもとる文言をいちいち指摘して改めさせ、ようやく受理した。

宣祖二十四（天正十九・一五九一）年一月二十八日、朝鮮の通信使一行は釜山浦に到着。三月、漢陽に帰った。玄蘇と柳川調信も同行してきた。

正使・黄允吉は、釜山に着くや直ちに国王に倭の情勢を急報し、その中で「必ずや日本の兵禍がありましょう」と言った。使節が国王に復命したときも、国王の訊問に対しても同様に述べた。

しかし、副使・金誠一は別の意を言上した。「臣（誠一）は、倭国でそのような徴候を見ておりません」。そして附け加えた。「正使が人心を動揺させるようなことを言われるのは、よろしくありません」

議論は二人の意見に賛否こもごもであった。

柳成龍が金誠一に尋ねた。

「貴殿の言は正使と同じでないが、万一、兵禍が起こったら、どうするおつもりか」

「私としては、どうして倭が最後まで動かぬとは言い切れません。ただ、正使の言があまりに重大で、中央や地方が驚き惑うので、これを解いたに過ぎません」

同年閏三月、備辺司が上申して、通信使らに酒肴を持たせ日本の使者を東平館で慰労し、さりげなく倭の事情を探らせてはと提言、許されて慰労宴を設けた。金誠一が出席すると、玄蘇が密かに耳うちした。

「中国は久しく日本との交際を絶ち、朝貢を通じておりません。秀吉公は、このことに心中の憤りと辱めを感じて、戦争を起こそうとしているのです。朝鮮がまず（事の次第を中国に）奏聞して朝貢の路を開いてくれるならば、きっと何事もありますまい。そして日本六十余州の民もまた、戦争の労苦を免れることができましょう。もしできないならば、秀吉公、必ず大兵を率いて朝鮮に攻めいるでしょう。当に蒼鷲《そうしゅう》の雀を撃つようなものです」

誠一は反論した。

「それは大義にもとります。中国に朝貢すべき朝鮮のなすことではありません。……昔、高麗が元の兵を導いて、日本を攻撃したことがあります。日本が、これをもって怨みを朝鮮に報いようとするのは、勢いとして当然のことであります」

その後、改めてこれを問うことなく、五月、玄蘇と柳川調信は国書をいただき帰国した。

李朝は、もしものことを考えた。辺境の守備に詳しい宰臣を選んで、朝鮮南部の忠清、全羅、慶州の三道を巡察させた。その結果、金睟を慶州監司、李洸を全羅監司、尹先覚を忠清監司に任命し、その地に防御の器械を備え、城池を修築させた。中でも慶尚道は築造が最も多かった。永川、清道、三嘉、大邱、星州、釜山、東萊、晋州、安東、それに尚州の左・右兵営は、あるいは新築し、あるいは増築した。

労役に駆り出された民衆は事の次第を知らないため、怨嗟の言葉が巷に広がった。

柳成龍の知人で前典籍・李魯が、手紙をよこして批判した。

「築城は要《い》らざる計画であります。三嘉の前には鼎津（河）が流れて阻んでおります。倭賊が飛んで渡って来られましょうか。何のために無駄に城を築いて民を苦しめるのですか」

成龍は考えた。

「世論とは粗雑なものである．万里の滄海でさえなお倭を防ぐことはできないのだ。まして、ちっぽけな河ひとつを拠り所にして、《倭が渡ることができないとする》とは」

しかも、慶州、全羅での築城は、みなその地形、地勢が適当でなく、多人数を収容しようとして広げるばかりで、晋州城などでは本来、険難の処に拠っていて守るに十分であったものを、このとき小さいからとして東面下の平地に移してしまった。のち、倭賊はここから城に侵入し、ついに城を保持できなかった。

宣祖二十五（天正二十・壬辰・一五九二）年春、李朝は申砬《りつ》と李鎰《いつ》とを分遣して、辺境の軍備を巡視させた。李は忠清道、全羅道、申は京畿道、黄海道に行って、一カ月後帰って復命した。

点検したのは、弓矢、槍刀だけであった。郡・邑では、概ね表面の形式を具備させることによって、法に触れることを避け、他の防御の良策をとったところは見られなかった。

四月一日、申が成龍の所に来た。成龍は訊ねた。

「晩かれ早かれ、変事があれば、公がその任に当たらなければならないのだが、公は、こんにちの倭賊の勢力の難易をどうお考えであろうか」

「心配することはない」と申は敵を軽んじる風である。

「そうでしょうか。過ぎし日には、倭は、ただ短兵（刀剣）を恃むのみであったが、今では鳥銃の勝れた技術を兼ね備えているから、軽々しく視てはなりません」

「鳥銃があろうとも、どうして全部が命中しましょうや」

「我が国は泰平の世が久しくて、士卒は怯弱《きょうじゃく》となっており、緊急事態が起これば、支えることが極めて困難なのは明らかです。思うに、数年を経て人々がすこぶる軍事に習熟すれば、あるいは難局を収拾できるかも知れませんが、今のようでは甚だ気がかりです」

同年四月十一日、承旨《しょうし》（堂上官）金誠一は、特旨により慶尚右兵使・曹大坤に代わって、同職に就いた。備辺司は、誠一が儒者（文官）であり、かかる折に辺方の将とするは不適当であるとして

釜山・金井山城の南門（編集部撮影）

反対したが、宣祖は許さなかった。

同年四月十三日早朝、釜山浦は突然、倭船七百隻に満たされた。小西行長率いる朝鮮派遣の第一番隊、一万八七〇〇人の軍団であった。

釜山鎮僉使の鄭撥はちょうど絶影島に出猟中であったが、急ぎ釜山鎮に駆け戻った。追うようにして日本軍が上陸。城は四方から雲集する賊に撃たれ、守備兵六百人、城中の人家三百余戸、奮戦するもあえなく落城した。鄭撥も戦死した。午前八時であった。

当時釜山には倭館があったが、それまでに対馬に退去して、日本人の大半がいなかった。事前に宗義智の最後の訪朝のとき、通告されていたのである。

慶尚の左水使・朴泓は、賊の勢力のあまりの大きさに驚き、あえて兵を出動させることなく、城を棄てて逃亡した。

倭の一隊は西平浦、多大浦を陥れた。多大浦の僉使・尹興信は奮迅するも戦死した。

慶尚の左兵使・李玨は、倭の侵攻が伝えられるや、兵営から東萊城へ一旦入ったが、釜山鎮が落城すると慌てふためいて、城外から呼応して敵にあたろうと口実を設け、東萊府使・宋象賢の引き留めを無視して後退して、蘇山（東萊郡北面）へ陣を移した。

四月十四日、小西行長の本隊は東萊城を包囲した。日本軍は南門前に木札を立てた。

「戦うならば即ち戦え、戦わずんば即ち道を仮《か》せ」

象賢は城の南門に上がってこれを見、拒絶した。

「戦死するは易し。しかし道を仮すは難し」

象賢と旧知の仲であった柳川調信は、象賢を惜しみ、退路を示して脱出を勧めたが、象賢は聞き入れなかった。

半日にして東萊城は落ちた。象賢は座して日本兵の刃を受けて死んだ。辞世を詠んだ。

孤城月暈《くら》み　大鎮救わず　君臣の義重く　父子の恩軽し

宗義智、柳川調信、玄蘇らは、象賢の死骸を城の東門外に葬り、木標を立てて弔った。

周辺の郡県の朝鮮軍は、釜山鎮、東萊城陥落の風聞に接し意欲を喪失、逃げ散った。

李玨は蘇山から兵営に取って返し、自分の妾をまっさきに脱出させた。城中の兵は夜襲を恐れて、四度五度、驚き騒いだ。李玨は夜明けに自分も遁送し、兵営は潰滅した。

密陽府使の朴晋は東萊から馳せ帰り、鵲院《じゃくいん》（慶尚南道の要衝）の隘路《あいろ》を遮断した。敵の侵入を阻止するためである。賊（行長の支隊松浦鎮信の兵）は梁山を陥れ鵲院に到着。そこに朝鮮の兵がいるのを見つけ、密かに山の背後から高所を越え、散開しながら隘路に押し寄せてきた。朝鮮の守兵は驚き慌て四散した。晋は密陽に逃げ，火を放って軍用器材、倉庫を焼き、城を棄てて山に逃れた。

金海府使の徐礼元は門を閉じて城を守っていた。賊（第三番隊黒田長政の率いる隊）は城外の麦を刈り集めて濠を埋めた。城と同じ高さに達すると、城壁を乗り越え乱入してきた。草渓郡守・李某（惟儉）がまっさきに遁送し、続いて礼元が逃げ出し、ついに城は落ちた。

巡察使・金睟は初め信州にいた。事変を聞き東萊に向かう途中、賊兵の接近で前進を阻まれ、引き返して慶尚右道に走ったが、いかなる対処方も示さず、ただ各邑に檄文を飛ばし、民衆に賊を避けよと諭すだけであった。よって道内の道路ががら空き状態となり、賊軍の往来をほしいままにさせた。

また、朝鮮内の紛争も起こった。

竜宮県監の禹伏竜は、邑軍を率いて兵営に行く途中、永川の路辺で中食をとった。すると防禦使所属の河陽軍数百が、上道に向かうためその前を通過した。伏竜は、その軍士らが下馬せずに通り過ぎるのを立腹して、「おまえたち、反乱を起こそうとしているな」と責め、河陽軍が兵使の公文書を出して示すも、ついに伏竜は激昂して河陽軍を取り囲み、一兵も残さず斬殺した。

四月十七日早朝、慶尚の左水使朴泓から倭の侵攻が李朝に通報された。大臣、備辺司の役人が集まって国王に拝謁を願った。国王はこれを不許可とした。よって奏請して対策を上申した。

李鎰を巡辺使に任命し、中路にくだらせる。成応吉を左防禦使に任命し、左道にくだらせる。趙儆を右防禦使に任命し、西路にくだらせる。劉克良を助防将に任命し、竹嶺を守らせる。辺璣を助防将に任命し、鳥嶺を守らせる。慶州府尹《いん》の尹仁函は儒臣で臆病だということで、前江界府使の辺応星を起復して慶州府尹に任命し、それぞれ自ら軍官を選ばせ、持ち場へ急行させた。

同日夕刻、釜山陥落の飛報が来た。朴泓の書状には「高所より望むと、城中に倭の赤旗が満ちている」とあった。

李鎰は出兵のため、兵曹の名簿を取り寄せて見た。巡辺使には常用の兵士がいなかったのである。ところが、町村の白徒（未経験の素人）で、下級官吏や儒生が半ばを占めていた。臨時に点検・査問したところ、儒生は官服をまとい、手には科挙の試験用紙を持ち、下級官吏は官制の帽子をかぶっていて、兵役に服するなど、もっての外であった。三日たっても人選は決しなかった。ついに李鎰は、あとを別将・兪沃に託し、任地に赴いた。

柳成龍は首相・李山海の推薦により、体察使に任命された。諸将を点検・監督する役である。すでにして倭軍の先鋒は密陽、大邱を過ぎて、鳥嶺の麓に接近しつつあった。

成龍は、副詞・金応南と中砬に策戦を問うた。

「倭寇は深く侵入しており、事態は急を告げておる。対策は如何」

申は答えた。

「李鎰は孤軍を率いて前方におり、後続軍がありません。体察使が自ら軍を率いて南下されたとしても、戦将ではありませんから、勝敗には益しません。なぜ、猛将をして急遽南下させて、李軍を応援させないのですか」

成龍はこれを奏上し、砬は都巡辺使に任命された。

申は宮城の門外に出向いて徴兵をしたが、従軍の希望者はなかった。彼には人望がなかったのであろう。

一方、成龍も軍政担当の中枢府で、自軍の準備をした。

そこへ砬がやって来て、庭内に応募者が群がっているのを見て、判書・金応南を指さして憤慨して言った。

「この公《きみ》（文官・応南）のような人を、柳大監は召し連れられて、どこに用いようとなされるのか。願わくは、この小人（わたし）が副詞となって付いて行きたいものです」

成龍は、砬が他の武士たちに慕われていないのを察知していた。笑って言った。

「同じくどちらも、国事です。あれこれ区別できましょうや。公の出陣は急ぎます。私が募集した軍官を率いて、まず貴公が先に出発しなさい。私は別に募集してあとを追いましょう」

成龍は名簿を砬に手渡した。砬は最後に庭中の武士らを見渡し、「来い」と言って、引き連れて行った。これを見ていた人々は憮然として去り、金応南も共に去って行った。成龍は、ないがしろにされた金の気持ちがよくないのを忖度した。

国王は中砬の出陣にあたり、宝剣を賜って「李鎰以下何人であれ、命令に従わぬ者には、この剣を用いよ」と言明した。

国王は、かねて金誠一が日本から帰国した折り、「賊はまだ容易に攻めて来ない」と言って人心を弛緩させ国事を誤らせたという理由で、義禁府都事に誠一を逮捕するよう命じた。

これより先、誠一は尚州に到達したとき、賊がすでに国境を犯したと聞き、昼夜を駆けて本営に赴いた。その途中、曹大坤に出合い、右兵使の印章と兵符を受け取っていた。そのまま前進し、賊と遭遇した。配下の兵が逃げようとするも、誠一は下馬して胡床《こしょう》に端坐して動かなかった。軍官・李宗仁を呼んで言った。

「おまえは勇士である。賊に出合ってまず退いてはならぬぞ」

このとき一人の賊兵が、金の仮面をかぶり、刀を振るって突進してくるのが見えた。宗仁は土を蹴って上馬し、進み出て、一箭のもとに賊を倒した。他の賊は怖じ気づいて辞退した。誠一は離散した将兵を呼び集め、同時に軍・県に檄文を送って、相互に連携して賊を牽制するよう戒めた。

誠一が衛兵に連行される途中、慶尚の監司・金晬は路上に待ち受け、離別の言葉を交わした。誠一は怨みがましいことも言わず、ただただ「力を尽くして賊を撃つべし」と激励した。忠清南道の稷山《しょくさん》に至ったとき、国王の使者に迎えられた。赦免の通知であった。誠一の働きが国王の耳に達したのであろう。却って右道の招諭使《しょうゆし》に任命され、道内の人民を諭して兵士を徴集し、賊討伐を命じられた。

中路に派遣された巡辺使・李鎰は慶尚北道の聞慶に入ったが、県内はすでに空っぽで、人影もなく、そこにあった倉庫から穀物を取り出し、従兵に中食をふるまった。咸昌を経て尚州に到着した。同州牧使・金澥は、巡辺使を出迎えると称して山中に身をくらました。判官の権吉一人が邑を守っていた。巡辺使は守備の怠慢を責め、権吉を庭に引き出し、斬ろうとした。権吉は哀願した。

「私が自分で兵を呼び集めます」

夜を徹して村内を巡り、翌朝までに数百人をかき集めた。皆農民であった。さらに李鎰は倉庫を開いて穀物を引き出し、散民を誘ったところ、山間《やまあい》から一人二人と出てきて数百人となった。急ぎ軍隊を編成したが、戦えそうな者は一人もいなかった。

ある夕刻、開寧県の人が来て、賊が接近していると報じた。鎰はこれを、人々を惑わすものだとして、当人を斬ろうとした。通報人は慌てふためいた。

「信じられぬなら、私をしばらく捕えてくだされ。明朝になってまだ賊が攻めてこなかったら、死ぬのも仕方ないです」

折しも小西行長の軍勢は善山を落とし、大邱と尚州の中間、長川に駐屯していた。尚州まで二十里である。

鎰軍には斥候がいなかった。翌朝、賊兵が来なかったことを理由に通報人は斬られて、見せしめにされた。

鎰軍の総勢は八、九百人となった。漢陽から来た将士と民兵の混合であった。尚州の北山に拠って陣を布いた。大将鎰は甲をつけ上馬し、大将旗のもとに立った。帷幕《いばく》の将三人が下馬して控えた。数人の人影がはるか林間に現れ、右往左往している。しばらくして戻って来た。自軍の兵士である。彼らは復命しなかった。先に斬られた通報人の例があって、誤報を恐れたのである。

ややあって、はるか城中の数カ所から煙が立ちのぼった。ここで鎰は、ようやく一人の軍官を探りに出した。軍官は馬に跨り、二人の従卒に轡《くつわ》をとらせ、ゆっくりと出かけた。

行く手に橋があった。その下から俄かに倭兵が出現し、鳥銃で軍官を馬から撃ち落とした。首が落とされて奪われた。

これを合図に倭軍の総攻撃が始まった。鳥銃の連続放射である。朝鮮兵はばたばたと倒れた。朝鮮の武器は弓である。間尺に合わなかった。立ちどころに惨敗した。

鎰は馬首を廻らして北に逃れた。倭は急追した。鎰は馬を棄て、衣服を脱ぎ、髪を振り乱して裸のまま逃送し、聞慶にたどり着いた。敗戦の報告を李朝に出状する（手紙を送る）ことだけは忘れなかった。その後、鳥嶺を守ろうと考えたが、忠州に申砬がいると聞き、鳥嶺を越えて忠州に赴いた。

李鎰の敗報は直ちに漢城に伝わった。城内の人心は兢々《きょうきょう》とする有様で、宮中においては都を移す論議が交わされた。しかし、これは宮外には漏れなかった。

李朝は対日政策を強化した。

右相・李陽元を守城大将に、李戩を京城左に、辺彦琇を右衛将に、商山君・朴忠侃を京城巡検使に任命し、都城を修築させた。金命元を再び起用して都元帥に任命、漢江を守らせた。

都承旨・李恒福が柳成龍の所にやって来て、掌を見せた。「馬を永康門内に立てる」と書いてあった。永康門は国王が上馬する場所であろう。いうならば、都落ちの準備であろう。由々しきことといわねばならない。

国王はなお逡巡の気持ちであった。「宗廟社稷がここにあるというのに、どこへ行こうとするのか」

守城大将の右相・李陽元は城内の民衆に呼び掛けて募兵した。公私の賤民や胥吏《しょり》（小役人）、並びに三医司（内医院・典医院・恵民署の通称）の中から、使えそうな者を選んだ。城壁上の堞《ひめがき》を守らせるためである。堞は城壁上に歯形状に築かれた垣根である。堞は三万余もあって、集まった者はわずか七千である。皆烏合《うごう》の衆で、隙さえあれば城壁を越えて逃げ出そうとする者ばかりであった。

軍務についている軍士も、兵曹に属してはいるものの、下吏と結託して相ともによこしまな行為にふけり、賄賂を受け取って逃亡を手助けする者多く、官員らも誰が留まろうが逃げようが気にも留めない体たらくで、軍政は堕落の極みであった。

四月二十九日、建議により皇太子が立てられた。

「光海君琿《こうかいくんこん》を立てて王世子と為す」

礼曹（外務省）に小西行長から書状が届いた。「朝鮮、もし講和する意志あらば、李徳馨《りとくけい》をして四月二十八日、忠州において会談いたしたい」

中枢府同知事・李徳馨は、国王に命じられ使者として派遣された。徳馨はかつて宣慰使として倭使を接待した経験があり、それで指名されたのである。

徳馨は礼曹に答書を作成させ、倭学通事・景応舜ともどもに出発した。途中、忠州が陥落したことを聞き、まず応舜を様子見にやった。ところが加藤清正の軍に捕えられ、殺害された。徳馨はやむを得ず引き返し、平壌にて復命した。国王はすでに四月三十日早朝、漢城を発ち、五月十四日、平壌に避難していたのである。

忠州の陥落は、四月二十七日、小西勢と申砬率いる朝鮮軍との、忠州西の弾琴台の戦いで、申砬が敗死したことによるものである。

倭軍の漢城までの道のりは次の通りである。

東萊から三路に分かれて北進した。

その一路、小西勢は、梁山、密陽、清道、大邱、任同、善山を経て尚州に至り、李鎰の軍を打ち破った。

もう一路、加藤清正勢は、慶尚左道の長鬐《ちょうき》・機張を経て、左兵営である蔚山、慶州、永川、新寧、義興、軍威、比安を陥れ、竜宮の河富津を渡って聞慶に抜け、そこで中路の兵と合流、鳥嶺を越えて忠州に入った。そこで二軍に分かれた。一軍、小西勢は驪州《れいしゅう》に急行、川を渡り、楊根を経て竜津を渡って京城の東に出た。もう一軍、加藤勢は、竹山、竜仁に急行して漢江の南に至った。

また最後の一路、黒田長政勢は、金海を経て星州の茂渓県から川を渡って、知礼、金山を経由して忠清道の永同に抜け、前進して清州を陥れ、京畿道に向かった。

倭軍の行進は旌旗《せいき》、剣戟《けんげき》を千里に連ね、砲声をとどろかせて通過した。その先々では、あるいは十里、あるいは五、六十里ごとに天嶮によって営柵を設け、兵を留めて警備させ、夜は焚き火して相互に警戒は怠りなかった。

都元帥・金命元は漢城の竜山区の済川亭にあって望見して、賊軍を認めるも、さらさら戦おうとせず、軍器、火砲、器械を川に投げ入れ、衣服を平民様に替えて逸早く逃亡した。従事官・沈友正の制止をふりきっての、ふがいなさであった。

李陽元は城中にあって、漢江の軍隊がすでに敗れさったのを聞くや、城は守りきれないと見切りをつけ、城を出て楊州に逃亡した。

三路の倭軍が漢城に入ったのは、五月三日（正確には小西勢は五月二日朝の入城）であった。城中に人影は一つもなかった。

申恪は金命元の副元帥を勤めていた。漢江での敗北の折、命元に従わず、李楊元に従って楊州に移動した。折しも咸鏡南道兵使・李渾が到着したので、申は合力し、京城から出て村々を略奪していた賊兵と遭遇した。朝鮮軍は初めてこの闘いで倭軍に勝利した。これは倭軍へ対する初めての勝利で、人はみな飛び上がって喜んだ。

一方、命元は、臨津から状啓（報告書）を国王に送った。申が自分に無断で楊州に離脱したと訴えたのである。右相・兪泓は急遽その処刑を国王に請うた。処刑のため早速、宣伝官が出発した。

ところが、申の勝利の急報が朝廷に届いた。朝廷はただちに刑の執行停止の使者を発した。しかし、刑はすでに終わっていた。申は武人であったが、清廉慎重な人物であった。朝鮮はあたら有能な人材を失ったのである。

知事・韓応寅が中国北京から帰国した。左相・尹斗寿が、その人物を見込み、命元が指揮する臨津に別将として派遣した。

臨津川を間に、北に朝鮮軍、南に小西・加藤・黒田の三軍がいた。対峙すること十余日、小手先の戦いで、倭軍は渡河できなかった。倭軍は一策を講じた。川沿いの兵舎を焼き、幔幕を撤去し、軍用器材を車にのせて退却のそぶりを見せた。

咸鏡北道兵使・申硈は、これに乗じ追撃しようとした。京畿監司・権徴も合流した。命元はこれを止めきれなかった。

五月十八日である。韓軍（韓応寅の軍）も到着し、全軍をあげて追撃しようとした。兵士の中から忠告する者がいた。

「倭軍は遠くから来たばかりで、疲労しています。まだ食事もとっていないはずです。器械も調っておらず、後軍も到着していません。我が方も敵の状況をよくわかっていません。しばらく休息して明日、状況を確認してからにすべきです」

韓応寅は兵士が臆病風に吹かれたと思い込み、反対する数人を斬ってしまった。

案の定、倭軍は朝鮮軍のむやみな進軍が射程内に入ると打って出た。朝鮮軍は奔走して潰滅した。

別将・劉克良、申硈も戦死した。

金命元と韓応寅は、川の北から遥かにこれを望み、気力を喪失。商山君・朴忠侃の馬で遁送した。兵士らはこれを見て「元帥が逃げ出した」と叫び、浅瀬を守っていた諸軍は、ちりぢりに敗走した。

金と韓が行在所に戻ったが、何の責任もとらせられなかった。京畿監司・権徴は京畿道加平郡に逃げ、乱を避けた。

加藤清正は倭軍の中では最も勇敢で、戦闘に長けていると、朝鮮ではもっぱらの評判であった。六月一日、開城を出発、小西行長と同じく臨津江を渡り、黄海道の安城駅にて、咸鏡道と平安道のどちらの道を行くかを議論した。容易に決まらず、くじ引きで、行長は平安道、清正は咸鏡道に向かうことになった。

加藤勢は谷山の地から老里峴を越え、鉄嶺の北に出た。一日に行くこと数百里（朝鮮の十里は日本の一里相当）、その勢いはあたかも風雨のようであった。

北道兵使は韓克誠である。六鎮（鍾城・穏城・会寧・慶源・慶興・富寧）の兵を率い、海汀倉《かいていそう》（咸鏡北道）で加藤勢に遭遇した。北道の兵は騎射に巧みであり、最初は優勢であった。加藤勢は退いて倉の中に逃げ込んだ。日没となった。克誠は休息もとらせず、加藤勢を包囲した。加藤勢は倉の中から穀物俵を出して砦とし、鳥銃を乱射してきた。鳥銃は命中すれば必ず貫通し、一発で三、四人が倒された。加藤勢は夜中も休まず、逆に朝鮮軍を包囲し、早朝から総攻撃をかけてきた。朝鮮兵の戦死する者、数知れなかった。

克誠は遁走して鏡城に逃れるも、ついに捕らわれた。

両王子の臨海君と順和君は江原道にいたが、賊兵の侵入を避けて北道に向かう途中、倭賊に追い詰められた。

七月二十三日、会寧府の胥吏・鞠景仁が、仲間を率いて朝鮮側に背き、まず王子と従臣らを縛り、加藤勢を迎え入れた。従臣は、金貴栄、黄延彧、黄赫、咸鏡北道監司・柳永立である。

加藤清正は、その縛を解いて軍中に保護し、咸興（咸鏡南道）に帰って駐屯した。八月二十九日であった。

漆渓君・尹卓然だけは途中病気と偽って、他路から別害堡に隠れた。柳永立は拘留中、同人が文官ということで監視をゆるめた隙に脱走し、行在所に戻った。

鞠景仁は、のちに申世俊率いる義兵によって殺された。

国王の行在所、平壌は、左相・尹斗寿に命じて、都元帥・金命元、巡察使・李元翼らを長として守らせた。六月一日、城内の人民は国王の避難の噂に恐れをなして逃散して、住居は無人のありさまであった。国王は自ら諭して、人民の帰還を呼び掛けさせた。ようやく城中は一杯になった。

六月五日、明の遼東郡司が、朝鮮における倭軍の状況を探るため、鎮撫・林世禄を平壌に派遣して来て、国王は大同館で接見した。

明では、朝鮮が都城を守らず、国王の車駕が西遷したのを心配し、倭軍が平壌に切迫したことに疑問をもっていた。倭変が急であったとしても、まさかこのように情勢が変わるとは思ってもみなかった。そこには、朝鮮が内密に倭を先導しているのではないかとの懸念があった。

柳成龍は世禄を誘い、練光亭から大同江の対岸を望察した。川の東に一人の倭兵がいて、のんびりと逍遥するふうである。成龍は説明した。

「倭の斥候です」

世禄はあたりを見渡し、疑念を呈した。

「どうして倭兵がこんなに少ないのか」

「倭は巧みに偽って、たとい大軍が後方にあっても斥候はごく少人数です。これをまともにとって当方から急に攻めれば、賊の術中に陥ります」

「なるほど」とうなずき、世禄は急ぎ朝鮮からの回答の咨文《しぶん》（対等の官庁間でやりとりする公文書）を求め、帰国した。

小西勢が大同江に達して三日目の六月十一日、倭兵によって書状がもたらされた。「朝鮮国礼曹判書李公閣下に上る《たてまつ》」とあった。平（柳川）調信と僧玄蘇が李徳馨に宛てた、講和を求めるものであった。

両者は大同江に二艘の船にそれぞれ分乗して浮かび、対談した。玄蘇は言った。

「日本、貴国と相戦うに非ず。東萊、尚州、竜仁などの地に於いて、皆書契を送るも、貴国答えず、兵をもって相接し、ついにここに到る。願わくは、判書、国王を奉じて地を避け、日本が遼東へ向かうの道を開け」

徳馨が答えた。

「貴国若し只中原（中国）の事を犯さんと欲せば、則ち何ぞ（海路にて中国）浙江に向かわずして、ここに向かうや。是れ実に我が国を滅ぼさんと欲するの計なり。天朝は乃ち我が国父母の邦、死すとも聴従せず」

玄蘇は呟いた。

「然らば、則ち和すべからず」

その日の午後、小西勢数千余は東岸に陣を構築し、城内に銃撃を開始した。

六月十一日、国王を載せた車駕は平壌を出た。逃亡先は寧辺である。

大臣・崔興源、兪泓、鄭澈らが扈従《こしょう》した。平壌防衛には、左相・尹斗寿、都元帥・金命元、巡察使・李元翼らが残った。柳成龍も明の将軍の接待のため残った。

午後、倭軍の攻撃が始まった。城中には士卒、民夫でおよそ三、四千人がいた。対岸の倭兵の数はさほど多くはない。東大院の岸の上に一列に並んで陣を構え、紅白の旗がはためき、あたかも朝鮮の葬儀に用いる弔文を書き記した紙片を旗状にした挽章《ばんしょう》のようであった。不吉なしるしといわざるを得ない。

久しく雨が降らず、川の水は日に日に少なくなっていた。

柳成龍は尹相に訊ねた。

「この箇所は水が深く舟もないので、賊どもは結局渡ることはあるまい。ただ上流は浅瀬が多い、早晩賊どもはここから渡ってくるだろう。どうして厳しく備えをしないのか」

横にいた金命元が答えた。

「もう李潤徳に命じて守らせています」

「潤徳のような者がどうして頼りになりましょうや」

続けて李元翼に言った。

「あなたたちも一カ所に集まって宴会のようにしておられるが、これでは何の役にも立ちません。往って川瀬を守るべきです」

「往けとお命じになるなら、なんの尽力せぬことのありましょうや」

尹相が言った。

「あなたは往くべきです」

李は起《た》って出発した。

成龍は、この体たらくでは敗北は必至であろうと思った。成龍は軍務に参与していなかったので、明の将軍を出迎えるため平壌をあとにした。

翌日、国王は寧辺を出て博川にいた。この途中、人心は崩壊し、通過した所、順安、粛川、安州、寧辺では、乱民が倉庫に押し入って穀物が掠奪された。

成龍が到達すると、すぐに引見された。

「平壌は守りきれるであろうか」

「人々の決意が固いので守れるでしょう。しかし、明国の救援がなければ駄目です。私は明国の兵を迎え、速やかに来救するようやって来ました」

成龍が博川を辞去し、大定江にて日没となった。広通院の方を顧みると、数人の兵士に会った。平壌で川の瀬を守っていた者であった。兵士は悔やんだ。

「昨日、すでに賊は王城灘（浅瀬の箇所）から大同江を渡り、我が軍も潰え、兵使・李潤徳も遁走しました」

六月十五日、平壌は陥落した。

国王の一行は博川から定州、宣川、車輦館、竜川を経、六月二十二日、義州に到着した。鴨緑江を隔て対岸は中国の遼東である。義州の牧使の公館を行在所と定め、政務を司った。

この間、李徳馨は中国への使者となり鴨緑江を渡り、遼東順撫都御使・赤杰の幕下に到り救援を求めた。六月十五日、明国参謀・戴朝弁は史儒とともに、兵一〇二九名、馬一〇九三頭を率い、鴨緑江を渡り平壌に向かった。林畔駅まで行くと、平壌陥落の報に接し、戻って義州に駐屯し、後続部隊の到着を待った。明国の朝廷では、軍をねぎらうため銀二万両を賜い、遼東の徴兵参将・郭夢徴によって行在所にもたらされ、六月二十四日、国王が義州の西門の外で出迎えた。銀は扈従してきた宰相以下に分給された。

七月初旬、遼東副総兵・祖承訓が兵五千を率いて来援した。嘉山から定州に到り、柳成龍が接見し、忠告した。

「倭兵は極めて強固である。決して侮ってはなりませぬ」

承訓は答えた。

「あえて憂うることもない。吾、かつて三千騎を率い、十万の㺚（韃靼《だったん》）を破る。倭の如き、これを滅ぼすに何事のあろうや」

承訓は順安から三更（夜十二時）に出撃、七月十七日早朝、平壌を攻めた。遊撃・史儒、戴朝弁、千摠・張国忠、馬世隆らが戦死し、敗退した。

承訓は残兵をひいて引き返した。安州城外に着き、訳官・朴義倹を呼んで言った。

「我が軍は今日、多数の敵を殺すも、不幸にも史遊撃が傷つき死んだ。天候もまた利あらず、大雨にて泥濘となって、賊を殲滅できなかった。兵を補充してさらに進撃するつもりである。おまえの宰相にこれを語り、軽々しく動くなと伝えよ。浮橋もまた撤去してはならぬ」

言い終えるや馬を馳せて清川江、大定江を渡り、控江亭に駐屯した。しかし、ついに進撃適わず、遼東に帰還した。

八月一日、巡察使・李元翼、巡辺使・李薲らが数千の兵を率いて平壌を攻めたが、これも失敗に帰した。

小西行長軍から朝鮮軍に来書があった。

「群羊、一虎を攻める」と揶揄の言葉があった。羊は明国兵と朝鮮兵、虎は倭軍を指す。朝夕いつでも出城して街区を攻めん、と脅した。義州の人々は戦々兢々として、荷物を持って逃げ出すありさまであった。

明国の遊撃将軍・沈惟敬が六月二十九日、義州に着き、八月末頃、順安に来た。倭将小西行長に書を送った。

「朝鮮、何の日本に虧負《きふ》（負い目）することあり、日本、如何《いかん》ぞ擅《ほしいまま》に師旅（侵略）を興すや」

倭将行長は返報して会談を求めた。宗義智、僧玄蘇のほか、兵隊をつらねて出かけた。

八月二十九日、平壌の北十里の外、降福山の麓で会見した。沈惟敬が馬より降り、倭の軍中に入ると、多勢の倭兵が四面から取り囲み、遠くからこれを望見していた朝鮮人は、捕らわれてしまうかと案じた。日暮れに惟敬は帰陣した。倭兵はうやうやしく惟敬を見送った。

翌日、行長が書簡を届けた。

「あなたは白刃の中にあっても顔色も変えず、日本人といえども及ばぬところである」と惟敬を褒めた。

「おまえたちは唐朝の郭令公を知らぬか。かつて単騎でウイグルの大軍の中に入り、少しも畏れなかった。どうして私が、おまえたちを畏れようか」

惟敬と小西の約束は次の通りである。

「私が帰国して聖皇（明の神宗）に報告すれば、必ずや何らかの処断があろう。五十日を期限として、倭軍は平壌の西北十里より外に出て掠奪をしてはならない。朝鮮人も十里の内に入って倭と争ってはならない」

よって、その境界に木を立てて禁止の標識とした。

惟敬は朝鮮側に、事の内容を立ち入り禁止のみ伝え、その余は伝えず帰国した。

十二月、明国は大軍を組織し、兵部右侍郎・宋応昌を経略に、兵部員外郎・劉黄裳、主事・袁黄を賛画軍務に任命し、遼東に駐屯させた。

十二月三日、沈惟敬が来て平壌で城中に入り、数日滞留し、倭と誓約を交わし去って行った。その内容は朝鮮側に知らされなかった。

柳成龍は李如松提督と会い、事態打開について陳述した。総督は答えた。

「倭軍はただ鳥銃をたのむばかりである。我が軍は大砲を使用する。みな五、六里は飛ぶから、賊どもはどうして敵対できよう」

成龍が退去後、提督は扇面に詩を書いて届けてきた。

　兵を提《ひっさ》げて、星夜、江干を渡る
　説くならく、三韓、国未だ安からずと
　明主、日に懸《かか》ぐ、旌節《はたしるし》の報
　微臣、夜釈《と》く、酒杯の歓
　春来、殺気、心猶壮なり
　此《これ》去りて、妖氛《ようふん》（わざわい）、骨已《すで》に寒し

談笑して敢えて言う、勝算に非ずと
夢中、常に憶う、征鞍に跨るを

このとき安州には明国兵が満ち溢れていた。ある夜、突然、成龍のもとに明国の使者がやって来て、軍中の密約三カ条を呈し、名も告げず去って行った。

翌一月四日、提督は副総兵の査大受をまず順安に派し、告げた。倭奴を欺く作戦である。

「明の朝廷はすでに講和を許し、沈遊撃も到着の予定である」

倭はこれを好感を持って受け止め、玄蘇は詩を献じた。

扶桑(日本)戦いを息《や》め、中華に服す
四海(世界)九州(中国)、一家に同じ
喜気忽ち消す、寰外《かんがい》(天子居城)の雪
乾坤《けんこん》(天下)、春は早し、太平の花

時に宣祖二十六(一五九三)年正月吉日であった。

ところが不測の事態が生じた。査大受副総兵が、順安にいた沈惟敬を訪問した行長の家臣竹内吉兵衛一行二十余名を、酒宴の席で、油断につけこみ暗殺を計った。吉兵衛外二名は捕えられ、五人は逃げ帰った。和平は破綻した。

一月六日早朝、李如松の明国軍と都元帥・金命元の率いる朝鮮軍が平壌を包囲し、八日早朝、総攻撃が始まった。

戦いは一月七日、日本軍の敗北で終わった。小西行長は査大受と会い、退路の確保を求め、敗残の兵は八日辰の下刻（午前九時）、大同江を渡り、漢城を目指して、厳寒の泥濘《でいねい》の中を足を引きずりながら退いて行った。

一月二十四日、漢城の西部一帯に陣を布いた倭軍は、朝鮮の民衆が内応することを懸念し、かつ平壌の敗北を憤って、漢城内の民衆をことごとく殺し、官民の建物、住居に火を放ってほとんど焼き尽くした。かくて漢城に集まり、明国軍を阻止しようとした。

同日早朝、碧蹄《へきてい》駅の南の礪石嶺では、副総兵・査大受と朝鮮の高彦伯の兵百余名が賊情を偵察中、倭軍の斥候加藤光泰、前野長康の兵と遭遇、百余人を斬ってその首級を得た。

李提督が千余の騎馬を率い応援に駆けつけたが、倭軍立花統虎、小早川隆景、毛利元康らの軍勢に阻まれ敗退した
二月、全羅道の巡察使・権慄は、幸州山城に陣を構えた。二月十二日黎明、倭軍は大挙して漢城を出陣、これを攻めた。小西・黒田・宇喜多・小早川勢ら三万。対する朝鮮軍は二三〇〇である。

軍配は権慄に上がった。城兵は賊を打ち破り、坡州に軍陣を移した。

当時、倭軍は漢城を占拠し二年目であった。兵禍を蒙った朝鮮の千里の国土は荒れさびれ、百姓

たちは耕すことも種をまくこともできなかった。非常に多くの者が餓死した。城中の生き残りの民衆は、柳成龍が東坡にいると聞いて、互いに助け合い、荷ったり背負ったりしながらしてやって来て、哀訴する者が数知れなかった。

三月四日、成龍は、軍糧の残り物を出して飢民を救済することを国王に奏請して許された。

三月十五日、遊撃・沈惟敬が到来した。金命元が忠告した。

「賊は平壌で欺かれたことを怒り、必ずよからぬ考えを抱いている。どうして再び敵陣に行くことがあろう」

惟敬は答えた。

「賊が自分自身、速やかに退かなかったため敗れたままでで、私に何の関係がありましょう」

よって敢えて再び漢城に行って、倭軍に撤退するよう勧告した。

四月七日、李如松提督が平壌から兵を率いて開城府に還った

賊中に入って惟敬が交渉した内容は成龍に伝わらなかった。惟敬は思った。

「おおよそは王子二人と陪臣を返還せよと責め、軍を釜山に返してのち講和を許す、ということで、賊が約束通りにしようと応諾したので、李提督も開城に戻ったに違いない」

しかし、成龍はこれに反対してこの旨を李提督に伝えた。返事はなかった。

四月十日、成龍は宋応昌の牌文《ふだふみ》を読んで「痛惋《つうわん》に勝《た》えず」、周弘謨らが講和に賛成を強要するのに最後まで応じなかった。

牌文に曰く、「朝鮮国、倭と固《もと》より共に天を戴《いただ》かずと為す。然れども今已に〔倭は〕貢を乞い和を請う。姑《しばら》く且《まさ》に本府（明国朝廷）に聴候し、〔倭に〕報復し、〔倭と〕啓釁《けいきん》（隙間をひらく）する者は斬らんとす」。

ちなみに沈惟敬の和議条件は次の通りである。

一　王子、扈従者の返還

一　朝鮮の故土の返還、釜山まで後退

一　以上の完了次第講和

日本側の条件は次の通り。

一　明国からの講和使の派遣

一　明国軍の遼東への撤収

一　以上を了承すれば王子たちを返し、四月八日をもって漢城を撤退

四月十八日、明の経略・宋応昌派遣の謝用梓、徐一貫の漢城到着にて、倭軍は漢城から撤退していった。沈惟敬との約定によるものである。次いで明国兵が城に入り、李提督は小公主宅（南別宮）を官舎とした。

城内は、遺民は百人に一人も生存せず、残った者も疲労困憊、みな痩せて、顔色は鬼のようであった。死人、馬の死骸が至る所に遺棄され、悪臭が立ち込めていた。

柳成龍は李提督に会って進言した。

「賊兵はやっと退去したが、そう遠くへは去っていないはずだ。願わくは軍隊を出して急追されてはいかが」

「私の思いも同じだ。急追しないのは、漢江を渡る舟がないからだ」

「私が舟を整備しましょう」

「大変結構だ」

しかし、派出された営将・李如栢が突然、足の病と称して引き返してしまった。実は急追する気持ちなどなかったのである。

五月二日、李提督は軍兵三万を率いて漢江を渡り、十六日過ぎに倭軍が密陽以南の地に退いたと聞き、聞慶から忠州に引き返した。

退いた倭軍は、海辺に軍を分けて駐屯した。蔚山の西生浦から東萊、金海、熊川、巨済に至るまで、首尾相連なること凡そ十六陣、みな山により海を憑《たの》んで、城を築き塹壕を掘って長期駐留の構えを示した。

李提督は沈惟敬を諭し、倭軍の帰国を指令した。次いで徐一貫と謝用梓を倭の名護屋に派遣し、関白秀吉に会わせた。

六月、倭軍（小西勢）はようやく両王子の臨海君、順和君及び宰臣・黄延彧、黄赫らを還し、沈惟敬を派遣して帰報させた。

一方、倭軍（宇喜多・小西・黒田・加藤の連合軍五万余）は前進して晋州を包囲し、前年戦いに敗れた怨みを晴らすと宣伝した。八日にして、六月二十八日、晋州城は陥落させられた。明の総兵・劉綎は晋州の落城を聞いて八莒から陜川に馳せて行き、呉惟忠は鳳渓から草渓に至って慶尚右道を護った。

倭軍は釜山に還り、明国が講和を許すのを待ち、海を渡って撤兵すると言いふらした。

十月一日夕刻、国王は漢城に帰還した。

これより先、沈惟敬が倭将小西飛驒守（内藤如安）を連れ、秀吉の降表（降服文）を持って還ってきた。明朝は、降表は秀吉から出たのではなく、小西行長らが詐《いつわ》って作ったものではないかと疑っていた。また沈惟敬が到着してすぐに晋州が陥れられたのは、倭に講和の意志に誠意がないということで、行長の使者小西飛驒を遼東に留め置いて永らく返報しなかった。

この頃、明の経略・宋応昌は弾劾されて朝鮮を去り、かわりに新経略・顧養謙が遼東に到着、参将・胡沢に箚子《さつし》（公文書）を持たせて寄越した。一部を記す。

「……倭奴も我が国の威を畏れて降伏を請い、かつ封貢を乞うている。明国は、正にその封貢を許し、これを容れて外臣とし、倭を駆って一人残らず渡海〔帰国〕させて、再びおまえたちを侵犯させないであろう。紛糾を解き兵を休息させるのは、おまえたちの国が久遠の計をめぐらす所以である。いま、おまえたちの国は、糧食が尽き、人民たちは相食《は》んでいる。それ以上、何を恃《たの》んで援兵を請うのか。もはや、おまえたちの国に軍兵も軍糧も与えず、また、倭奴の封貢〔の願い〕を断てば、倭奴は必ずやおまえたちの国に対して怒りを発し、おまえたちの国は必ずや亡びるであろう。

どうして速やかに、自ら計をめぐらさないのか。……

もしおまえたちが、倭のために封貢を請い、果たしてその通りになれば、必ずや倭はますます中国に感服し、しかも朝鮮を徳とし、必ずや兵を罷《や》めて去るであろう。倭が去ってのち、おまえたちの君臣が、ついに苦心焦思、臥薪嘗胆《がしんしょうたん》して勾践の〔ような復讐の〕事業をなすならば、天道は還す（むくいる）を好しとするから、どうして倭に報復する日がないといえようか」

柳成龍は上奏した。

「倭のために封を請うということは、義においてまことによろしくありません。ただ、つぶさに近日の事情を具して奏聞され、中国の朝廷に委ねられるべきだと思います」

これはようようにして許され、陳奏使・許頊が明国に派遣された。

このとき顧経略は行人司の命により辞去し、かわりに新経略・孫鉱が朝鮮に赴任してきた。

明国の兵部では、皇帝に奏請し小西飛騨を召し寄せ、十二月十三日、入京すると、三事について詰問した。

「一　ただ封のみを求め、貢は求めてはならない。
一　一人の倭も釜山に留めてはならない。
一　永久に朝鮮を侵してはならない。
以上の如くすれば封ずるが、約の如くしなければ許すことはできない」

小西飛騨は天を指さして誓い、約束を遵守することを願った。

かくて再び沈惟敬に小西飛驒を帯同して倭の軍営に行かせて、この旨を宣諭させた。また、臨淮侯《りんわい》・李宗誠、都指揮・楊方亨を上・副使に任命して派遣し、往って関白秀吉を日本国王に封じることにし、李宗誠らを朝鮮の漢城に留めて、倭がことごとく撤退するのを見届けてから出発することにさせた。

宣祖二十八（文禄四・一五九五）年、宗誠一行は漢城に到着した。しきりに使者を派遣して倭軍の渡海（帰国）を促した。

倭は、まず熊川の数陣及び巨済、場門、蘇津浦などから撤退して信義のほどを示し、その上で「〔われわれは〕平壌のときのように欺かれることを畏れる。どうか明国の使者が速やかに倭営に入られ、すべてお約束通りにさせてほしい」と言った。

兵部尚書・石星は、沈惟敬の言葉を信じて、倭に異心はないと考えていた。明国の朝廷の論議では異論が多かったが、石星は奮然と身をもって対処した。

九月四日、正使・宗誠が漢城を発ち、副使・楊方亨の後に続き十一月二十一日、釜山に到着した。小西行長は、すぐに来て会おうともせず、また言った。

「やがて関白に復命し、決定を受けてのち、明国の使者を迎えよう」

宣祖二十九（慶長元・一五九六）年一月四日、沈惟敬は、李、楊の二人を釜山に留め、行長を帯同して渡海した。先に日本と、明国の使者を迎える令礼節について打ち合わせのためであると言い訳した。

李宗誠は臆病であった。ある人が耳打ちした。

「倭酋（秀吉）は、まことは封を受ける意志などなく、宗誠らを誘い寄せて拘留し、苦しめ辱しめようとしている」

夜半、宗誠は変装して軍営を抜け出し、逃亡した。

これを伝え聞いた小西行長は急遽、釜山浦に取って還った。明の使者の出発の遅れることを心配し、正使になった楊方亨の速やかな出発を求めた。このとき沈惟敬は副使に累進された。

この時節、倭軍の撤退は終了せず、釜山に四カ所の屯所が残っていた。

惟敬は朝鮮に使者の同行を求めた。そのとき黄慎が沈惟敬の接伴使として倭営にいたので、随行させることになった。副使は武臣・朴弘長である。

慶長元年九月、秀吉は明国の使者、楊方亨、沈惟敬を引見した。初めは明国の封を受けるかのようであったが、突然怒りを露わにした。

「汝は朝鮮の王子を寄越して謝すべきであろう。しかも、使臣の身分も卑しい。これは我々を謾《あなど》るものだ」

一方、朝鮮の使者、黄慎、朴弘長は謁見叶わず、王命を伝えることができなかった。秀吉は黄慎に明の使者、楊方亨、沈惟敬らと同行して帰国することを促し、明国に対する謝礼のことばもなかった。

沈惟敬は小西行長と親しかったので、事あるごとにうまく弥縫《びほう》しながら、その場逃れの処置で事を成就しようとして、実情は明国と朝鮮とに知らせなかったので、不調に終わったのである。

十二月八日、小西行長は釜山浦に戻った。加藤清正も翌年正月十一日、西生浦に駐屯した。

小西は「王子が来て謝礼するのを待ち、それから兵を解いて撤退する」と声明した。

明使は十二月十一日、日本堺から釜山に戻った。朝鮮の使者は十一月二十三日、釜山に着き、十二月二十一日、漢城に還った。黄慎は復命した。

「関白は小西行長ら四将を出発させる。とくに加藤清正は正・二月の間、渡海すべく、繕兵・聚糧（兵・食糧の調達）に努めている。小西行長は和平を断念せず、もし朝鮮の王子渡日あれば、関白の親書を得て、必ず撤兵し、王子を奉じて過海するであろう」

朝鮮の朝廷はすぐに明国に使者を派遣して事情を奏聞した。かくてのちに明国朝廷は、小西氏に加担し、和平に失敗した石星、沈惟敬をともに処罰した。

4 丁酉倭乱

宣祖三十（慶長二・丁酉《ていゆう》・一五九七）年正月、小西行長は、かねてから家臣の要時羅（梯七大夫）を慶尚右兵使・金応瑞の陣に出入りさせ、情報を取らせていた。二重隠密である。要時羅が金応瑞に耳打ちした。

「我が将小西行長が次のように言っていた。今回の講和交渉が成功しなかったのは、加藤清正のせいである。自分は彼を甚だしく憎んでいる。この正・二月には、清正が海を渡って参ることになっているから、朝鮮は水軍を増強することであるし、もし海中で要撃すれば、これを打ち破って殺すことができよう。心してこの機会を失われないように」

応瑞はこれを信用して、朝廷に報告した。義禁府事海平君・尹根寿は小躍りして喜んだ。早速、水軍統制使の李舜臣に出陣するよう催促した。

舜臣は容易に動かなかった。倭賊は詐っていると思って逡巡した。

しびれを切らした要時羅が来て応瑞に言った。

「清正は今や上陸してしまった。朝鮮では、どうして迎え撃たなかったのか」

このことが上聞に達した。朝廷の論議は、みな舜臣を咎めた。台諫《だいかん》は逮捕・訊問を要請した。ついに一月二十七日、舜臣は捕えられ、後任に元均が統制使となった。

国王は事の真実を究めるため、成均館の司成・南以信を閑山島に派遣した。以信のもとに、舜臣の無実を訴える者が多々あったが、これを事実通りに報告しなかった。

「清正は島に留まること七日間で、この間に、もし我が軍が出撃していれば、これを捕縛できたでしょう。しかし、彼（舜臣）は、ぐずぐずして機会を逃がしました」

舜臣は獄舎に投ぜられた。罪状が審議された。一人、判中枢府事の鄭琢だけが主張した。

「彼は名将である。殺してはならない。軍機についての利害得失は、遠くから忖度し難い。彼が前進しなかったのは、必ずしも考えがなかったわけではない。どうか寛大に宥恕《ゆうじょ》され、後日、功績を立てさせるべきである」

朝廷は、一度、拷問を加え、死罪を減じ、水軍統制使の官職を削って一兵卒として軍に編入した。

同年三月五日、明国の朝廷は朝鮮再援を決定し、兵部侍郎・邢玠を総督軍門に、遼東布政司・楊鎬を経理朝鮮軍務に、麻貴を大将にそれぞれ任命、楊元、劉綎、董一元らは相次いで出発した。

同年五月八日、楊元は三千の兵を率いて漢城に到着し、数日にして全羅道に下り、六月十八日、南原城に駐屯、防備についた。牆《かき》を高くし、濠をさらい、濠内にはまた羊馬牆を設けた。昼夜工事を督励し、一カ月でほぼ完成した。南原は湖・嶺（全羅道・慶尚道）の要衝であった。

倭軍が壬辰（一五九二）年に朝鮮に侵入して以来、倭の水軍だけは朝鮮に敗北を喫していた。関白秀吉は、それを憤って小西行長に、朝鮮の水軍を撃破することを命じた。行長は佯《いつわ》って金応瑞に款《かん》を通じ、李舜臣を罪におとした。

統制使・元均は閑山島に赴任し、前任者李舜臣の定めた諸制度を一つ残らず変更した。およそ副将、士卒のうち、少しでも舜臣に信任・使役されていた人をみな追放した。さらに愛妾を呼び寄せ、堂に住まわせ、二重の籬《まがき》で内外を隔てた。諸将は彼の顔を見ることさえ稀であった。

小西行長は再び要時羅を金応瑞の所に遣わし、偽の情報を与えた。

「これこれの日に倭船が来援するであろう。朝鮮の水軍は、まさに迎え撃つべきである」

これを知らされた都元帥・権慄は、舜臣の轍《てつ》を踏ませないため、元均元帥に防備を固めさせた。元均はあるだけの舟を率いて出陣した。絶影島に着いたときは日暮れであった。風が吹き、浪が高くなった。しかし、停泊の場所が見つからない。

倭軍は岸の上の営で、これを探知し、相互に連携した。出船するも戦わず、わざと港の奥に退いた。

一方、朝鮮の水軍は、釜山に来るまでに労力を費やし、しかも泡立つ波浪、飢えと渇きに悩まされ、迷走状態に陥った。七日夜、元均は後退を命じ、加徳島に避難した。ところが、そこへ倭軍（高橋直次・筑紫広純の勢）が突撃してきて、元均は将士四百人を失い、後退して巨済の漆川島に入った。

同月十六日、倭軍（藤堂高虎、加藤嘉明、脇坂安治、島津忠恒の軍）が朝鮮水軍の所在を突き止め、漆川島の近くで海戦となった。元均の水軍は潰滅的打撃を受け、巨済島に上陸、逃亡した。

ところが、巨済島にも倭軍（島津義弘の兵）二千が待ち構えていて、逃げてきた朝鮮軍を討ち取った。

慶尚右水使・裵楔は閑山島にとって返し、火を放って兵舎、食糧、軍器を焼きすて、島に残留していた民衆を移動させて、難を逃れた。

この朝鮮軍の敗北後、倭軍は勝ちに乗じて西に向かい、南海、順天を襲い、次々に落とした。賊船は、豆恥津に到着するや、上陸して前進し、南原を包囲した。両湖（全羅道・忠清道）の人々は恐慌に陥った。

七月八日、元均は朝鮮軍の水軍潰滅の理由によって杖刑に処せられた。

南原城を攻めたのは、西生浦からの加藤清正と水路からの小西行長の合流軍であった。

都元帥・権慄以下、みな噂を聞いただけで退却した。各地の山城に籠っていた守備兵にも命令を下して散兵させ、倭軍から避難せよと伝えた。ただ、義兵将・郭再佑だけが、昌寧の火王山城に入り、死守した。

倭軍は、山城の形勢が峻険で、しかも城内の人々が深閑として動かないのを見て、攻撃を思い留まり立ち去った。

安陰県監・郭䞭と前金海府使・白士霖が黄石山城に入った。そこを加藤清正勢が襲った。戦うこと一日にして士霖がまっ先に逃亡、諸軍はみな潰え去った。郭䞭と、息子の履祥、履厚と共に、みな戦死した。

前咸安郡守・趙宗道は「死ぬならば、雄々しく死のう」と言って、妻子を伴って城中に入り、詩を作った。

崆峒《くうどう》山外　生猶《なお》喜びなり
巡遠城中　死も亦栄なり

そして殺された。ちなみに崆峒山は中国の西方、甘粛省にある山のことで、黄帝がここに移った故事がある。これを踏まえて、ここでは宣祖が西方の平安道に避難していることを指しているようである。また、巡遠城は唐の玄宗時代、安禄山の乱で、忠節の士、張巡と許遠が死守した睢陽城のことである。

閑山島の敗報が漢城に届くや、朝廷といわず、民間といわず、恐れおののいた。国王は備辺司に意見を徴した。慶林君・金命元と兵曹判書・李恒福の二人が具申した。

「これは元均の罪です。ただ李舜臣を起用して統制使にするより外はありません」

折しも権慄は元均の敗北を聞き、すでに李舜臣を派して、残余の兵を収用させていた。舜臣は軍官一人を連れ、慶尚道から全羅道に入り、昼夜兼行で険路を潜行して珍島に到達、兵を収容して賊を禦《ふせ》いだ。

李の任命は七月二十二日である。全羅左道水軍節度使兼慶尚・全羅・忠清三道統制使である。

八月十六日、倭兵が南原城を陥れた。倭軍は、北面は総大将毛利秀元、先鋒加藤清正ら総勢六万余である。南面は総大将宇喜多秀家、先鋒小西行長ら七千余である。

この戦いで明国の将軍・楊元は逃げ帰り、全羅兵使・李福男、南原府使・任鉉、助防将・金敬老、光陽県監司・李春元、唐将接伴使・鄭期遠らは、みな戦死した。

南原が落ちるや、全州以北は瓦解した。手を施すすべがなかった。のち十月八日、楊元はこのことで罪を得、斬首して晒された。

李舜臣は珍島で兵船十二隻余を確保した。大砲二門を装着して出港、碧波亭下で倭船と遭遇した。倭軍将馬多時（菅野又四郎）率いる二百余艘の軍船である。西海に侵入しようとするところを、満潮に順《したが》って攻めた。倭船はこの海の複雑な海流に疎かった。倭船は敗走した。

九月初め、李舜臣はさらに鳴梁《めいりょう》に陣を移し、倭軍を待った。兵に軍令した。

「兵法に云う。死を必ずせんとすれば、則ち生き、生を必ずせんとすれば、則ち死す、と。……一夫当選、千夫を懼《おそ》れしむに足る、と。今の我の謂いなり。爾《なんじ》、各諸将、生を以て心と為すなかれ。小といえども違令あらば、即ち軍律に当てん。……賊千隻といえども我が船に敵する莫《な》し。功に心を動かすなかれ、力を尽くして賊を射よ」

九月十六日、藤堂高虎らの軍船百三十余艘を迎え撃ち、うち三十一艘を撃破した。これも海流の利用が効いた。

明国の水兵都督・陳璘が書を朝鮮国王に上《たてまつ》って舜臣を褒めた。

「統制使（李舜臣）は、経天緯地《けいてんいち》の才（天下を経綸するほど並はずれた才能）と補天浴日の功（国難を克服し国運を挽回した大功績）があります」

南原戦後、倭兵は三道（慶尚道、忠清道、全羅道）を蹂躙《じゅうりん》した。通過する所では、みな家屋を焼き払い、人民を殺戮し、朝鮮人を捕えればことごとくその鼻をそいで威を示した。

九月七日、稷山では、黒田勢と明軍の先鋒が遭遇し戦った。これが漢城に伝わると、人民は慌てふためいて逃げ散った。

九月九日、内殿（王妃）は兵を避け、西に下られた。

明国の経理・楊鎬、提督・麻貴は、漢城にあって平安道の軍五千余人、黄海、京畿（道）の軍勢数千を徴集し、それぞれ分かれて漢江の浅瀬を護らせ、倉庫を警守させた。

倭軍は京畿道の境から退去、南下した。加藤清正は再び蔚山に駐屯し、小西行長は順天に駐屯した。沈安頓吾（『朝鮮王朝実録』等での島津義弘の表記。「島津殿《しまづどの》」は沈安頓吾の朝鮮語音〔Sim-an-don-o〕と通音）は泗川に駐屯し、その先頭から後尾までの長さは七、八里の長きにわたった。

漢城は平穏に維持できなくなった。朝臣らは我先に城を出て、避難することを献策した。知事・申碟は進言した。

「国王の車駕は寧辺に行幸されるべきです。私はかつて兵使でありましたので、詳しく寧辺の事情を知っておりますが、かの地で最も気がかりなのは醤油のないことで、もし予め準備しておきませんと、用が足りないことになりましょう」

都元帥・権慄が急遽、漢城に来た。国王の引見に苦言を呈した。

「国王は初めに当たり、急ぎ漢城に帰還されるべきではなかったのであります。西方に駐留されたまま、敵の形勢如何を観られるべきでありました」

ややあって、倭軍が退いたということを聞いて、慄は慶尚道に下った。台諫は、慄が無謀なうえに臆病で、元帥たるべき人物ではないことを申し上げたが、国王は聞かれなかった。

十二月、楊鎬経理、麻貴提督が、騎兵、歩兵数万を率いて慶尚道を下り、蔚山の城営を攻撃した。城は、加藤清正が構築するところの蔚山郡の東海岸の険峻な場所にあった。

敵の不意をついて、経理、提督の騎兵が襲撃した。倭軍はうちひしがれて支えること叶わず内城に逃げ込み、明国兵が外城を陣取った。ところが明国兵は鹵獲品《ろかくひん》に目がくらんで、続けて進攻しなかった。倭軍は門を閉じ固守した。明軍は十三日間、包囲し続けた。

倭兵は、敵が城下にやって来れば一斉に銃弾を浴びせかけた。毎日交戦し、両軍の死者が城下に積み上がった。西生浦から来た援軍の倭船が、水中に列をなして停泊し、あたかも鳧《かも》や雁のようであった。

島山城（蔚山城）には水がなく、倭兵は毎夜城外に出て水を汲んだ。経理が朝鮮軍の金応瑞に命じて、勇士を率いて城外の泉の傍に伏せて、連夜、倭兵百余人を捕えた。倭兵は皆、飢え疲れて、気《き》息奄々《そくえんえん》であった。城内に十分な食糧がなく、いずれ自滅するのも時間の問題と見てとれた。同時に明軍も天候不順、寒気、多雨に悩まされ、凍傷にかかる者が増えた。

折しも、倭兵の援軍が陸路によって蔚山城に近づいてきた。経理は敵に乗ぜられるのを恐れ、にわかに撤兵を命じた。翌年正月、明国の将軍たちはことごとく漢城に戻り、再挙を図った。

宣祖三十一（慶長三年・一五九八）年六月十四日、楊鎬は罷免され、新経理・万世徳が彼に代わった。

楊鎬罷免の理由は配下遊撃将・陳寅と周陛の讒言《ざんげん》によるものであった。「加藤清正と和睦した」というものであった。

朝鮮国王は楊鎬を擁護した。経理たちの中でも倭軍の討伐に鋭意務めたとして、左議政・李元翼をすぐに派遣し、救済のための上奏文を明国皇帝に持たせた。

七月十一日、楊は西に去った。宣祖は、弘済院の東まで行って見送り、別れに涙を流した。

九月、経略・邢玠は再び軍を配分し、麻貴には蔚山を担当させ、董一元には泗川を受け持たせた。劉綎には順天を担当させ、陳璘には水軍を受け持たせた。

九月十九日、董軍は泗川を攻撃したが、島津勢に撃たれて敗退した。

十月一日、劉提督が、小西行長築くところの順天の曳橋の城を攻めた。しかし、攻め落とすことができず、一旦、順天に戻り、しばらくのち前進してこれを攻めた。

李舜臣は、明国の将陳璘と共に、海口を扼して倭軍に迫った。行長は、泗川の沈安頓吾に救援を求めたので、十一月十八日、頓吾が水路から五百艘にて来援してきた。

舜臣は進撃して大いにこれを撃破した。倭船二百艘を焼き払った。無数の倭兵を獲殺《かくさつ》し、敗走する倭軍を追って南海の境の露梁《ろりょう》にまで至った。危険をものともせず、自ら力戦していたが、飛来した弾丸がその胸に命中して背中に抜けた。左右の者が帳中に扶《たす》け入れた。舜臣は遺言した。

「戦いは切迫せり。くれぐれも我が死、他言すべからず」

舜臣の兄の子李莞は舜臣の死を秘めたまま、舜臣の命令であると言って戦闘の指揮を執った。軍中は何も知らなかった。

陳璘の乗った船が倭軍に囲まれたが、莞が遥かにこれを見て、兵を指揮して救援した。倭兵は四散して去った。陳璘は舜臣のもとに人を遣わして、自分を救ってくれたことを謝したが、使者の復命で初めて舜臣の死を聞き、椅子から身を投げ出して嘆いた。

「私は、将軍が生きていて、私を来援してくれたとばかり思っていたのに、どうして亡くなられたのか」

陳は慟哭し、これにつられて他の軍兵も声を震わして泣いた。

行長は、朝鮮水軍が倭軍を追ってその頓営を通過した機会に乗じて、その後から逃げ去った。これより先七月《(ママ)》（正しくは八月十七日）、倭酋平（秀吉）はすでに死んでいた。それで、沿海の倭軍の頓営はことごとく撤退した。

朝鮮軍と明国軍は李舜臣の死を聞き、相連なる陣営の者たちは、我が親の死を悼むように哭《こく》し悲しんだ。柩の行く先々の地で、人民が祭壇を設け、柩車を引き留めて慟哭した。

「まことに、公が私たちを生かしてくださったのに、今、公は私たちを棄てて、どこへ行かれるのですか」

ついに道路が人にて塞がり、柩車が進めない有様であった。

李朝は舜臣に議政府右議政を贈った。

宣祖三十一（一五九八）年十一月、柳成龍は政敵であった北人《ほくじん》派からの批難攻撃を受け、一切の官職から辞任を余議なくされた。五十九歳である。弾劾の理由は、「明国の方針に引きずられ日本と講和した」、または「新しく軍事施策を打ち出して百姓を苦しみに陥れ、国力を消耗させた」などであった。李朝での官職は、兵曹判書、吏曹判書、左相、平安道体察使、領議政（首相）（罷免二回）を歴任した。

成龍はのちに自著『西厓集《せいがいしゅう》』で、おのれの悔しさを著《あら》わした。

「余、日夜、倭兵の至るを憂う。凡そ辺に備うる一事に於いて、苟《いやしく》も見る所有らば、敢えてその愚を尽くさずんばあらず。嘗て首台（主君）と政府に在りて同坐し、倭変の有無を議す。余曰く、吾《われ》則ち以為《おもえらく》倭兵必ず来たらん。今国家の昇平日に久し、辺患（外敵侵入の禍）の作る、慮《おもんぱか》らざるべからず。壬辰の事の仕末を書して、児輩《じはい》（次世代）に示す」

死亡は宣祖四十（一六〇七）年五月六日であった。享年六十六である。

晩年、壬辰・丁酉倭乱の事実を記録した『懲毖録《ちょうひろく》』を著した。自分の潔白の証明であり、国の真実の証明でもあった。序文に『詩経』の「予、其れ懲《こ》りて、後の患を毖《つつし》む」の語句があり、これが冊子の題となった。最初に『懲毖録』十六巻本ができ、その次に二巻本が完成した。成立の時期は一六〇四年以前である。

本書の前章（壬辰倭乱）及び当章（丁酉倭乱）の記述は、この『懲毖録』に大概を依拠したものである。

元禄八（一六九五）年、京都の大和屋伊兵衛によって二巻本を底本として、四巻本『懲毖録』が刊行された。その序文を、黒田藩儒者貝原益軒が書いた。読み下す。

伝に曰く、用兵に五っ有り、曰く義兵、曰く応兵、曰く貪《とん》兵、曰く驕《きょう》兵、曰く忿《ふん》兵、五の中、義兵と応兵は君子の用うる所也。伝に又曰く、国　大と雖も、戦《いくさ》を好めば必ず亡《ぼう》ず、天下安きと雖も、戦を忘れなば則ち必ず危ない。好と忘の二っは、以て戒《いましめ》とせざる可きや哉。曩《さき》に昔、豊臣氏の朝鮮を伐《うつ》也、所謂　貪《むさぼり》兵は驕《おごり》と忿《いかり》を兼ねて義兵と為す可からず。又已《すで》に之を用い得ざるに非ず、所謂戦を好む者也。是他天道の所悪、其の終に亡ずる者、固《もと》より其の所なり。

『黒田家譜』に以上を証明する益軒の文言がある。

凡そ軍を起こすに五品あり。第一に乱をすくい、暴を打つは義兵なり。是武を用うるの本意也。第二に敵国よりみだりに我が国を侵す時、やむ事を得ずして起こすを応兵といふ。是又義理に背かず。第三に細事を争い、恨みて戦《いくさ》を起こすは忿兵也。是忿兵によって起こす兵也。第四に人の国郡をむさぼり取らんために起こすは貪兵也。是利欲より起る。後代の軍を起こすは、多くは人の国郡を奪わんがため也。故に貪兵多し。第五に我が武威を敵に見せん為に起こすは驕兵也。和漢古今、兵を起こすの故多しといへども、此の五には出ず。此の五の内義兵と応兵とは、君子の用うる所なり。余の三の者は、道理に背く故、君子の用いざる所也。兵は国家の大事、治乱存亡のかかる所、敵味方の士卒万民を殺して、天道の悪《にく》み給ふ所なれば、義兵応兵にあらずんば、妄りに発すべからず。今度太閤の科《とが》なき朝鮮を討ち給ふは、義兵にあらず、若し貪兵ならば、君子の戦にあらずと、時の人、譏しあへり。

さらに益軒はいう。

悪逆をなし、国を妨げ、民を害する者をほろぼして、永く子孫に武を示すは、古の道なり。又武という文字は止戈とかきたれば、武を用いて敵をうつは、乱をしずめ、民をやすんじ、戈をやめんがため也。人の国をむさぼりて、人を多く殺すを武とはいふべからず。天道は生ずるを好み、殺すをにくみ、善に福し、悪に禍し給う。善悪の報応は、必然の理なり。うたがふべからず。こを以て、古より和漢ともに人を多く殺せし将は、必ず家亡びて子孫続かず、天道おそるべし。戦に臨んで人を殺すは、やむ事を得ずしてなり。人を殺す事を好むにあらず。人を多く殺さずして、敵を服するを良将という。

壬辰・丁酉倭乱後約百年の時節、この益軒の悛改の声にこそ耳を傾けるべきである。

5 己酉約条

慶長二（一五九七）年四月、朝鮮の被虜人孫文彧《そんぶんいく》は、釜山の隣邑熊川の宗義智の陣営から、密かに朝鮮へ帰順を願う書状を、友人朴戒生に託して送った。これを受理したのは慶尚監司・李用淳である。その書状に孫の履歴と帰順の理由が記されていた。

まず自己紹介である。

小西行長の副将を摂《かね》る朝鮮の被虜人李文彧は、一時の被虜人・慶尚道清道の貢生出身の朴戒生を使いとし、秘簡を持って朝鮮朝廷に馳せ遣わした。則ち朴戒生は質問を受け、答えて言った。

「釜山浦の倭陣で孫と知り合いました。そして日本へ一緒に行きました。文彧は文を能くし驍勇《ぎようゆう》でした。

関白（秀吉）はその才能を試し、頗《すこぶ》る気に入りました。即ち称して養子と為し、姓を贈り、米千石を賞しました。その時に館頭の倭人が、たまたま作戦の先鋒として……秀吉の居所に乱入しました。文彧は即ち挺身突出し……、賊倭を大潰しました。秀吉は大いに喜び、多大な褒賞を授けました。是に由って寵愛すること益々重くなり、諸臣の多くがこれを忌《ねた》むようになりました。以て秀吉の妾を淫《まどわ》していると誣《あざむ》きました。秀吉は言いました。謗《ぼう》を致すには必ず所以《しょい》（原因）があろう。しかし、彼は、文、多才にて功が有る、よって吾は殺すに忍びない、以てついに小西行長の副将と為されました」

（注：この秀吉に関する部分は、文彧の虚言である）

「……朝鮮の国人文彧は、以て久しく倭の賊中に在りました。必ずや賊の事情を詳しく知っているはずである。既に帰順して逃還するの気持ちが有るならば、則ち当《まさ》に多般（多種）の出来事を誘出させて、以て日本の内情を探らせては如何《いかが》でありましょうか」

慶尚監司・用淳の報告を受け、備辺司も賛同した。

「文彧の言い分のすべては信じ難いが、被虜者らは長く賊中に居住し、賊情に通じている。彼ら帰順希望者を誘引し、かの日本の情勢を探策すればよい」

文彧は、姓は初めは李、のちに孫といった。京中の人である。両班《りょうはん》の弟子であった。本貫は不詳である。

壬辰倭乱の初期（一五九二年）、小西行長軍の漢城攻撃に際し、捕えられた。倭軍に幽収中、行長を謀殺しようとした。これが事前に発覚し、処分されようとしたところを、宗氏の重臣柳川調信の口利きにより助けられた。よって調信に好意を抱いた。文彧は倭語にも通じ、対馬では厚遇された。

丁酉（慶長二・一五九七）年六月、李朝では文彧の帰順を巡って論議が交わされた。

「文彧は何人の子なりや」

と宣祖に訊ねられた柳成龍は答えた。

「未だよく知りません」

王は意見した。

「彼が被虜人であっても、賊情（日本の状勢）を知るにおいては、必要な人物なり」

中枢府事・尹斗寿が言った。

「文彧が我が国人であれば、必ず帰国を欲するであろう。通事・朴遇春は韓語および倭語をよく解する。彼を使いして、文彧を招来するが、最も良策でしょう」

その九月、文彧は帰国した。直ちに、朝鮮の南海方面の日本軍の状況を報告した。

「順天の倭賊（小西行長軍）兵一万五千、賊窟の形勢は、三面に帯水、一面が軍勢、泥濘多く、進行は難しい。南海の賊兵（宗氏・柳川軍）、数八・九百、而してその将（小西行長）は欲深く、その卒は残弱。巨済（立花宗茂軍）の賊兵は総数百、この両所の賊窟は、水兵をもって進攻するに如かず。則ち、枯れ木を砕き、朽木を拉致するようなものである」

ついで、朝廷は、文彧を明都督・陳鏻と密謀を交わすため、明の営所に派遣した。

一五九七年十一月、壬辰倭乱最後の海戦、慶尚道露梁津での李舜臣軍と島津氏の海戦に、文彧が参戦した。この戦いで、都元帥（陸軍総司令官）権慄は、戦後、文彧の戦功を上奏した。

「文彧は戦死した舜臣に代わって、朝鮮軍の指揮を執った。彼は賊軍を撃破し、苦戦中の明軍を救い、我が水軍を勝利に導いた」

水軍の将でもない文彧がどうして指揮をとれたのか。それには、明軍と親しい文彧の人柄にあり、明の推薦があったからとも言われている。

朝廷は軍功庁に命じ、戦功の評価を求めた。同庁は決定した。

「文彧の戦功を都元帥・権慄の上奏に基づき諮問した。彼らは文彧の戦闘指揮の功績は大きく、文彧は、堂上官職授与に相当する」

これに前線の水軍将兵から反対論が出た。

「露梁津の戦功は、すべて舜臣の力戦の結果である。舜臣戦死後、軍官宋希立たち三十余人は、将軍の死去を伏せて戦闘を引き継ぎ勝利へ導いた。文彧は舜臣の奴僕として仕え、たまたま同船していただけである。一軍の将兵たちは文彧の戦功一人占めを憤激している」

一六〇一年十一月、対馬の使者橘智正が通交再開を求めて訪朝した。よって対馬への探察使派遣が課題となった。慶尚等四道都体察使・李徳馨が上申し、朝鮮の官人の書契ではなく、僧惟政の私的信書を対馬におくること、文彧は対馬の智正と旧知の仲であるから伝言官として、対馬探察使に随行させることを提言した。

一六〇二年二月、全継信と文彧は対馬に至り、家康の和議につき、その真偽を尋ねた。宗義智は相違ないと答えた。また同年十二月、朝廷は文彧に、対馬の開市についてその可否を尋ねた。文彧は、僧惟政の書契にある通り、惟政が、明国の万世徳（朝鮮駐留軍将）が帰還し日朝講和の件を稟告している途中であるので、対馬が恭順を示せば、万世徳がこれを見て「和事」を処理するであろう、とあって、中国がこれを認めれば、講和は成立するはずだ。開市はそのあとである、と答えた。
同十二月十八日、文彧は朝廷の命令で明の営所から帰ると、すぐに釜山に直行した。彼は、橘智正に和平の交渉に入る前提として、日本は被虜人刷還と謝罪書を先送する必要があることを告げた。
一六〇三年正月、慶尚監司・李時発は、前年の十二月十八日付けの「孫文彧・橘智正問答別録」を朝廷に報告した。会話風に要約する。
文彧は釜山の倭館に行き、明軍門の諭書を卓上に置き、智正に再拝させた後、二人は着座した。諭書は、明が宗主国として日本を諭したもので、対日遣使の件ではない。
智正「対馬のため東奔西走のこと感謝に堪えない」
文彧「大丈夫が事を成し、目的を達することに一時の苦労など何ほどのことか」
智正「今は和好の好機かどうか」
文彧ら「好機である。昨春われら対馬入島の時、柳川調信などは歓待してくれた。貴島が心を改め、誠意を示すなら、それは朝鮮の朝廷に届き、朝廷は貴島の意向を明将へ伝達する。そうすれば、明朝も怒りを解き、貴島の和好要請を満たすだろう」
智正「貴朝廷の指示を尊重し、小島は誠信を尽くすのみである。調信は被虜人を探し、幾度も刷還に努めた。もし信使派遣の決定がなければ、小島は先に幕府から大患を受ける。貴国は信使派遣を明朝廷の不許可を唱えて一、二年延期するというが、そうなのか」

文彧「大概のことは明朝廷の決済が必要で、わが国が勝手に使臣を派遣することはできない」

智正「朝鮮へは日本の内乱（関ケ原戦）のことが誤伝され、和好を許可せずというが本当か。家康は誠実な人物で秀吉を恨んでいる。両国の和好はこの時を失えば禍となろう」

文彧「汝の言うように本当に家康が秀吉と違うならば、どうして被虜人をすべて返還し、秀吉の罪を謝罪しないのか。そうすれば、明朝廷も必ず許和するだろう。ただ口先のみで家康を誉め称えても、明朝廷へは伝わらない」

智正は、しばらく言葉を失い黙然とした後、「大人（文彧）の言うのが正しい。速やかに本島に還り、調信に詳しく報告する」と言って立ち上がった。

宣祖三十六（一六〇三）年三月、対馬の使者橘智正は、予告通り、藩主の書契を持参して釜山に来た。備辺司は朝廷に報告した。

「橘使は約束通り来釜した。その所持する書契及び所称の辞は、如何なるかは知れぬが、大概を臆料すれば、則ち前年の冬、伝給の明の軍門の諭帖、及び加藤清正が通じた福建の書のことである」

この加藤清正の書とは同年一月、加藤清正が、朝鮮を経由せず、明に直接講和の交渉を要請する書簡を送ったことである。

橘はこの加藤の行為について文彧に謝罪したのである。文彧は答えた。

「これは日本の将軍の意思ではなく、加藤の計略であって、その内容が非常に不遜である。これに対して、朝鮮の朝廷の方では意を異にするので……お互いの事情を調べた後に対処しなければならない」

この不遜の内容とは、朝鮮が修好に応じなければ、兵船を朝鮮に送り害を及ぼすであろうということであった。しかも、加藤の書簡の終わりには日本の年号が使用されていた。これは礼に悖る行為であった。相手の年号を用いるべきである。加藤が徳川の意向を受け継いでこのような行為にのぞんだのではない。しかし、交渉の担当である対馬の本音は、明に、加藤の言う通り日本に朝鮮侵略の機運があると察せられては講和交渉も頓挫するわけで、苦しい立場であった。この時期、文彧は、明の標下出入官を名乗って、朝・明両国を頻繁に往来していた。

同年五月、明は新たに蹇氏《けん》を遼陽門へ赴任させた。朝鮮は早速文彧を派遣し、対馬との交渉の経過を説明させた。備辺司の報告は次の通りである。

「蹇は倭の事情がわからないので、わが国が情報を隠していると疑う。文彧を明営に送り、かの国の疑義を晴らさせる。同時に対馬の開市についても蹇の許可を取った。礼曹参議・成以文も明営のことは文彧以外には不明である」

同月、明から文彧が帰還した。報告によれば、明の所見は、もたらされた欽差巡検遼東御史からの咨文（公文書）による。意訳する。

「ただ該当国が自ら之を知り、勢いに従い策を立てて、対応する事であり、やはり事の機敏をみ、区分して対処するのが該当国自らの責任である。天朝が一々指揮しなければならないことではない……。しかも修好を結んで友好を図る事に天朝がなおさら関与することではない」

同年六月、まだ橘が釜山に滞在中に、礼曹宛に対馬藩主宗義智の書契が送られてきた。書契には、徳川家康の花押が押してあった。

両国間の和好のことは宗義智以外には誰も命を受けた者はいない。徳川家康の直筆の文書には、「義智はこれを証拠とするものであり誰もこれを妨害することは出来ない」となっていた。

一六〇四年五月、明から外交権を朝鮮に委譲するとの書簡が来た。よって朝鮮外交は宗主明朝の束縛から解放され、対馬との開市（交易）が決定した。

朝鮮は先の三月、僧惟政の対馬派遣を決定、同年六月、使節団を対馬へ派遣した。

正使は僧・惟政、副使は孫文彧、訳官は金孝舜、朴大根である。目的は、対馬開市の通告と日本本土の探索であった。橘智正が釜山から同行して、対馬に着いたのが八月二十日であった。

正使・惟政は国書を携帯していなかった。礼曹参議・成以文の答書を宗義智に呈した。

「……貴島と我が境は最も密邇《みつじ》（接近）し、世々誠款す。而して近日人口（被虜人）を刷還し、前後絶えず、貴島の革心向国の意、見るべき也。豈、貴島の故を以て、貴島、之を絶すべけんや。物貨を賚持《らいじ》し、交易を往来すること、姑く且つ之を許す。日本若し此れより更に能く誠意を輸《しめ》し、終始怠らずば、則ち帝王の夷《えびす》を待つの道、自来寛大ならんや。天朝亦終絶の理有らんや。唯日本の誠不誠如何に在る耳《のみ》。孝に之を勉ずべし」

ちなみに惟政は慶尚南道密陽の生まれで、俗名は任応奎、生年は中宗三十八年（一五四四）、六歳にして母を失い、黄岳山直指寺で祝髪した。惟政は法名で、自ら松雲または四溟と号した。壬辰倭乱の当初は、江原道の金剛山表訓寺にいた。平壌の戦いで僧兵二千を率いて小西行長を攻めた。使節を迎えた日本の幕府には朝鮮の本意が知らされていなかった。外観は親善使節である。宗義智は柳川調信を江戸幕府へ派遣し、朝鮮使節参上の許可を得せしめた。

十一月下旬、宗義智は使節を伴い対馬を発った。柳川調信、景轍玄蘇、その弟子玄方が随行した。京都に着いたのが、十二月二十七日であった。使者は本法寺、宗氏らは大徳寺などに宿泊した。慶長八（一六〇三）年二月に征夷大将軍に任じられた家康は、なお駿府城にいた。入洛の予定は翌年二月である。この間、地元の文人との交流がなされた。

孫文彧は、家康の外交顧問・相国寺僧承兌《じょうたい》を紹介され、交友を深めた。承兌は慶長十年二月、記録した。

「折衝将軍（正三品）孫文彧、曽て陋邦《ろうほう》（日本軍）に滞留すること数年、能く倭語に達せんと欲す。朝鮮と吾国に於て也、古今義を結びその交《まじわり》兄弟の如し。比（近）年、已《や》む事を以て干戈《かんか》に及ぶ。今、和親を約せんと欲す、従って相《とも》に滄溟《そうめい》を踰《こ》えて本邦に到る。之の日、松雲大師を昨（催）促して予の閑房に扣《ひか》（控）える。手を把って逓《たがい》に笑う。実に旧識の如し」

次いで文彧を賞讃した。

「右両官人（惟政と文彧）の内、一人（文彧）は此の前、備前中納言（実際は宗義智）殿に滞留した六字（録事・従六品）と云う者也。朝鮮国に帰り大官と作《な》す。今又入朝す、花衮《ここん》（天子から礼服を賜る程）の栄（栄誉）也」

慶長十年三月四日、家康は伏見城で朝鮮の使者を謁見して言い渡した。

「予は壬辰のとき、関東にあって、曽て兵事にあずからなかった。朝鮮と予に実に讐怨は無い。与《とも》に通和せんことを請うものじゃ」

正使惟政は、敢えて希望を述べた。

「日本に在る被虜人の全ての早期返還を願い奉る」

家康はこれを認め、使者の帰還にあわせ、一四〇〇人弱の被虜人を随送させた。

さらに家康は、本多正信と僧承兌らに日・朝国交回復の実務交渉を命じた。惟政に対して朝鮮側の代表になるよう求めたが、惟政はその任ではないと円満に断った。よって文彧がこれを勤めることになった。

家康の本意は次の通りである。

「近年のうちに、朝鮮の使者を江戸へ差し出すべし。松雲惟政は出家である。使者にはいたさず（使者は官人であることを要する）、朝鮮の官人を指し越すべし、朝鮮に聘考（招聘）させよ」

六月、宗義智は朝鮮の使者帰国に際し、礼曹宛ての礼状を託した。

「日本国対馬島太守平義智、謹んで答え上《たてまつ》る。朝鮮国礼曹大人閣下、去年の秋、折衝将軍孫を差し海を過ぎる、許和を蒙りて講好を論ず、至って感激に堪えず。然りと雖も、此の島独り和を許し、亦本国は許さずば、則ち他日妨げる所有るを恐れん乎。……又橘智正に指示し、伏して請う、貴国和好の験を連結し、両国大幸の為、万民大幸の為、余は（孫）将軍及び（松雲）大師の舌頭（弁舌）に在り、と。恐惶頓首謹言」

同年九月二十九日、柳川調信が死去した。玄蘇は遺子智永《としなが》の求めに応じ、弔辞を呈した。一部を記す。

「居士（調信）——伏見の華第に於いて二使（惟政と文彧）に面す。其の待遇の厚きは云わずして知るべし。然るのち二使国に帰ると雖も、和好のこと未だ報せず、不審不審《いぶかし》、居士跋陟（旅路の困難）の労に依り、失病の厄に嬰《かか》る、医法験無く、嗣智永に令して謂いて曰く、死期近くに在り、没後、汝、朝鮮の和事に怠ること莫《な》くんば、則ち何の追福の有らんや」

慶長十一（一六〇六）年正月、宗義智は橘智正を朝鮮に遣わした。徳川秀忠が征夷大将軍に就任したことを告げ、早期に信使を日本に派遣するよう求めた。

この予備交渉が行われたのは、同年六月であった。対する朝鮮の担当者は、折衝将軍僉知・孫文彧と司訳院正・朴大根の二人であった。会談は文彧の病気のため六日ほど遅れ、六月十六日、本格的に始まった。文彧が言った。

「柳川調信どのが生きていたとき、連続して人口（被虜人）を刷還されました。面を革《あらた》め誠を輸《いた》しました。不幸にして先死された。驚惕（驚愕）に任《た》えません。貴殿ら須らく柳川景直（智永）の輩と、益々誠信に修し、終始怠りなきようになされよ。今は、礼曹は差官（使者）を遣わして、事を委ねられました。書を朝・日両国の執政に致します。正に今日の結局の計（結論）がそれに当たります」

智正が答えた。

「我が（日本の）事情を知っておられて、何ぞこの言を出されるのか。信使（通信使）に非ざれば、則ち百人の差官を遣わされると雖も、事（問題）は解決されません。凡そ千の事情を朴生（大根）どのには言い尽くしています。尚未だ朴生の言を聞かれていないのですか。胡《な》んぞ信使を遣わされないのですか。而して（信使でなく）差官を送られる貴国の意は、是何ぞ主見とされるのですか」

智正は信使と差官の違いを強調している。差官は信使ではない。単なる使者あるいは刷還使《さつかんし》である。ところが信使派遣は徳川氏の意向なのである。違えてはならない。文彧が言った

「昔年、調信どのは信使を請われた。而して壬辰の兵が興るを遽《おそ》れられた。小西行長は冊封使を乞われた。而して丁酉の禍を旋出してしまった。日本は但《ただ》に変詐百出（偽りの変を起こす）に非ず、万世の讐《あだ》となりました。共に天を戴《いただ》かざることです。和好の事は、万《よろず》、論を做《つくる》（作る）こともありません。今則ち秀吉は斃れました。家康が国政に当たられています。松雲の行《おこない》は、礼を待ち和を要《もと》むるにあります。是を以て（朝鮮の）朝廷は始めて家康どのが、秀吉の所為に反することを尽くされることを知るわけです。故に日本の事情を探り、別に区域（処置）するために、差官を特に送る次第です」

智正「差官の即決は必ず事の債《やぶれ》る所以です。何ぞ往復の労をついやされますか。且つ朴正の言われるところの二件は、皆極めて難しいことです」

文彧は、詳しくは知らずに言う。

「難事とはどういうわけか」

智正「陵を犯す賊（日本兵が王陵を侵犯した）のことが一件です。家康の書（国書先送）が又の一件です」

文彧「これは悖逆《はいぎゃく》にして無道なことです。（朝鮮の）天下共に憤嫉《ふんしつ》（うらみねたむ）しております。陵を犯し冢を掘ること、また秀吉の令にあらざることです。賊輩（日本兵）を調允《ちょういん》（しかと調べよ）されよ、（彼らは）謬《あやま》り聞いています、陵寝の中に宝貝有りと。私《わたくし》に党（仲間）を聚《あつ》め逆《さか》らいました。陵を犯し掘り出すことは、但《ただ》に我が国への讐に非ず、実に是天下の賊なのです。家康どのは誠を以て通好しようと言われます、則ち何ぞ敢えて一賊を惜しむ（逮捕しない）のですか、而して万代の笑いを取るものでしょう。此の機において亦、爾の島（対馬）は誠を輸《いた》すは効忠の一節目であります。千万旃《これ》を勉め、遅延為すことなきをはかられよ。且つ家康（どの）の書の一件は尤もなることであります。昔年、（明の）天朝は秀吉を封じ日本国王と為された。此の誠は爾《なんじ》の国の莫大なる慶《よろこび》であります。而るに（秀吉は）冊封使を待つことを蔑視し、再度兵を軍《いくさ》したのは日本の罪で、天地に容れざるものです。今は家康（どの）、秀吉の所為に反されると雖も、我が国が何ぞ敢えて天朝に逆らって、而して書を擅《ほしいまま》にし、国王の号とされましょう。此の家康の書は不可にして一《いつ》に無しとするもの（かつてなかったことではない）です。家康、明らかに我が国の讐に非ず、而して通好を以て言と為すと雖も、皆是、江上の所伝であります。薦むるべくもありません。須らく以て家康の本意を一書にして我が国に致して、然るのち、方《まさ》に験を為すに據《よ》るべきであります。此の家康の書は不可にして無二です。家康は、或は書を致すと雖も、必ず日本国王を称し、而してのち、我が国の回書（返書）は亦日本国王の号を称するでしょう。此の一節は亦不可にして無（ないことはない）です」

智正は答えた。

「庚寅の信使（一五九〇年）の行《おこない》は、曾て日本国王の号を称しておりません」

文彧「然りです。那のとき、日本は先に国王の殿使を遣わし、我が国に書を致された。故に只回答を為したのみです。是に由って之を観れば、則ち家康の書は、尤も不可無しであります」

智正はしばらく黙り込んだ後、こう言った。

「公の令せし言は皆理《ことわり》が有ります。然れば速やかに本島に還り、当に景直と勢を観《かんじ》、回報します。但に差官の行は、返って彼の怒り激して、送らざるを如からず（相当とする）とします」

文彧「或は差官と雖も、義智・景直は機に随い、辞を善くし、則ち以て虞《おそれ》無きを可とするでしょう」

智正「調信は已に死にました。事機は大変です。信使に非ざれば、決して結局は難しいでしょう、云々」

而して、ついに会談は終わった。万暦三十四年六月十八日、朝鮮側は折衝将軍・孫文彧と司訳院正・朴大根であった。

両者の意見はまとまらなかった。文彧は、合意のためには二つの条件と官吏の差官の派遣を主張した。智正は提示された二条件、則ち犯陵賊の捕縛送還と家康の国書の先送を、対馬藩の責任に於いて履行しなければならない。この履行は日本が朝鮮に謝罪し、恭順を意味するものとなる。

同年七月、李朝は、継信・趙暄・文彧・大根らを対馬に探索の使者として派遣した。

「備辺司は啓《あざむき》して曰う。……所謂二件の事、誠実か否か、未だ能く的知せず、而して先に納書を許せば、則ち欺の患を見ず、若し此に書辞の中を慮り、又延緩の意有れば、而して彼（対馬）は怒りを発し、毒《うらみ》を肆《ほしいまま》にするは必なり矣。……我が国（朝鮮）の日本に於ける通好は二百年に垂《なんなん》とする。壬辰の歳、不意に秀吉、故なく兵を動かし、先陵を辱めに及ぶ。痛み心に在るに至る。久しく猶未だ已《やま》ず、我が国に在り。固より先に自ら通信するの理《ことわり》無し。但に家康に聞く、秀吉の所為に反して尽くして云う、若し先に書を致すを為し、犯陵賊を縛送せば則ち我が国、亦豈相報ずるの道無からん乎。（責任は）唯爾《なんじ》の島に在って、着実に事を完（了）の事、而して已《やむ》云々」

意訳すると、対馬が二件を誠実に実行するかどうかは分からない。書簡ではそれを遅延するとも書く。また信使でなく差使ならば、対馬は怒り妨害するだろう。わが国と日本の通好は（朝鮮王朝建国以来）二百年に及んだ。しかし、壬申の歳、秀吉が故なくして兵を動かし、先陵（先祖の王墓）を陵辱した。その恥辱は今も消えない。わが国が先に信使を派遣する理はない。ただ家康は悉く秀吉の行動に反対だという。（日本が）先に国書を出し、犯陵賊を縛送ならば、わが国はそれに応えないことはない。対馬はまず着実に二条件を遂行するのみである、と。

対馬藩は同年六月、智正が釜山から帰るとただちに家康に交渉の経過を急報し、追ってその返書

「内府書謄」（家康国書の写し）を得た。同年七月、朝鮮から継信・文彧が来た。

智正はこの書を見せて言った。

「内府家康は始め肯定せず、従って言った。豈以て先に自ら書を遣わし、区々に和を乞うを可とせんや。以て反して兵勢を誇張する、誠に細慮に非ず。幸いに頼む寵臣（本多）正純の賛助にて、この言を出し得た。其れ幸と云うべし。……今日本国王の書有り、而して事は速成せず、則ち必ず内府の怒りを不免（免《まぬか》れん）。是言耳《のみ》」

継信らは答えた。

「家康怒ると雖も、我らの道在り。固より区々に完するは不可なり」（以下略）

二十日の朝、智正が一紙を持って密かに継信らに言った。

「是は家康の書謄の素草（素稿）である。見てのち、啓知し、従って遣使を連《つら》れて来られれば甚だ幸いである」

継信らはその書を見開き、則ち或いは不遜の言葉多く国書の体裁をなしていない、また縛送の語句の無いことを問うた。

継信は追って言った。

「臣の一行は方に義智の居所の地に留まる、以て家康の書を改めて来るを待つ。而して（別に）差官（使節）甘景仁に委ね、問答の別録及び状啓を（朝鮮に）賚持《らいじ》（賜い持たせた）」

備辺司は今継信の馳せるを見て、啓及び問答の別録が、即ち島夷《とうい》宗義智らが、以て書契を改書するの意ありて、已に家康に飛報《ひほう》を為し、而して改めてのちに来ると予想した。

以上は対馬藩が、時日を要する家康の回答を待つことなく、また回書が届いたとしても朝鮮を納得させる内容は不可能と考え、独自に二件の履行作業に着手したことを表わしている。

同年十一月八日、宗義智は橘智正を使者として朝鮮に派遣し、「日本国王源家康」の記名のある書状と、犯陵人二人、麻古沙九《まごさく》（孫作）と麻多化之《またはち》（又八）を、釜山の絶影島の倭館で、慶尚道観察使・柳永詢に引き渡した。

この国書は対馬藩の都合により改書されていた。原書には徳川家康の署名「日本国源家康」とあるのを、「日本国王源家康」と改めていた。また犯陵人も、実際の人物捜査が困難のため対馬の罪人を仕立てたもので、のちに朝鮮にて斬刑に処せられた。

かくて朝鮮の信使派遣の要件は調った。

宣祖四十（一六〇七）年正月十二日、正使・呂祐吉、副使・慶暹、書状官・丁好寛ら一行四百六十余名は漢城を出発した。名目は通信使ではない。回答兼刷還使《かいとうけんさつかんし》である。回答とは、家康の国書に対して答書することである。刷還とは、被虜人を返還せしめることである。

日朝国交回復の端緒を開いた孫文彧に対して、宣祖四十年正月、李朝はその業績を讃え、堂上官僉知、（正三品）に任じた。

徳川幕府は、対馬藩に朝鮮使節の先導及び警護役を、また沿道の諸藩には接待役を命じた。三月三日、一行は対馬の厳原に着いた。

四日、宗義智は朝鮮国王の国書の提示を求めた。一覧後、謄写の許しを乞い、これを預かった。智正、玄蘇らと協議した。

文中「朝鮮国王、日本国王殿下に奉復」とあった。これではまずい。「復」は家康の国書に答える意味である。ところが、家康は、朝鮮に交付された改書済の国書の文言は知らない。よって、朝鮮の国書を「朝鮮国王、書を日本国王殿下に奉る」に改変の要がある。これに倣って外の十一カ所を改書した。朝鮮国王印も、原本から写しとって、「為政以徳」の新印を作った。よって新たに朝鮮の紙を取り寄せ、新国書を製作した。これを朝鮮側に返したのは、将軍秀忠謁見直前の当日、六月六日であった。

秀忠は、江戸城中奥の六畳の間上壇に着座して謁見した。遠来の労苦感悦にたえず、と本多正信に代弁させた。

三使は秀忠に四度の拝をなし、本多正信を介し国書を奉呈した。

国書を読み下して下記する。

朝鮮国王李昖　書を日本国王殿下に奉る

交隣は道あり　古よりして然り　二百年来海波揚《あが》らざるは何ぞ　天朝の賜に非《あら》ざる莫《なか》らんや　而して敝邦　亦何ぞ貴国に負《そむ》かんや　壬辰の変　故なく兵を動かして　禍を構え惨を極む　而して先王の丘墓に及ぶ　敝邦の君臣　痛心切骨す　義　貴国と共に一天を戴《いただ》かず　六七年来　馬島和

事を以て請を為すと雖も　実に敝邦の恥ずる所なり　承り聞く　今は貴国　前代の非を改め　旧交の道を行う　苟《いやしくも》も斯の如くなれば　則ち豈両国生霊の福に非ずや　故に使价《しかい》を馳せ　以て和好の験とす　不腆《ふてん》の土宜《どぎ》は具《つぶさ》に別幅に載《の》す　盛亮を統希す
万暦三十五年正月日

この国書の文面に異議は出されなかった。

しかし、朝鮮側にとっては、秀忠の答書に問題があった。「日本国王」が「日本国源秀忠」とあり、また「日本国王」の印がなかった。「秀忠」の朱印が押されていた。もともと日本には国王相伝の印はなく、将軍自身の固有名を印刻してきた経緯があった。

朝鮮の三使はこれに気付かなかった。のちに本国に持ち帰り、その責任を問われた。対馬に到着したのは同年閏六月二十三日であった。同島に集められた被虜人は総数一四一八人であった。副使・慶暹は慨歎して『海槎録』に記した。

「大概の被虜の人、日本の内地に散在するもの、其の幾万なるを知らず。関白（秀忠）願帰の者へ許帰の令有ると雖も、而して其の主（雇用主）など、相争うて隠匿し、自由を得させず、且つ被虜の人、亦土着に安んじ、思帰の者は少なし。今茲《ここ》に刷還の数、啻《ただ》に九牛の一毛を抜かず、痛みに勝《た》えるべき哉」

漢城に帰還したのは同年七月十七日であった。

慶長十三（一六〇八）年一月、宗義智は、残された対馬藩の課題解決のため、「日本国使」景轍玄蘇を朝鮮に派遣した。随行は柳川景直（調信の子智永）である。このときは国書を持参していない。予備交渉である。

宣祖四十一（慶長十三年）年二月一日、宣祖は貞陵洞の行宮で死去した。

慶長十四（一六〇九）年三月十九日、日本国使玄蘇・柳川景直以下総勢三二四名の一行は、大小の船十三艘に分乗し、釜山浦に着き、新装なった豆毛浦の倭館に入った。

玄蘇は、修信の国書（通信の誠を修めることを約す書）並びに対馬藩主宗義智の書を朝廷へ奉呈のため、漢城へのぼり、あわせて宣祖の霊に進香（香華をたむけ礼拝すること）する旨を申し入れた。漢城から宣慰使・李志完が来て、彼らを応対した。志完は地元釜山浦での進香を求めた。四月一日、玄蘇らは、倭館に特設された宣祖の殿牌に対し、朝鮮の礼式に則り礼拝した。志完は日本の対馬藩主の書状を受領して帰京した。

新王光海君は志完に諭して言った。

「当初は義によって断行したが、日本と通交せざれば、則ち已《や》んだままである。今已《すで》に日本の信使は到来する。遠人の心、飲食末節（枝葉末節）にこだわり、憾恨に至らしむべからず。礼法の式例、乃ちもっとゆるやかにしては如何。供饋（金品・食物を供する）・贈給の物は、礼曹をして、さらに優遇されよ」

四月二日、柳川景直は口頭で慶尚監司に上京と貢路の二つを要望した。貢路（使節が朝貢するために通る公道）は、丁酉の乱以後、日本には、朝鮮防衛のために閉ざされていた。これを通報された志完は、秀吉の仮途《かと》入明《にゅうみん》を非難して断った。

四月三日、景直は、日本国修復の国書を奉呈する旨通告した。釜山館で奉呈は済んだ。

五月になって、志完は玄蘇・景直らを呼び、約条の腹案を示して協力を求めた。玄蘇は、歳遣船について、嘉吉三年の年間五十隻に戻すことを強く要望したが、朝廷はすでにこれを決し、撓改《とうかい》しがたしとの弁に、ついに同意せざるを得なかった。

光海君元（一六〇七）年六月二十八日、朝鮮政府は日本送使約条を定めた。成立の年が己酉の年であるので、「己酉《きゆう》約条」という。十一カ条からなる。現代文で示す。

一　朝鮮で接待される者は、国王使と、対馬島主の使と、対馬島の受職人に限る。

二　国王使には、本船と復船の二隻を許す。

三　対馬島からの歳遣船は二十隻に限り、ここに特送船三隻が含められる。大船は六隻、中・小船は七隻のこと。

四　対馬島主に、一年間に米と大豆百石を贈る。

五　受職人は年に一回来朝することができるが、代理人を遣わすことはできない。

六　戦前の受職人は、罪を許されるを幸いとし、異議を申し立てしないこと。

七　船の長さ二十五尺以下を小船とし、二十六・二十七尺を中船とし、二十八～三十尺を大船とする。船夫は、小船が二十人、中船が三十人、大船が四十人とする。船体や船夫の規定数を、超えてはいけない。

八　派遣する船は、いずれも対馬島主の発行する文引を持たなければならない。

九　対馬島主には、前例により図書を支給しておく。見本を所轄官庁と釜山の役所に置き、真偽を点検する。

十　文引の無い船は、釜山に近寄らないこと。もし近づく者があれば、賊とみなす。

十一　渡航手当として、対馬島人は五日分を、対馬島主の使には十日分を、国王使は二十日分の食糧を支給する。

十二　他の細目は、すべて先例による。

その後、故柳川調信の功績と景直の受職に対し副特送船が、調信の祭祀を補助するため流芳院《りゅうほういん》送使船が、また玄蘇の功績に対しては以酊庵《いていあん》送使船がそれぞれ認められた。

朝鮮政府は国書を返信するに際し、徳川秀忠が日本国王である旨の認識を示した。

「朝鮮は将軍を以て国王と同位とす。書簡の日本に往来するは国王を以てせずして将軍に譲る。故に将軍を以て国王と為し、天子を以て天王と為す。称して唐の例なりと曰う」

七月、玄蘇ら国使の一行は、朝鮮国王の返書を携えて釜山浦を解纜《かいらん》した。返書は次の通りである。

朝鮮国王李　琿《こん》
日本国王　殿下に復し奉る。
使至りて　恵書を得。乃りて　委差両价（玄蘇と景直）の渡海を審《つまびらか》にし、貴邦の隣好を修せんと欲するを見るに足る昔日の厚意い違わず。良慰良慰。隣好の義は、惟誠信に在り。誠信替らざれば、則ち実に両国の幸いなり。委しくは別幅に貺《たま》う。益々勤款せよ。余は溽《むしあつ》い暑《しょ》起居保嗇《ほしき》（身体を大切に）を冀《こいねが》う。不宣

万暦参拾柒（七）（一六〇九）年伍月　日

仙巣（玄蘇）幷に智永（景直）の渡る時なり

万暦庚戌（一六一〇）年八月二十九日、松雲大師惟政は海印寺で逝去した。世寿六十七であった。慶長十六（一六一一）年十月二十二日、景轍玄蘇が逝去。以酊庵の後陵に葬られた。世寿七十五であった。

6 回答兼刷還使

慶長二十（元和元・一六一五）（一六〇九）年五月八日、大坂城は落城し、豊臣家は滅亡した。これを見届けるようにして、徳川家康が翌元和二年四月十七日、病没した。

同年四月、対馬藩主宗義成《そうよしなり》のもとに、朝鮮の礼曹から、日本への信使派遣について条件が示された。義成はこのとき十三歳である。父義智が前年正月三日に死去し、そのあとを継いでいた。

朝鮮の条件は、慶長十二年派遣の信使正使・呂祐吉らの前例を踏襲するとのことであった。まず、日本から信使派遣要請の国書を朝鮮に送る。朝鮮は、これを明国へ通報し、了承を得てのち、信使派遣を決定する運びである。

同二（一六一六）年十二月、釜山で朝鮮の回答を待っていた橘智正（井手弥六左衛門）は、釜山の接慰官・沈諿から信使派遣が許された旨を伝えられた。智正は喜んでこれを受け、早速帰島して藩主に報告した。

光海君九（一六一七）年正月十七日、朝鮮政府は、回答使正使に僉知中枢府事・呉允謙、同副使に行護軍・朴梓、従事官に行司官・李景稷を任命した。

橘智正が徳川秀忠の国書を朝鮮へもたらしたのは、同年五月三十日であった。李朝は直ちにこの始末を明国に奏聞した。

同年七月七日、回答使一行、四二八人が釜山を出航。九日、対馬の府中に到着した。

対馬藩の朝鮮使節の接判役は、柳川調信の代以来、同家の家職である。調信の子景直が慶長十八（一六一三）年に死去し、あとを継いだのが調興《しげおき》である。調興は父の死後、徳川家の小姓として駿河にいたが、家康の死後、秀忠により諸大夫に任じられ、江戸の神田に屋敷を拝領していた。旗本同然である。藩主のたっての要請で、元和三（一六一七）年四月、対馬に戻ってきた。時に弱冠十五歳である。

同様にして、規伯玄方《きはくげんぽう》も接伴僧として帰島してきた。玄方は師景轍玄蘇の死後、若年のため、藩主の意向により京都五山に修行に出ていたのを、一時的に呼びかえされたのである。

八月一日、玄方は呉允謙《ごいんけん》を宿舎の流芳院に訪ね、雑談した。允謙は玄方の師玄蘇と旧知の間柄であった。のちに允謙は日本旅行記『東槎上日録』に記した。

「惟《これ》幸いに、規白方師に見《まみ》えるを得る。師是れ酊庵の高弟なり。文翰の才、殆ど其の師に譲らぬ者也」

同年八月二十六日、徳川秀忠は伏見城西の丸で、朝鮮の使節を引見した。朝鮮国王の書状は大澤兵部大輔基宥が取り次ぎ、秀忠の前に置いた。朝鮮の三使は上段の閾《しきい》に近寄り三礼した。秀忠は通事を介し歓待の辞を述べた。

「会見を得るは希罕《きかん》（希有）の盛事《せいじ》である。心甚だ幸いなるを感ずる」

呉允謙が応答した。

「二百年交好の義、中間に乖敗《かいはい》あるも、今幸いに已《すで》に讐賊を殲《ほろぼ》し、更に旧好を修す。両国の生民の福とする也」

九月九日、板倉伊賀守勝重と本多上野介正信が使節の宿舎を訪ね、秀忠からの回答書を呉正使に手交した。一覧ののち、呉正使が指摘した。

「先に対馬より伝えられた国書、また今度の秀忠公先問の書状には国王とあったが、ここには日本国秀忠とのみ記し、王の字が書かれていないのは如何なる理由ならん」

伊賀守が答えた。

「丁未の年（慶長十二年）の国書にも王の字は書かれていない。故にこの通りである」

「もし、王の字が書き得ざれば、我が国王の当礼に与《くみ》すべからず。王の字を書き加えるべきである」

三使は受け取りを拒否した。実は三使には、これはある程度予想されていた。すなわち、前月八月三十日、対馬藩家臣島川内匠が三使のもとに持参した国書の草案にも王の字がなく、この改書を島川内匠を通じ幕府の執政に申し入れていたのである。

執政は国書の起草者金地院崇伝《こんちいんすうでん》にこれを尋ねた。崇伝は、家康のときから王の字を書かないのが例規であると答えていた。

痺れをきらした三使は宿舎に帰り、橘智正と島川内匠を責めた。

「先の秀忠公の国書には、国王の字あるは、すでに承知のことである。いかなる理由にてこのたび国王と書かれざるか、執政に直に談判したい」

橘らは恐懼《きょうく》して弁明し、ひたすら猶予を乞うた。

「その間曲折あり、もし、この言が伝われば、主君義成公、首を並べて死にさらされん」

九月六日、三使は朴大根を伏見城に遣わし、執政に回答を求めた。執政は、秀忠公が改書を許したと回答し、大根はこの旨を三使に復命した。

九月九日、柳川調興らが秀忠の国書及び執政の回答書を持参し、三使に渡した。秀忠の国書には、王の字が附け加えられていた。その他の四カ所についても、希望通り改められていた。

執政の回答書は、朝鮮国礼曹参判・尹寿民宛ての、被虜人送還に関する返書であった。なお、執政は本多正純、酒井忠世、土井利勝、安藤重信、板倉勝重の五人である。

「重ねて域中（日本国中）に諭すべし。若し、強いて留むる輩あらば、法令に処すべし。信義を以て心と為すこと、此の如し。愈々先契を忘れず、益々篤睦《あつぼく》を修すべし」

しかしながら、刷還した被虜はわずかに三二一人であった。日本で妻子を得て、生業にも就き、生活も曲がりなりに安定した者たちは、帰ろうにも帰れなかったのであろう。

九月十日、朝鮮の使節一行は大徳寺を発ち、釜山へ帰還したのは十月十八日であった。三使は、受理した国書が大根らによって書き改められたのを知らなかった。

元和五（一六一九）年十二月、玄方は京都の東福寺や南禅寺などでの修行を終え、対馬に帰った。

元和七年二月、対馬藩の柳川調興は、藩主に無断で、宗讃岐守智順を御所丸送使（日本国王使）と称して朝鮮へ遣わした。信使派遣を要請するためであろう。

ちなみに、智順は宗義成の従兄弟である。智順らは東萊府使の饗応を受け、上京を請うたが、拒まれて目的を果たせなかった。

翌元和八年正月、宗義成は正式に朝鮮へ国使を派遣した。総勢一四〇名の大編成である。正使は規伯玄方である。宗讃岐守、島川内匠らが随行した。

玄方らは釜山の倭館で朝鮮朝廷からの回答を待った。この節、倭館には日本人が千人程在住していた。朝鮮の信使派遣は商機につながると期待し、日本人は増加傾向にあった。

一方、朝鮮側では、日本勢の増大を危惧する者もいた。

同年七月十二日、朝鮮政府は東萊府使に命じて、釜山での日本人に対する接待を自粛し、かつ僭商（非公式の商人）を厳しく取り締まらせた。

九月初旬、玄方は漸《ようや》くにして倭館において朝鮮国王の国書、並びに礼曹参判の答書を拝受した。

徳川秀忠宛ての国書は次の通りである。読み下す。

曩《さき》歳、使船の回《かえ》るや、金玉の報（秀忠の書）を奉ずるを獲《え》、切《おおい》に感慰に迫《およ》ぶ。桑海渺茫として、久しく嗣音（音信）を断つ。茲に客槎《きゃくさ》（客船）の東来を審《つまび》らかにし、華緘《かかん》（貴書）忽ち伝わる。中《かさ》ぬるに雅好を以てし、重ぬるに感貺《かんきょう》（贈物）を以てす。深く厚款（厚情）を領す。以て喩《ゆ》と為す無し。隣好の道、交修の義は、惟《ただ》始終替わる無き在りて、共に寧謐《ねいひつ》（平静）を保たん、斯れ豈彼此れの幸いに非ずや。即ち帰鷁《きげき》（使者の帰国）の便に因り、無凾《ぶかん》（愚札）を附し、謹みて菲儀《ひぎ》（わずかな礼物）を備え、庸《もっ》て情衷を表す。祗《つつし》みて万重を祈る。不宣

天啓（一六二二）五月　日

自雲（玄方）・宗讃岐守・島川内匠等渡海

同年九月九日、玄方らは釜山をあとにした。

元和九（一六二三）年七月、徳川家光は伏見城で将軍宣下を受けた。父秀忠のあとを受けて、征夷大将軍となった。

同年、光海君十五年三月十三日、朝鮮では前同知・金瑬、前府使・李貴らが謀議し、新王に宣祖の孫・綾陽君《りょうようくん》（諱は倧）を推戴するという異変があった。仁祖朝の成立である。

翌仁祖二（一六二四）年正月、宗義成は古川智次を派遣して、仁祖王の即位を慶賀した。ついで義成は玄方を朝鮮に遣わし、徳川家光の将軍襲職を報じ、改めて襲職の祝賀を名目として信使の来聘を要請した。これは李朝の内紛により回答が遅れた。

同年二月三十日、日本の年号は元和から寛永に改められた。

三月になって、改めて橘智正を朝鮮に派遣した。智正は釜山府使に懇願した。

「信使派遣のこと、もし或いはこの期を失し、遅延することあらば、わが島主および柳川調興共に面目なく、将軍家光公より重罪を蒙ること必至なり。両国友好のためこの憂いなからんことを」

五月十一日、朝鮮政府は信使派遣を決定した。正使に刑曹参議・鄭岦、副使に承文院判校・姜弘重、従事官に礼曹正郎・辛啓栄である。

八月二十日、仁祖は鄭岦らを引見し、被虜人がなお日本に多く抑留されていることを懸念し、刷還を着実に為すことを命じた。八月二十二日、信使一行三百余名は漢城を発ち、対馬府中を経由して十二月十二日、江戸へ入った。三使は冠帯を具して、深川の本誓寺に投宿した。これより先、幕府は信使来貢を慮り、十一月二十五日、宿駅や旅館などの接待の規則を定め、遺漏なきを期した。

十二月十九日、朝鮮の三使は江戸城の大広間で将軍家光に会った。家光は公服を具し跣足で上段の間に出立した。長剣を解《ぬ》いて給仕に預け、ただ短刀を佩《はい》していたが、ついで短刀をも脱いだ。

朝鮮国王の書状は宗義成から丹羽宰相長重が取り次ぎ、酒井雅楽頭忠世によって御前に備えられた。

三使は御前に進み出、中段に至り四礼した。家光は応礼しなった。

家光は宗義成を介し、通事・朴大根を通じて歓迎の辞を述べた。

「この寒天で遠来の苦労にて盛礼を睹《み》るを得る。我が心満足す。欣幸に勝《た》えず、欣幸なり」

鄭岦が拝答した。

「使臣の労苦は職分の内のことなり。此に至り労を問（見舞）わる。深感（謝）深感申し上げる」

餞菓が進められ、型どおり献盃の応酬があり、副使と従事官もこれに倣《なら》った。三使には、家光は「将軍の（身）長は七尺に満たず、頗る鋭気がある」ように見えた。時に家光は二十一歳であった。

ついで、西の丸の大御所秀忠への聘礼が行われた。これは異例のことであった。

同月二十二日、三使のもとに執政酒井忠世と土井利勝らが家光の回謝文書と三使らへの礼物を持参した。礼物は家光と秀忠からの膨大な数であった。これを三使は辞退した。執政らはこれを持ち帰らず、その処分を宗義成に任せた。ついで、被虜人刷還について問答があって、三使が回謝文書を開見したのは、執政らが帰ったあとであった。

三使は驚いた。文中に王の字が書かれておらず、また余字や納字（治め言葉）があった。直ちに玄方を呼び出した。玄方は改変の意を示し、持ち帰った。原文は次の通りである。

日本国源家光奉復
朝鮮国王殿下
維時臘天寒気逼人　茲蒙一封書　三官使之温訊　一団和気　恰如坐春風中　予幸統領日域　忽達貴簡、修礼致賀　若干珍産　采納感佩　継前烈　篤隣交之　良意益切　忻慰確約　両邦流慶　万代敢勿間闊矣　伏冀　順時為国自愛　不宣
龍集甲子冬十二月　日

十二月二十四日の朝、柳川調興が改書した回答書と、これも不備があった執政の書を補正したものを持参して言った。

「すでにして国書なども調い、聘礼もとどこおりなく終了した。速やかに出立されよ」

三使は回答書を改めて見た。以下、次の通りである（傍線部分が改変箇所）。

日本国王源家光奉復
朝鮮国王殿下
維時臘寒　天気逼人　茲蒙一封書　三官使之温訊　一団和気、恰如坐春風中　寡人幸統　領日域
忽達貴聞　修礼致賀　若干珍産来贈　感佩　継前烈篤隣交之良意　益切忻慰　確約両国　流慶万
代　敢問間闊矣　伏冀順時　為国自愛　不宣
　龍集甲子冬十二月
　日本国王源家光

読み下す。

日本国王源家光、朝鮮国王殿下に復し奉る。維《こ》の時臘寒（十二月の寒さ）、天気人に逼《せま》る。茲に一封書を蒙る。三官の使之の温を訊《たず》ねる。一団の和気、恰も春風中に坐するが如し。寡人（家光の

へりくだった自称）幸いに日域（日本）を統領す。忽ち貴聞に達する。修礼し賀を致す。若干の珍産来贈す。感佩（敬服）す。継前の列篤《れつとく》（節操の堅いこと）、隣交の良意、切に忻慰を益す。両国を確約し、万代に流慶す。敢えて間闊（相互間の闊《ひろ》さ）を問わん矣《や》。伏して順時（時勢に従う）を冀《こいねが》う。国の為自愛せよ。不宣

十二月二十五日、朝鮮の信使一行は江戸を発った。釜山浦へ帰還したのは翌年三月二日のことであった。

柳川調興は対馬の鰐浦まで信使を送ることを常例にしていたが、今回は中途京まで送り、江戸に要件ありとして大徳寺から暇を取った。代わりに玄方が鰐浦まで送っていったのである。これは藩主義成の怒りを買った。義成は、朝鮮の信使から調興の服務違反を咎められたのであった。

信使に与えられ、ついで義成に預けられた徳川家光からの銀子二四五〇枚及び秀忠からの銀子一一〇枚は、帰途、すべて対馬で事後の刷還の資として宗氏に贈ることにされたが、義成はこれを受けなかった。将軍の贐物《はなむけもの》を中途で私用することは譴責の恐れがあった。よってこれを朝鮮へ還送した。

朝鮮の礼曹は、一半は東莱府の日本人供給の資にあて、一半は対馬に再還して使臣の応接や刷還人の雇船の食糧の資とし、一部を使臣に分与することにした。

刷還の被虜人は一四六人で、前回に比し一七五人の減少であった。

仁祖五（一六二七）年、後金国主・清太宗は大貝勒《だいばいろく》・阿敏率いる三万の兵をもって朝鮮平安道の義州を侵し、府尹・李莞、判官・崔夢良を殺害した。丁卯胡乱《ていぼうこらん》の始まりである。これは仁祖の親明排金の政策に遠因する。これより先、仁祖を擁立した一人である李适《りかつ》が、自分の論功行賞を不満として反乱を起こしたが、鎮定された。その反乱軍の一部が後金に逃げ込み、仁祖の即位を不当として訴えたのである。太宗は仁祖によって追われた光海君の報復を口実に、朝鮮に侵攻したのであった。

後金軍は南下して、安州、平壌を落として平山に到り、漢城に迫った。

一月二十八日、仁祖は江華島に避難した。

明は毛文龍の援軍を送りこんだが、後金の別働隊に敗れた。朝鮮は、鄭鳳寿、李立らの義兵によって防戦につとめたが、苦戦した。

三月三日、和議が成立し、後金軍は撤収した。後金は深入りしなかった。最大の目標は明国の打倒であったからである。

朝鮮の備辺司から釜山の倭館に胡乱が知らされたのは、二月八日であった。対馬への通報は翌日であった。宗義成は直ちに柳川調興を幕府に派遣し、異変を告げた。

徳川家光は調興を叱責した。

「先に明の遼東、後金に侵されるの報を聞く。しかるに、何ぞ対馬藩、これを報ぜざらんや」

調興は苦しい答弁をした。

「遼東は朝鮮に隣するとはいえ、なお明国に属し、朝鮮の地ではありませぬ。朝鮮が侵されるとは、予知せざることながら、この不明お詫び申し上げまする」

「もし機に臨みて善処せざれば、調興といえども、罪なしとはせず。よいな、心せよ」

宗義成は調興の復命を受けて、橘智正を釜山に遣わし、慶尚監司・金時譲へ武器の援助を申し出た。

東萊府使・柳大華は、すでに後金とは和解し、異国からの来援を煩わせることはない、として厚意を謝し、土産物を贈った。三月二十五日であった。

柳川調興の釜山の代官は、鳥銃八十柄、火薬百斤、鉛鉄十斤を朝鮮に売却した。

寛永五（一六二八）年冬、宗義成は近況報告のため上府した。帰島に際し家光は入念に言い渡した。

「このごろ韃靼人（後金国）、朝鮮の西辺を侵掠するよしを伝え聞く。帰島ののち速やかに朝鮮の都城に使者を遣わすべし。朝鮮の様子をつぶさに巡察せしめ、もし都城に急変あらば援兵を遣わすべし」

寛永六年閏二月、宗義成は正使に規伯玄方、副使に家老杉浦采女を任じ、朝鮮派遣団を編成した。本来ならば柳川調興を副使にすべきであるが、故意に外したのである。義成は、前回の信使送還役を怠った調興の科を忘れていなかった。

玄方らは二月十一日、対馬を発ち、十七日、釜山浦に着いた。玄方は東萊府使・柳汝恪に訪朝の趣旨を述べた。

「我ら対馬守の使者とは申しながら、江戸より将軍の仰せなれば、漢城まで参らざれば、叶わざることなり。人伝えにて申し遣わすことにあらず。直ちに上京を許されよ」

朝廷は日本の使者が上京することを忌避していた。壬辰の倭乱で容易に漢城を席巻されたことは忘れがたき屈辱であった。さらに上京を許せば、国情があからさまになり、防塞にも支障が出る。

仁祖は裁決した。

「ひとたび、この路を開かば、その弊窮まりなし」

四月十四日、煮え切らぬ朝廷に業腹を立てた玄方は、ついに釜山に戻り船に乗って風を待った。慌てた宣慰使・鄭弘溟が備辺司に急報し、ようやくにして仁祖の許しを得た。

朝鮮暦閏四月二十二日、玄方ら二十八人は、宣慰使に嚮導されて漢城に入った。同二十五日、玄方は従者八人を率いて、崇政院で仁祖を粛拝した。礼曹の指導に従った朝鮮式の礼拝である。

四月二十七日、兵曹の宴で玄方は言った。

「関白徳川家光、かつて後金国、朝鮮を侵すを聞き、交隣相厚の義あるをもって、赴援せざるべからずと為す。且つこの賊を勦滅《そうめつ》して、忠を天朝（明）に効《いた》し、また朝貢の路を通ぜんことを欲す。適《たまたま》杭州の人王相良なる者、関白に通言していう、貴国嘉靖以前、貢を天朝に通ず。その後、好まざる人ありて事を生じ、よりてこの路を廃す。朝鮮は天朝と父子の国にして、遼東は山戎《さんじゅう》（後金の兵）に陥れらる。この時に乗じ、朝鮮に請い、兵を朝鮮に駐め、力を合わせて進討されれば、天朝必ず嘉奨《かしょう》あらんと。関白その言を信じ、伝国師を以て上官とし、大将一人を副官として貴国に遣わし、形勢を観て、これに対処せんことを欲す。その時、我が対馬島主もこれに陪し、到来するであろう。よってこれに先立ち、小職を遣わして、関白の意中を伝えんとするなり」

礼曹判書・洪瑞鳳が答えた。

「日本、我が国と前より修好す。先に関白、凶逆を蕩平《とうへい》して、また我が国と交友し、已に三世を閲《けみ》す。料《はか》らざりき。今また秀吉の余謀を襲い、我が境によりて、また貢路を開かんことを誘称《いしょう》（かこつけていう）せんとは。これ何故なりや」

「小職、只関白の所言を伝えて、以て朝廷の裁処を俟《ま》つのみ。三国の時、貴国、文人楽師を日本に送り、楽は則ち高麗と称し、今に至るまで、これを用う。且つ仏法、中朝より貴国に盛伝するを以て、法師を見、授習の地となす」

「文と楽とは太平を治むるの具、関白、ここに意あるは誠に嘉款すべし」

礼曹は玄方に礼物を贈って労を犒《ねぎら》った。

五月十五日、仁祖は別に礼官を遣わして、玄方らを所館にて招宴せしめた。ここで玄方は、玄蘇にその功あるをもって特給されていた図書を、玄蘇の死後、玄方に伝える旨告げられたが、これを辞退した。

「小職は玄蘇の弟子なり。両国の間にありて、久しく対馬島に駐《とど》まるべからず。帰りて即ち図書を送還せん」

五月二十一日、玄方らは朝廷からの答書のないのに痺れを切らし、制止を振りきって雨中に漢城を発った。気が短いのも策略である。

追っ付け礼曹は対馬への答書を認め、東萊府使へ急送した。同時に玄方へも附書した。

「……方長老、遠く鯨濤を渉《わた》り、来りて貴国の意を致す。その忠勤尤も尚《たつと》ぶべし。許多《あまた》の問答は都《すべ》て長老の舌端に在り。茲に覼縷《じろう》（こまごまいう）せず。但《いたずら》にいう処の平遼（遼東の平定）通貢の一款（誠）は云わざるを得ず。丁卯の歳（一六二七年）、狂胡（後金国）暫く西鄙を擾《みだ》せしも、幾《いくば》くもなく悉く平定す。彼れ旋《すぐ》さま成（和解）を請いて、遂に通好を許す。即今は疆域晏然《きょういきあんぜん》にして狗犬の警なく、貴国の憂いを煩わすに至らざるなり。若し皇朝（朝鮮王朝）のために胡を撃ち遼を平らげんといわば、その言理あるに似たり。但に此の蕞爾《さいじ》（ちいさい）たる小醜（小国）・皇朝、自ら当に討滅すべく、但に古より未だ滄海（大海）の際《きわ》を渉り、人の国数千里を超えて、人と闘う者（日本のこと）あるを聞かず、皇朝猝《にわ》かにこの言を聞かば、必ず疑駭《ぎかい》（疑い驚く）を致さん。惟だ弊邦（朝鮮）敢えて此を以て上聞せざるのみならず、貴国亦当に口に発すべからざるなり」

朝鮮は、日本の明国に対する援軍を断ったのである。玄方らは礼曹の答書を受け、接慰官らに送られて、六月十六日、釜山を発ち、翌日対馬へ帰着した。

宗義成は寛永七（一六三〇）年三月、玄方を同伴して江戸へ参府し、訪朝のことを幕府に報告した。

老中酒井忠勝は同年八月二十九日付で礼状を寄せた。

「朝鮮へ御内用ありて以酊庵（玄方）を差し渡されたところ、近年中断していた朝鮮国都へ上京を許され、かの地の様子詳しく承った由、上聞に達した。このほど北狄和睦いたし、いよいよ朝洛の間、珍重に存ずる」

寛永八（一六三一）年一月頃、かねてから藩主宗義成と不和になっていた柳川調興は、宗氏からの知行一千石を返上し、かつ歳遣船の図書返却を申し出た。同時に妻阿宮を離縁した。阿宮は義成の妹である。

さらに同年二月十日、調興は、寛永元年の朝鮮信使が持ち帰った家光の返書は、宗氏が改竄《かいざん》し、勝手にすり替えたこと、また元和七年には「御所丸送使」と公儀の名称を騙《かた》って朝鮮へ派遣したことを、幕府に訴えた。

幕府は検使篠田九郎左衛門と横田角左衛門を対馬へ派遣し、調査させた。玄方は関係者の一人として江戸へ召喚された。

寛永十二（一六三五）年三月十四日、判決が下された。

宗義成は無罪、島川内匠（宗氏の祐筆）と松尾七右衛門（柳川調興の家臣）の二人は、その子と共に死罪。玄方と宗智順、柳川調興と玄昊（柳川家の菩提寺の僧）の四人は流罪であった。その後、玄昊の下で改竄に加担した卲首座と、国王印作製を七右衛門から依頼された勝田孫七は、対馬から追放された。

幕府は日朝間を仲介する対馬宗氏の重要性に鑑み、宗氏の存続を選択したのである。したがって、宗氏の科《とが》を玄方が負う形になった。

玄方は南部藩南部重直に預けられ、厚遇された。庵を城北の北山に与えられ、毎年三十人扶持、金三十両を給され、使用人四人が付けられた。

柳川調興は弘前藩津軽信義に預けられ、城下の四ノ廓に屋敷を与えられた。幕府は、調興に八人扶持を与えるよう津軽氏に命じた。

寛永十二年五月、老中土井・酒井両執政は、宗義成、金地院最岳元良《さいがくげんりょう》、林道春《どうしゅん》、それに人見永喜を招集し、国書改竄に関して国書の文言を検証した。

問題は、殿下と国王の表記であった。

答書においては、一五九〇年の発信人は「日本国関白秀吉」であり、その後、一六〇七年は「日本国源秀忠」、一六二四年では「日本国源家光」であった。

一方、朝鮮からの国書の宛て名は一貫して「日本国王殿下」である。秀吉の場合、「殿下」と他称されたが、回答は「関白」である。関白は殿下ではない。国王を補佐する重職の者である。

朝鮮は国王の回答を期待しているが、関白では不都合である。関白でない、国王相当の地位の者が回答しなければならない。これに相当する者は将軍家光以外にはいない。

しかし、家光は国王の名義を嫌った。では、これに代わる呼称はないか。持ち出されたのは「大君」号であった。用例としては「我大君」（家光）あるいは「先大君」があった。

但し、この会合では結論は出なかった。

七月、老中は宗義成に指示した。国書改竄事件の朝鮮への報告の下書き。信使来聘を朝鮮に求めること。柳川送使船の停止。柳川や方長老（玄方）が朝鮮国から受領した判物・衣冠等の返還。柳川遺領や屋敷家財の処分。武具の輸出の禁止などであった。

八月、帰島に際し、宗義成は幕府に起誓文を提出した。

家光の高恩を謝し「日本と朝鮮の通用の儀につき、日本の御ことを大切に存じ奉り、御為に悪様には毛頭仕間舗候」、次いで言った。

「日本又は朝鮮に何茂《いずれも》御隠密之儀《きまり》」

王の称号のことは内分にするということである。

同月十八日、再度、公王の号について協議された。ここで、大君の号が提案された。井伊直孝は、自分では計り難しと言い、道春・永喜の所思は如何と逃げた。「その称は互格であってはならず、将軍は漢唐の中大官であり、ただ王と称せず、しかも御位も下らず」と条件を付した。

道春は「日本上様」と称するも難しとした。

九月、宗義成はお礼のため上府し、指令を受けた。

対馬以酊庵方長老のあと、京都五山の学僧を輪番にて従事させ、その外交事務を担当させる。五山のうち、東福寺の璘西堂（玉峰光璘）、同じく召長老（棠陰玄召）、及び天竜寺の仙長老（洞叔寿仙）が任命され、最初は璘西堂が赴任するといわれた。

璘西堂は就任後、大君号の決定に参与した。

「乃ち宗義成に修好を招接するを命じられ、且つ大君号を致すを令され、僧光璘（璘西堂）に撰書させ、其の辞は皆旨を取る耳《のみ》」

一同は「大君」の号の採用に賛同したのである。

寛永十二（一六三五）年十二月、この改称通告は朝鮮の礼曹に伝えられた。それを受けて、翌年四月の渡海訳官の講定節目中の第二条に、次の通り書き入れられた。

「信使の時、国書は、以て日本大君殿下へ下し書き送る事」

寛永十三（一六三六）年二月、「通信使請来の差倭」が日本から朝鮮に遣わされた。

朝鮮朝廷は担当礼曹に信使派遣の可否を求めた。上奏文があがった。

「回啓す。今茲に島差（対馬の使者）の来价あり。既に関白の令に依る。必ずしも国書の不来に拘わらず、且つ我が国の形勢、前に異なる有り。以て権時の策、信使を送るを許す（以下略）」

この時から、信使派遣要請の場合、国書不持が容認されたものである。

同年八月十一日、朝鮮通信使一行は漢城を出発した。

同年十二月十三日、将軍家光は朝鮮通信使三使、正使・任絖、副使・金世濂、従事官・黄杘を江戸城で引見した。

家光は執政を通じて言った。

「天寒く遠行のところ、伝えて国書を致す。極めて以て感と為す」

続けて言った。

「日光新剏の寺刹、三使遊覧を得んと欲せば、以て一国の光華と為す。許諾を得蒙られれば、喜幸に勝えず。但し暴寒を以て往來不安たり」

あとで信使は、日光遊覧は予定にないことで、参詣を拒否した。宗義成は説諭した。

「使者、上命を深くせざれば、使者一行の四七五の人数のこりなくとめ置かれ、其の状貴国へ仰せ遣わされるべきとの御内意なる故、従いなされよ」

三使は止むなく従った。日光東照宮からの帰還後、同月二十八日、土井利勝と酒井忠勝を迎え、呈示された家光の国書を拝見した。

日本国源家光奉復
朝鮮国王殿下
聘介遠馳礼意益敬。見書欠審慶我治平。贈其物産。依数領之。懇款深切。
慰悦殊甚。
爰聴義成調興相訟。即有偽造書印者。革正糺察焉。貴国早聞知而今改往。
相新至此誠可也。
交道有義。不渝旧約、則彼此之好也。有小信物。付使价還。宜如別幅検領。
余冀亮察不宣。
寛永十三年十二月廿七日

日本国源家光

読み下し文

聘介《へいかい》（訪問）遠く馳せての礼意益敬す、書を見るに審らかを欠くも我が治平を慶ぶ。其の物産を贈り、依って数々之を領す。懇ろなる款（誠意）切に深く、慰悦殊に甚だし。

爰《ここ》に（宗）義成・（柳川）調興　相訟《あら》そうを聴く。即ち書印を偽造する有り。革正し糺察する焉《なり》。

貴国早（先）に聞知して今に往（昔）を改たむ。相新して此の誠に至らしむべき也。

道を交わるに義有り、旧約を渝《かえ》ず。則ち彼此れの好也。小信物有り、使价に付して還す。宜しく別幅の如く検領されよ。余は亮察を冀う、不宣。

この回答国書に二つの問題があった。

一つは、発信者の家光が「大君」号を自称しなかったことである。日本としては「大君」号は、他称として定めたもので、自称は「国中の私尊の称」という考えであった。これは、隣国への答書には用いるべきではない。

朝鮮の三使は反論した。朝鮮国王の書契に大君号を要求しておきながら、答書には不書とは筋が通らない。日本側は反論できない。止むなく改書しようということになって、俄かに朝鮮側が譲歩した。理由は、別の日本の老中から朝鮮の礼曹あての書契に大君号が用いられ、他称としての大君号が証明されたからである。

二つ目は、年号の問題である。三使は、前例が「当年」の意である「龍集」ではないかと改書を求めた。日本側は、それは国書改竄をした柳川調興の所業である、今となっては用いるべからず。家光に裁断を仰いだ。家光は言った。

「われ、かつて日本の年号を書かず、朝鮮が今大明の年号を書かないのは、果たして誠信の答書といえるか。わが書中に調興の奸巧のことに言及し、改号をのべたのは、まさにこのことである。使臣は顧みてわが心を明察せよ」

明国からの冊封を受けていた朝鮮の年号の使用は、大明の年号である。当時は万暦である。ところが一六三六年、大清国が明国を退けて、開国した。清国を容認しない朝鮮は、干支《えと》年を使用した。清国の冊封を拒否したのである。

そこで、この日本年号使用が疑問視された。家光の本意はこうである。

日本は明の冊封を受けていない。よって明の年号を使用しないのは当然のことである。では、朝鮮に対してはどうか、前回までは、「龍集」の年号を用いた。これは柳川調興が無断でしでかしたことである。よって朝鮮と対等の立場にある日本としては、朝鮮が干支年を使用するからといって、それを用いることはできない。日本には独自の年号があるからである。敢えて寛永の年号を使用した。日本の独立性を強調したのである。

ちなみに、「龍集」の「龍」は星の名で、「集」は宿る意である。この星は一年をかけて周回し、元の宿に戻ることから、一年として、多くの年号の下に記された。日本は中立の立場から、明・朝鮮の年号を用いなかったのである。

朝鮮の三使は折れた。

通信使の目的は、隣好を修し、家光の起居（安否）をたずねることにあった。漸くにして、前三回の回答兼刷還使の役柄を脱し、本来の通信使となったのである。

日本における対島藩の国書改竄事件はすでに昨年六月、対馬藩を通じて朝鮮に通告されており、偽書の件がふたたび起きることを回避する手段を了解したのである。

7 倭館

朝鮮では、倭人を応接する館を倭館と称した。李朝創建の一三九二年後、漢城に中国、倭国からの使者を受け入れる客館を造った。倭館は「東平館」と称した。

以後、倭館は釜山の周辺に増設されていった。倭人の進出の増大のためである。

応永二十五（一四一八）年、塩浦《えんぽ》（蔚山郡）と加背梁（固城郡）に恒居倭の収容所が設けられた。

応永三十（一四二三）年、乃而浦《ないじほ》（薺浦《せいほ》）と釜山浦の客館を設け、倉庫と官舎を設けた。

応永三十三（一四二六）年、三浦の約条に因り、塩浦、乃而浦、釜山浦の三浦《さんぽ》となった。

文亀二（一五〇二）年、三浦の乱で薺浦一港に制限された。これは十五世紀末、三浦の倭人の不法滞在者が合計で三千人を超えたからである。

大永元（一五二一）年、釜山浦の客館が再開された。

天文十三（一五四四）年、甲辰蛇梁の倭変で、釜山浦一港に制限された。

慶長三（一五九八）年、丁酉倭乱後、絶影島に倭館を移設した。これは、のちに釜山倭城の子城台に移転した。

慶長十一（一六〇六）年、釜山の豆毛浦にあらたに一万坪の土地を貸与し、本格的な倭館を新設した。土地付きの倭館のはじめである。朝鮮・日本の好隣への意気込みが窺える。宴享庁、東館、西館、館守家、東向寺、御僉官屋、老頭屋（倭人の番所）などが併設された。

この豆毛浦倭館に寛永十六（一六三九）年、将軍徳川家光の時代、対馬藩主宗義成は藩用の窯を新設した。これより以前、自領の対馬島には元亀二（一五七一）年頃、小浦に陶器窯があった模様である。その後はない。新設の経緯は次の通りである。

天正十六（一五八八）年、茶人・山川宗二が記した「山上宗二記」に次の記事がある。

一　井戸茶碗

是天下一ノ高麗茶碗、山上宗二見出テ名物ニナル、関白様（秀吉）ニ在リ、
惣テ茶碗ハ唐茶盌スタリ、当世ハ高麗茶盌、瀬戸茶盌、今焼ノ茶盌迄也、形サヘ候ヘハ数寄道具也、

高麗茶碗とは、高麗の産でなく、李氏朝鮮の時期の朝鮮の民用の茶碗のことである。
日本では永楽期、堺の天王寺屋宗及《そうぎゅう》、千宗易《そうえき》（利休）、今井宗久《そうきゅう》らによって重宝された。この伝統が将軍家、諸大名に引き継がれた。

寛永十五（一六三八）年、十二月六、七日、江戸城二の丸で将軍の茶会が行われることになった。

宗義成は七日の茶会に招かれた。松平越前守忠宗ら名だたる大名が呼ばれていた。出された茶道具の中に、御茶碗高麗うにわり・御花入源正・御水指なわすたれがあった。

この会で宗義成が将軍家光から声をかけられ、朝鮮の焼物の注文を直接受けたという証拠はない。しかし、推測では、そう求められたようである。義成は寛永十七年二月、将軍の「各様沙器見様」を持ち対馬へ帰った。

釜山釜の開窯は「将軍家光の命による」とするのが通説のようである。

「倭人求請謄録」の寛永十七年五月十九日条の、義成が朝鮮の訳官・洪喜男に伝えた記事に次のものがある。

「大君（将軍）以下大小将官皆、求請を以て、他に継ぐ用の路無ければ、やむを得ず人を送り、皤（燔）造す」

宗義成は、江戸にて、朝鮮の茶碗の各種の見本を買い求め、対島の留守役に送り、さらに対馬から使者二人を釜山におくり、東萊府に燔造を依頼した。

東萊府は、倭人持ち来る各様の茶碗を、匠人を得て、館中で白土焼木などして造作したいというので、巡察使に分付して、河東、晋州の匠人を釜山に送り、倭館の外に窯を造作した。

館外とは、当時倭館の出入りに朝・倭人の規制がなく、倭館の敷地が狭いので、やむをえず館外に開窯したのであろう。陶土、焼木（燃料）、陶工は朝鮮からの提供であった。よって陶土は、対馬では御馳走土といわれた。朝鮮としては異例の措置であった。

この時の使者二人は嶋尾権之助（二代目館守）と有田杢兵衛（裁判）である。新窯の施工の管理のためであろう。この人のほかに、同伴者、吉賀半太夫がいた。のちの燔師（窯の責任者）である。

この新窯の作品がどんなものであったか、記録がなくて特定できない。おそらく白高麗であったろう。

同十七年四月、朝鮮から訳官洪喜男が、義成の子・義真の誕生を賀すため対馬に来た。会談にて釜山窯のことに言及した。義成はお礼を言った。

「茶碗燔造のことは多く弊端（よくないこと）があった。貴国の事情はわしもよく承知しておる。……上年（去年）は工匠及び各色の沙土、焼木などの物、ひんぱんに入れ給いて、叩謝《こうしゃ》を云うのみである。……東萊府の沙土などの物、優数を覔《もと》め給い、善き匠人を例により入れ給われば、千万幸甚なり」

洪喜男は答えた。

「燔造の沙器の一事、上年の段も、民力の多少を避けられず、一依（そのまま）に置く、差倭（日本の使者）云う所の匠人及び沙土、等の物優数に入れ給う、しかし、公に憑《つ》き、私を営むの弊（役人の不正）、亦その間に無しとせず、この後ならば、或は送る人大《だい》と雖も、私造を禁じ当（正当）を為す云々」

農繁期にあたれば、農家の協力が少なく、また陶土採取をめぐって役人に不正があって、満足にいかなかった。今後は沙土、職人を集合して貴意に添いたい、と言っている。

正保元（一六四四）年四月、倭館館守に古川伊右衛門平成倫が任命された。これに伴い、対馬藩から書契が東萊府に送られた。

不時之簡
日本国対馬州太守拾遺《じゅうい》（侍従）平　義成　告達
朝鮮国東萊府（釜）山両令公　閤下
為焼調陶器謹時宜附嗣便以陶工一二名将差
遣専望令撰
貴国之陶工四五輩土薪物類亦送入于倭館則幸
自愛不宣
寛永二十一甲申（正保元）年四月　日
対馬州太守拾遺平　義成

前後の挨拶をのぞき、本題は次のとおりである。読み下す。

「陶器を焼き調える為、時宜を謹み、嗣便を附す、以て陶工一、二名将に差遣す、専ら撰ばれんことを望む。
貴国の陶工四・五輩、土、薪の物類、亦、倭館に送入されれば、則ち幸いなり」

対島から陶工一、二人を派遣する由であるが、この一、二人は特定できない。宗氏の記録「日々記」には見当たらない。『釜山窯と対州窯』の作者浅川伯教は、「橋倉忠助」と推定している。このとき派遣された陶工は燔師(陶工頭)のことで、釜山窯の責任者であった。橋倉忠助は釜山窯初代の燔師となった。以後、燔師は不定期の輪番制となる。将軍家などの注文人の需給の大小によった。

忠助の出自は不明であるが、対馬藩士のなかから抜擢されたのであろう。焼物のことに多少は知識があったろうが、経験者ではない。

朝鮮側は対馬藩の要請に応えた。窯場で用いる陶土、燃料、細工人、小屋の材料、それに陶工二、三人を支給した。しかし、陶工の日給だけは対島藩の負担であった。

さらに釜山窯は、この六月、白土八十石、薬土十石、黄土五十石、匠人五六人を要求した。生産がふえるにつれ、搬入される陶土の産地は、河東、晋州に加え、慶州、蔚山、金海、密陽、梁山など広範囲にわたった。

この折、釜山窯は倭館内に移設された。登り大窯である。このほかに献上用の窯が新設された。対島からの陶工の陶業の技術が向上したのであろう。朝鮮の日常の雑器に、特に日本人好みの意匠を配するためである。

明暦三(一六五七)年、この年、釜山窯は開かれなかった。しかし対島では一事件が発生した。「毎日記」八月二十四日条はいう。読み下す。

久田村《くた》ニ而《て》焼候焼物を朝鮮焼と申し候而《て》、長崎表にて商売仕り、との風聞之有りに付、左様の商売仕者候ハ、何物によらす留置候へ、但し焼物之そこ（底）に久田と書付之有り候ハ、苦しからず候、自然その通り之無く候て、商売候はゝ急度留置かれ此方へ案内之有様にと原熊之允（町奉行）方迄申し越し、但し、此方より渡り候阿比留半左衛門（長崎役）も其段申し付ける。

この久田焼窯を誰が起したかは不明である。しかし、釜山窯が繁盛することを耳にし、これにあやからんとして、「朝鮮焼」と称して商売した人間がいたことは否定すべくもない。しかも、陶土は地元厳原の産物である。

翌明暦四年、藩庁は処分を言い渡した。

久田村茶碗之儀、当春ハ先御留メ成され候様ニと町奉行両人方へ手紙遣わし、重ねて殿様御下向之刻ハ、如何様共御意次第仰せ付けられ候条、先ハ御留メ候様ニとの儀也。

ところが、藩主義成は明暦三年十月、江戸で亡くなった。藩庁は、新藩主義真の帰国まで「当春ハ先（生産を）御留メ」にした。その事後の裁決は不明である。そのまま閉鎖が留め置かれたのであろう。

延宝九（一六八一）年、久田焼窯について新たな事件が発生した。

> 夜前、幾度大右衛門方より申し越し候は、久田村に而焼物差し免ぜられ候国分太兵衛・畑原平助、今日釜の口を明け候間、御歩行目付相附候様に申しつけるべき旨、申し越し候得共、夜中の儀に候間、今日申し付けるべきの旨、返事に申し置き遣わす也。
>
> 右焼物釜の口明け候に付而、見分の為御歩行目付壱人明日久田村え罷越し候様に申し付けられ候得者、大目付津江左太郎に申し渡す、尤も幾度大右衛門方えも右の段手紙を以て申し遣わす。

この二日後の六月七日の窯明けの状況は次の通りである。

> 久田村に而《て》焼物差し免ぜられ候国分多《（ママ）》兵衛・畑原平助、昨日焼物釜の口を明け申し候に付而、御目付相付候様にと申し候に付而《て》、御歩行目付重田四右衛門申し付け、久田え差し越候処、焼物の儀は別して仰せ付けられるの外の物御座なく、尤も焼物仕まつり候品々、一色宛て持ち参り候に付而、悉く見分仕まつり候。

ここで問題は、目付をいれて何を検分させたか、ということである。目的は、窯元の営業許可以外の作品が製作されていたのではないかとの疑念があったはずである。

結果的に、「仰せ付けられた外の物は」でてこなかった。久田焼は制限つきの作品作りに忠実であった。

のちの正徳四（一七一四）年、対島の商人大庭七郎右衛門・飯東市右衛門の二人が、厳原の久田もしくは小浦に新たに「伊万里焼物の類焼き出」開窯の願いを出した。その許可状四項の一は次の通りである。

朝鮮焼に似せ候而茶碗・茶入・香炉・花生・水指その外数寄屋道具、根付などの類堅く焼き出し申すまじく候。若し相背く者に於いては曲事と為すべく候。尤も竈の出し入れの節は御目付差し添えられ御改めなさるべく候。

茶器を焼く場合、「朝鮮焼」に似せてはならないと制限している。よって延宝九年の久田焼の事例についていえることは、制限をもうけられた条項は、朝鮮焼もしくは、朝鮮焼に似せた焼物の禁止であったろう。

では何故、対島藩は地元における朝鮮焼きの作成を禁じたのであろうか。

それは、釜山における朝鮮焼の技法を独専し、朝鮮焼の貴重性を高めるためであった。朝鮮焼こそが対馬藩の名誉であり、これをまぎらわしい偽朝鮮焼に汚されてはならない。結果的に、この政策は地元対島における民陶の発展を阻害した。

これより先、寛文五（一六六五）年二月四日、阿比留茂三は朝鮮出張を命じられた。

「阿比留茂三朝鮮表へ御茶碗焼に差し渡さるべきの旨御意に依り則茂三方へ申し渡す」

ついで二月二十九日、茶碗がよくできるようにとのことで、釜山派遣の人員の増加が図られた。波多野重右衛門か青柳善右衛門かどちらかということになり、結局善右衛門に決まった。釜山への派遣は都合八人になった。

出発直前の三月十九日、主な者、青柳善右衛門・阿比留茂三・長留市左衛門は誓紙を認め、血判した。

起請文前書之事

一　我々の儀、御茶碗焼仰せ付けられ、朝鮮表へ罷渡り候。公儀御法度の物持ち渡り申すまじく候に付、御国中御法度の物一切持ち渡り申すまじき事。

一　朝鮮に於いて我々として茶碗・茶入・水指加える様の類内証に而《て》買い求め申すまじく候、并朝鮮人と参会の刻日本御瑕瑾に罷成の儀、毛頭咄申すまじき事。

右の条々に於いて相背く者

「誓紙控」によれば、「茶碗焼役人」の項に、禁輸品及び焼物の抜け荷の禁止、次いで釜山で朝鮮の人々と接触する際の注意が記載されている。倭館での風俗習慣を異にする朝鮮人との交渉に、より慎重な配慮が求められた。

同行の長留市左衛門は宗出雲守の家来であるが、茂三が推奨したものである。器用さが買われた。

青柳善右衛門は寛文三年、京都に於いて鞍細工稽古を仰せつかっていたものを呼び寄せたものである。いずれも士分である。焼物の陶工ではない。

茂三は釜山派遣の二年前の寛文三年三月十四日、藩主の側近の茶坊主から扶持人に登用されていた。覚えがめでたかったのである。彼も陶工ではない。

坊主共御扶持御書出之覚
四人扶持持切米六石五升　　阿比留茂三

阿比留氏の出自は、上総の国畔蒜《あひる》郡（現千葉県袖ケ浦付近）である。弘仁四（八一三）年、対島に渡り、在庁官人となった。一〇一九年、刀伊の入冠の際、刀伊の将軍・龍羽を打ち果たした。元久年間（一二〇四〜〇六）阿比留秋依が朝廷より従五位下の官職を賜った。一二四六年、阿比留親貞が高麗と貿易し、大宰府政庁から反乱者として咎めを受けた。大宰府官人宗重尚から征討され没落した。子孫は対島に分散して生き残った。阿比留茂三はその支流であろう。

茂三一行は四月十日、釜山に着いた。早速東萊府に赴き、倭館内での作陶のための陶土の供給、朝鮮人陶工四人派遣を申し出た。茂三の心持ちでは雨期までに仕事を終えたかった。しかし、予定通りには行かなかった。

六月二十四日、倭館の館守から苦情がもたらされた。

「今使っている焼物の土薬は、うまくいかない」、以前焼いていた吉賀判太夫・古川林斎らが焼いていた茶碗を送られよ、として、その時の土薬が求められた。所定外の土薬の産地のものが提供されたのであろう。

八月には善右衛門が病気におかされ、急遽、波多野重右衛門が交代した。

茶碗作りの経緯は、こうである。

まず、朝鮮の陶工の支配人である判事に見本の茶碗を与えて、朝鮮陶工に見本通りに作らせるのである。これを判事茶碗と称した。では、日本人の陶工は何をするのか。朝鮮陶工の作業を見習い、その技術を習得する。これが一段階である。

よって、判事茶碗と、日本人手の朝鮮焼茶碗が二通りできあがる。しかし、この二つは微妙に肌ざわりが異なる。それは日本人好みの美的感性が朝鮮人にはないからである。茶道に培われた日本人が朝鮮焼に魅力を感じたのは、朝鮮人がそこに見出さなかった、何ものかがあったからである。でなければ、朝鮮焼はただの日用の雑陶器にすぎない。

茂三らの燔師の役目は、この鑑識の目をとぎすますことと、選別の可否を決定することである。茶碗作りの奥儀を極め、陶工以上の能力を蓄えなければならない。そこに新たな境地も生れる。

十一月二十五日、茂三らは対島に帰った。茂三は翌日、藩主義真に願い出た。茂三が藩主に無断で持ち帰った香炉を、府内八幡天神、鶏知村住吉瀬戸の内住吉へ一個ずつ、万松院御仏前へ花入れ三個、香炉三個を寄進することであった。これは異議なく認められた。

十二月六日、茂三は江戸行きを命じられた。釜山窯での作品を江戸にて注文者へ披露するためであった。

寛文六年二月晦日、内見のため、酒井雅楽頭忠清（老中）が江戸の宗家屋敷へ来た。同伴者として藤堂和泉守・保田若狭守・大沢右近に半田丹阿弥・山本道辰（江戸城の茶頭か）らも来た。書院で振る舞いのあと、「御茶碗百廿五を、御茶碗台八つに積んで」内見が始まった。

「内弐拾　御進上の御用に雅楽頭様御目利に而《て》御撰出し被置。

右御茶碗阿比留茂三に仰せ付けられ、朝鮮より焼き渡り候御茶碗也」

寛文六年四月、対馬では不穏な情報が流れた。商人らが町方で刀・脇指・茶湯の道具などを買い調え、他国へ持ち出しているというのである。この茶湯の道具は朝鮮焼のことである。

町奉行は取り調べた。「この上他国へ売り出し候儀、相知れ候者は《は》曲事《まがごと》」であるとの判断であった。しかし、対馬で焼いたものでなく、他国で作られたものであれば、手の出しようがない。

同六年五月二十日、藩主が江戸から帰国した。新老中稲葉美濃守から茶碗の注文を受けていた。

六月二日、発令した。

宗出雲守《（家老）》方へ手紙遣わす、意趣は□《（虫食い）》内長留市左衛門親子朝鮮へ、阿比留茂三御茶碗焼に又々差し渡され候間、相附して遣わし候様にと御意に候間、此段仰せ付けられ候様にと申し遣わす。

六月十四日、追加として、青柳善右衛門が発令され、釜山倭館守仁位孫右衛門・代官香椎右衛門あての書状が託された。常の如く、陶土の供給・陶工の派遣を東萊府へ依頼する内容であった。寛文六年十月一月二十八日、平戸の松浦肥前守から対馬藩に問い合わせがあった。朝鮮から陶土・薬土を日本に渡すと釜山窯同様のものができるか、できれば送ってほしい、というものであった。藩ではこれを釜山窯に取り次いだ。茂三は余分の陶土がないので送りかねると円満に回答した。実際は釜山窯の独自性を尊重したのである。いたずらに公開すべきものではない。

寛文七年正月、博多の亳商伊藤小左衛門を銀主とする硫黄・鳥銃・刀剣など朝鮮への禁輸品の抜け荷事件が発覚した。寛文八（一六六八）年二月、犯人らは処刑された。

このため藩主義真は予定を早めて同八年三月、帰国した。四月、松平備前守から書状が届いた。「拙者望みの茶碗の土形を申し越す。委細は、貴殿お立ちの跡、残っていた茂三に面上にて申し渡した。焼物仰せつかわされれば、かたじけない。手前は外の慰めがなく、朝夕にかけて楽しんでいる。切々のことで申しかねるが、お頼みたてまつる」との文面であった。

寛文九年正月、青柳善右衛門・阿比留茂三は朝鮮への茶碗焼きを仰せつかり、両人にそれぞれ組頭が申し渡された。

三月、茂三上下五人・善右衛門上下四人・三郎左衛門上下三人・藤左衛門上下三人、都合十五人が釜山へ渡った。最大規模の渡航であった。江戸諸所の茶碗の注文数は不明である。大老酒井忠勝の息・酒井修理大夫忠直の注文もあった。

東莱府への注文も多量となった。その結果、瓮《おう》器土十石・白土・薪木の早期搬入、不足の陶工は、釜山近辺の梁山・金海郡から連行された。

一方、朝鮮の倭館代官も贈答用に注文した。代官としての特権であった。七月二十七日条に「朝鮮御代官帰り焼物進上之覚」とあって次の品々がある。

一　茶碗廿八・白薬横徳利一ツ　田嶋十郎兵衛
一　茶碗三・小皿弐・鉢三・せんさんびん壱　岩永四郎右衛門
一　小ひん弐・小壺弐ツ　小松原庄兵衛
一　茶碗弐拾弐　犬東判右衛門
右何も山川七蔵ニ渡置、焼物紛為無之相又有リ□□□□(四字欠)。


茂三は、日本人陶工の余裕がある時期、遊ばせないため、対馬藩に残すべき作品の保管方を申し出て、在庫用を準備した。作品の多様性が窺われる。

同年十月ころ、釜山窯の作業は終わり、帰島し、茂三は十月五日、江戸行きを命じられた。釜山窯の作品を携行した。

寛文十（一六七〇）年四月、平戸の松浦肥前守から朝鮮焼物の土薬所望の依頼があった。松浦氏は先に寛文六年に同様の依頼をしてきて、その時には茂三が、薬土に余裕がないとして断っていたはずである。ところが対島藩は、これを平戸藩に伝達していなかった模様である。

ちなみに、平戸藩は当時、領内に藩用の焼物窯を持っていた。慶長三（一五九八）年、朝鮮からの撤退に際し、熊川郡の陶工十余人を連行してきた。棟領を巨関といった。平戸の中野郡に窯を築いた。中野窯である。茶陶であった。高麗風の刷毛目、粉吹きを作らせた。寛永十三（一六三六）年頃、巨関の子、三之丞が独立して、肥前三川内《みかわち》に新窯を開いた。三川内焼である。天草陶石を原料に、染付磁器を焼いた。

松浦肥前守には、三川内で朝鮮焼を作りたいとの願望があったのであろう。

対馬藩は、松浦氏の要望をおだやかに断ったことであろう。さなきだに、釜山窯は、幕府諸侯の朝鮮焼の需要増大にて、朝鮮側に陶土搬入の増加を希望し、その需要を満たすため、朝鮮側は陶土の産地を新たに求めるなど、余計な心配をしなければならないこと、また朝鮮人陶工の派遣も、田植え、稲刈りの繁忙期に人手不足に困っているなど、諸般の事情で、朝鮮陶土の釜山からの日本への持ち出しは不可能であった。

五月十七日、続けて平戸から飛船が厳原に到着し、老中稲葉美濃守から藩主宛の書状が来て、美濃守からの、朝鮮焼のたっての注文依頼であった。老中の依頼とあっては断り難い。すでに美濃守からは直接茶入れや香炉の注文も来ていた。

折しも、釜山では倭館移転の交渉の使者加城六之進が釜山に詰めていて、忙しいので、藩では釜山窯への注文を控えていた。

倭館豆毛浦の移転は対馬藩長年の念願で、すでに寛永十七（一六四〇）年から始められていた。倭館の沿岸は遠浅で船がかりも悪く、手狭だった。

寛文七（一六六七）年、倭館に大火災が発生した。江島奥右衛門の小屋から出火し、おりからの強風にあおられ、ほとんどの建物が焼失した。再建を進める傍ら、別に広い土地に移転する案が浮上した。しかし、容易に決まらない。

寛文十一（一六七一）年、正使・津江兵庫之助が任命され、東萊府まで乗り込んで移転交渉を強行した。ところが、またも火災が発生した。釜山窯が原因であった。このため、倭館は「家屋一宇も残らず焼失」状態となった。しかも、正使津江が十二月、東萊府の客舎で頓死した。これは、津江が倭館の移転交渉が都合よく進まないことに苦慮し、責任をとったとの噂が立った。これは交渉を助長する力を与えた。

寛文十二（一六七二）年、対馬藩は夏場の朝鮮渡航用の港として、佐須奈を新たに開き、大船越の瀬戸を堀切、東西の水路をつなげる大工事を行い、これを朝鮮に宣伝した。「我が藩では莫大な費用を投じたのであるから、その先の豆毛浦倭館も航海上良好な場所を望む」その後、紆余曲折あって、ついに朝鮮側は予定地に多大浦、絶影島、草梁項を提示。延宝元（一六七三）年十月、草梁項に決定した。実に三十三年の歳月の交渉であった。

延宝元年、またも稲葉美濃守から注文があり、茂三は釜山行きを命じられた。このとき、阿比留から中庭に姓が変わった。この前年、茂三は藩主から金石城の造園を請負っており、その出来映えを藩主に褒められて、改名したものであろう。

一方、対馬藩は、ついに老中の要望を無視できず、六月、「沙器燔造のために頭倭（茂三）一人、及び匠人倭四名を釜山へ送り込んだ。この時、江戸執政の注文であるからとして、特に白土・五十石、赤土・百石の供給を東莱府に申し出た。

十月、陶匠藤松弥兵衛は江戸行きを命じられ、稲葉美濃守へ御茶碗入箱弐つ、松平備前守へ御茶碗入り箱弐つを携行した。茂三は釜山に残留した。


釜山の草梁の地に新倭館が竣工したのは、延宝六（一六七八）年であった。着工が延宝四年三月であるから、二年を要したことになる。敷地面積は豆毛浦倭館の一万坪の十倍、十万坪であった。

新工事に関わった朝鮮の大工・人夫は延べ一二五万人、日本の大工・人夫は二千人余であった。総造営料は、朝鮮側の負担で、米九千石、銀六千余両で、当年度の公貿易の利益があてられた。対馬藩の負担は不明である。まだ財政にゆとりがあったのであろう。幕府は新倭館開設を許可したが、援助はしなかった。

新倭館の中央に龍頭山がある。これを挟んで、左右に建物群をめぐらせた。右側を西館といい、客館が配せられた。左側を東館といい、大小の多くの建物が混在し、長期滞在者の住居もあった。

豆毛浦にあった東向寺も建てられた。同時に釜山窯も新築された。茂三は釜山に出張を命じられ、建築計画から施工・竣工まで監督した。幕府、諸侯用の献上用の登窯を、倭館の南側の傾斜地の一段と高い所に、その下に朝鮮在来の窯を置いた。弁天の社の下に職人小屋と仕事場、窯に向かって左手に燔師の部屋を造り、中に茶室まで設けた。勿論、窯の神、三宝荒神をも祭った。

献上窯では主として幕府関係の茶碗を造った。作品のあらましは次の通りである。

五器は大徳寺への貢物の日常食器で、朝鮮の砂火鉢に似ている。

御所丸は一名、織部高麗ともいう、古田織部の創意による。御所丸、すなわち将軍の便船に託して見本を送り朝鮮で作らせたので、御所丸茶碗と称した。

彫三島《ほりみしま》は茶人の愛好するもので、三島神社の暦の模様を配した絵柄である。

御本《ごほん》茶碗は将軍の求める見本を提示して、これを朝鮮の判事の主導で朝鮮陶工に朝鮮窯で焼かせたものである。判事茶碗ともいう。

この頃、茂三は自ら陶工の技術を学んだ。そして、染付の希望があれば長崎から呉須《ごす》を取り寄せ、染付を焼いた。李朝初期の染付に似たものと、加東の陶土を入れて、地肌がざらざらしたものがあった。技術が高くなるにつれ、日本人の美意識に染められた朝鮮焼が増えていった。

天和元（一六八一）年十一月、新渡《しんと》焼物の御印判帳（在庫帳）が作成された。この中に茂三手の作品が網羅されている。御茶碗八一〇、御徳利八十一、御たきかう入一つ、御茶入八一三、御壺八ツ、御花入二十二、御水指三十、御水翻十七、御塵籠三つ、御皿八十二、御きうは四つ、御鉢五枚、御灯籠二つ、御火入一ツ、御富士山焼五つ、御茶壺十一、御額三枚、御盃十四、五香箱九つ、御盃台一つ、である。

茂三手とは茂三自身の作品という意味であるが、必ずしも同人一人での作品ではない。茂三に習い、弟子たちが作ったものであろう。陶工たちの技術向上の多様性をうかがい知れる作品で、茂三の技量と影響力の大きさが見て取れる。

貞享二（一六八五）年の釜山行きを最後に、茂三は同四年引退した。寛文五年からほぼ二十年、その間、釜山に渡ること九回に及んだ。釜山窯中興の祖にふさわしい仕事ぶりであった。釜山窯は宮川道二が継いだ。

元禄七（一六九四）年八月十八日、茂三は亡くなり、厳原の泊船庵に葬られた。戒名は雲峯茂三居士である。推定享年は八十歳であった。

茂三には嗣子なく、娘婿森茂兵衛がいて、先に対馬藩士となっていて、茂三のあとを継いだ。

享保二（一七一七）年、燔師平山意春《いしゅん》の代に、朝鮮からの陶土の支給が留まった。止むなく、牧ノ島館内の土を用いて焼物をした。

享保三（一七一八）年、釜山窯は最後を迎えた。対馬藩の財政の悪化と朝鮮からの原料（陶土と薪）の供給が途絶えたのである。しかし、注文が一切途絶えたわけではなかった。老中松平左近将監乗《のり》邑《さと》（在職一七二三〜四五）から香炉の注文が入り、それには御本茶碗もついていた。

これより先、対馬藩主義誠《よしのぶ》は小寺小十郎と貞平に命じ釜山窯の修理をさせ、開窯を予定し、小十郎に細工の稽古・窯の火通しもをさせていた。しかし、今までの藩用の釜山窯の仕事ではなく、小寺を請負人とする契約であった。それだけの力量が小寺にはあったのであろう。対馬藩からいえば、焼物を焼く諸準備のわずらわしさから解放される利点があった。

寛保元（一七四一）年四月、対馬藩は倭館の館守に命じ、窯焼用の松の木の用意をさせた。館守つきの祐筆七兵衛、手すきの水夫も手伝わせて、焼物用の松の木の切取の「見分」をさせた。ところが、まだ八、九匹（単位）ほどしか取れておらず、不足が出た。五月になり、折しも釜山に茶碗窯細工人早田貞平が他用で滞在していて、窯焼きに詳しいので、あとを頼んだ。薪木は、伐採しても生木で、すぐには薪にならない。素人ではこれを判別できない。早田の目ききで、追加として二、三匹の薪を確保し、漸く仕事にかかることができた。

従来の朝鮮焼の段階では、このようなことは朝鮮に任せればすべて済んだことである。請負には多々問題が発生した。試行錯誤の上、注文品の完成には九月までかかった。これを江戸へ発送し、小十郎は対馬に帰った。

かくて寛保三年、釜山窯は終わりを遂げた。対馬藩はその後、対馬に積極的に藩用の窯を設けなかった。朝鮮の陶工も呼ばなかった。また朝鮮の陶土をも輸入しなかった。さらには、朝鮮の釜山窯で修業した日本人陶工を、地元で保護、養成、利用することもなかった。釜山窯の由緒ある伝統は絶えた。

もっとも、藩主義方《よしみち》が朝鮮から帰国した平山意春を招き、志賀焼の御用窯を享保十一年に興したが、これは長続きしなかった。おそらく対島の陶土が朝鮮焼の方式に合わなかったからであろう。残念なことである。

阿須窯は安政期（一八五四）、藩主義和《よしより》により御用窯として興され、肥前の陶工又市系のものを焼いたが、朝鮮焼ではない。藩主直属の御庭焼である。

立亀窯は開業年不明、宗家の日用品の磁器を造る目的で創業したが、染付・白磁に朝鮮風の味わいがあった。

志賀焼窯は寛永三（一七九一）年、藩主義功《よしかつ》が有田の陶工を呼んで再興し、新渡茶碗を焼かせた。新渡とは、中国の染付が長崎に渡って来たから称されたものである。朝鮮焼ではない。

小浦皿山は存在時期は不詳、高麗青磁を焼いた。

久田窯の後代も不詳である。

明治時代、以上の対馬の六民窯は滅びた。

元禄十五（一七〇二）年、雨森芳洲《あめのもりほうしゅう》は対馬藩の参判使の都船主（使行の役名）として釜山に渡った。朝鮮から対馬府中まで来る使節を訳官使といい、これに対し対馬から朝鮮への使節を参判使と呼んだ。

対馬藩の正使は年寄りの樋口作左衛門で、芳洲は副使格であった。これに封進と呼ぶ役に長野佐五衛門がおり、三使の形式をとった。従者は五、六十人である。

芳洲は近江国伊香郡雨森の出である。字は伯陽、通称は東五郎である。寛文八（一六六八）年に生まれた。

貞享二（一六八五）年、芳洲十八歳の時、江戸に出て木下順庵の雉塾《きじ》に入門した。新井白石、松浦霞沼《かしょう》は同門である。元禄二（一六八九）年、師順庵の推薦で対馬藩主宗義真《よしざね》に仕官した。二十人扶持、金子十両宛がいであった。

元禄五（一六九二）年、命じられて長崎に留学した。中国語を音読すること、つまり唐音の稽古である。唐人屋敷で学んだ。この留学は一年足らずであった。

翌年、初めて対島に渡った。初仕事は、朝鮮から来る使へ渡す書契（書翰）の文案作成であった。この年、二百石を受けた。対馬藩士といっても、儒者で、藩主の侍講《じこう》で、特に対馬藩は朝鮮御用の「家役」があり、芳洲はその外交にたずさわる真文役《しんぶん》となった。

元禄九（一六九六）年正月、再度長崎に留学した。しかし、これも中断となった。

十一月帰国、朝鮮との竹島問題の文案作成を任された。この竹島は鬱陵島《うつりょうとう》のことで、のちにいわれる独島ではない。

鬱陵島の日朝間に漁業権の問題が発生した。老中阿部豊後守正武より、対馬藩へ「無人の小島の漁業権で朝鮮とあらそうのはよろしくな」く、対馬人の渡航を禁止するよう内示があった。これを朝鮮に伝えるため、朝鮮の訳官使の招聘を要請した。芳洲は、先方に呈示する書面の作成を命じら

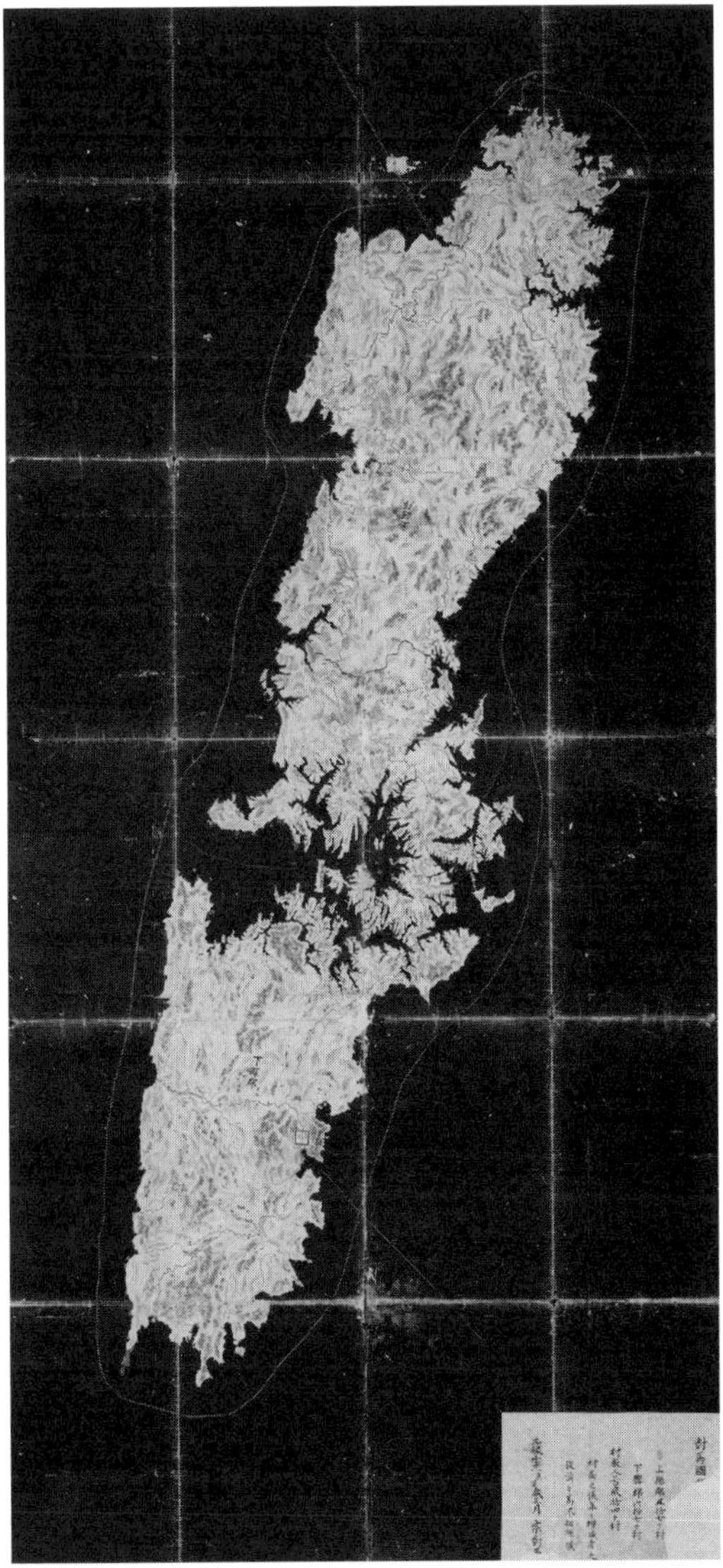

元禄対馬国絵図
元禄十三（一七〇〇）年正月
（長崎県立対馬歴史民俗資料館蔵）

れた。読み下す。

先太守（宗義倫）の時、竹島の事が起こり、使を遣わして二度貴国と交渉したが、未了のうちに太守の不幸があり、使を召喚した。……

（竹島は）本邦から遠く貴国より近い。両国人が雑居することは、潜商（密輸）の弊をもたらす。そこで幕府よりの命令で竹島への出漁を禁止された。

それ不和は些細なことから生じ、禍は下下より起こるもの。いま百年の好を欲するとき、一島の細事にこだわるべきではない。これこそ両国の美事というべきであろう。

貴国よりわが国の誠信の誼《よしみ》に対し、書をもって謝意を表してもらいたく、ゆえに書をもって右の如く示す。

この交渉には対馬藩儒者陶山訥庵があたり、解決した。この文中で使用された「誠信」という言葉がのちに重要な意味をもってくる。

元禄十一（一六九八）年、芳洲は陶山訥庵とともに朝鮮向け御用の佐役（補佐役）を仰せつかった。二年後、陶山は松浦霞沼に交代した。

元禄十五年二月の芳洲らの朝鮮訪問の目的は、藩主義方の成人、義真の隠居を報じ、新藩主義方の就任祝いに訳官使を招聘するものであった。

同年七月帰国し、一カ月後の八月二日、芳洲は組頭寺田市郎兵衛に対し朝鮮の実状を披歴し、辞意を表明した。略記する。

……今度朝鮮に渡り、彼の地の情勢をとくと考えるに、かねて存じたることより十倍した勢いであった。年老の者にも訊ねたが、いずれも十年、二十年前の様子は少しもないと申した。愚考するに、今後なお日増し年増しにお国（日本）のためには、悪いようになっていき、よくはならないと、おそれながら苦々しく存じた次第である。しかしその悪いところをいかにしてよくする了簡も毛頭なく、よって御役御免を申し上げる。

文禄・慶長の役後、豆毛浦倭館の時期まで、日本の朝鮮に対する態度は、なお戦威の余波があって恫喝的であった。ところが、朝鮮に自力がついてくると、朝鮮は日本人の恣意に従わなくなった。ために混乱が生じた。対等な交渉の必要性が求められたのである。

芳洲の辞意は取り上げられなかった。同年十一月、芳洲は願いによって、朝鮮語学習のため、釜山の草梁倭館外の坂の下に赴いた。坂の下は訳官・呉引儀の官舎があった。芳洲の朝鮮語の先生である。一年の留学で、翌年十一月帰国。宝永二（一七〇五）年二月、またも釜山留学が許された。十カ月間の短い期間であったが、この成果は「交隣須知」の著作にあらわされた。

芳洲の後《あと》の代の真文役・儒者川辺清次郎は「草梁館記」を著して、その概略を述べた。読み下す。

古の館宇（豆毛浦倭館）は釜山の南に在る、蓋し嘉吉（一四四一～四四）の講約の日に於いて創る也。及んで新館を設ける、為に古館と称す、当時、地窄く、屋卑し。亦古代、簡質の習い也耳。故に址井（井戸）を廃す、船滄の跡、猶存し有る者、草梁の新設也。事は万治（一六五八）に起る、而して議して寛文の末（一六七三年）に成る。延宝中（一六七三～八一）におよんで屋宇方、落成を告ぐ、その間殆んど二十載矣。役夫一百二十万人、その他の費用を計り、之に称す。その址、東西三百七十歩、南北二百幾歩、石壁を以て繚《めぐら》す、東北に一門有り、直ちに釜山に達す、軍官を置き、出入りを譏察す。我亦為に監司を置く。南に小嶼有り、海に臨み呼崎と号す、その間石壁を設けず、門の内外を限り、以て艤船の地と為す、東面中港の畳石を以て風浪を避く、広さ数百頃（百畝）之を船滄と謂う、岸上に検察庁を設ける、呼崎の西海の浜を南浜と号す。即ち館の南面也。壁間に小門有り、備えて奩車《れんしゃ》（箱車）を出す、西南隅の壁外に候亭（物見）有り、西面一、西北隈一、正北面一、田間一区、墻壁は厳正にして、中に送使宴饗の所を設ける、所謂内大庁也。壁間に門を設ける、以て館人の出入りの便とす、殊無ければ則ち鎖る。東北の隅に又候亭を設ける。その上に山有り、以て館人の葬地と為す、候亭は凡そ五所、所謂伏兵也、以て館人の動静を候《うかが》う。館地の中央に丘有り、松栢林を成す、之を中山と謂う、連なって南北に亘る、北に寺有し東向と曰う、それ次いで則ち裁判一代官等の官廨（役所）に相属す。中山に東面し、館守居す焉、地勢は軒豁（ひろびろと開ける）屋宇は高大、その下は街坊、則ち商人、舟子の居する所也。その東岸は廨舎、呼崎以北は以て居司は禁ずる。屋亦数千の間矣、中山の南麓に小祠有り、弁財・天神を祀る、その西を西館と号す、大差丸送使等の居所、後に中山に拠り、前に広原を控える、屋宇各数十間、華麗にして広大、一館を甲《よろい》す、大差特送第一船等の館なり、皆大庁有り、石壁の内、松林稠密にして、殆ど天日を覩《み》ず、土は簿く水は浅い、卑湿の地也、在館の人数は時に増減有り、大抵三・四百人矣、釜山に往く道中、訳官の居所、誠信堂等有り、屋宇亦数間、その北に国王殿牌有り、大屋を設ける。以て使者は、粛拝の礼を行う、所謂外の大庁也、その北に一門を設け、禁標を立つ、以て館人の出を扼す、自ら中元を二分するに非ず、人の古館に往くを許さず、禁を犯す者あれば、一に以て闌出（濫りに出る）を論断す矣、嗚呼これ等の事、わが国の他州に無き所なり、聊か之を記す、以て破閑の具と為して云う。

簡潔にして要を得た記録である。さらに「東向寺記」を記した。読み下す。

　中山の北東向きに寺在り、以て名を為す所以也。書僧が住む焉、専ら往復の文書の謄録の事を掌る、或は曰う、古館（豆毛浦倭館）の時既に之有り矣、往昔仙巣（玄蘇）規伯（玄方）の二長老、和好の定約の日に労有り、仍て文書の事を掌る、規伯の遭竄（国書改竄事件）におよぶ也、五岳の長老これに代わる、故に専ら西山（寺）の徒弟を用うる、書契を写すを掌る者、輪流（輪番）して以て寺主と為す、蓋しその時勢然る也、而して旁館人の死奩（葬儀）の事を治む、亦その任也、寺に別殿を設ける、列祖神主を奉安す、蓋し、在館の者の忌日の上香の故に、仕員と為す也、竊に惟みれば、倭館の設、祖宗の慮り厥《そ》の初め也、労《てがら》也と謂うべし、何也《なんとするや》。

（中略）

寺に鐘楼有り、毎夕撞く焉、海波遙かに応じ、天籟（風音）楼に下り来て釜の浦に臨む、地勢は勝絶、七・八月間、日は松林に没し、月は五六島の際に出る、天海は玲瓏として、四山は銀の如し、それ当筵に於いて詞藻（美辞）の擒《とりこ》に有らざれば、梁国の諸賢者の如くを得ざらん也哉。

（注）「（中略）」の部分を以下に説明する、何となれば、この中略の文言は、東向寺の描写の本文の趣旨とは異質であるからである。

日東の人（倭館の日本人）、穉陽（稚陽・幼い）根つく所、血気既に剛《つよ》く、慮《おもい》は又浅にして短、その酒杯に及んで相眄る（横目でみる）也、剣を抜きて起ち、扼腕して闘う、而して況や又諸異域（朝鮮）に絶海の（日本の）区を置き、既に係累なく、亦利欲に没し、邦禁を犯し、刑辟（刑罰）に触れる、蓋し、顧みざる所有り、所謂僻邪（よこしま）を放ち、侈《し》（おごり）已まざる無しと為す、故に館守を置き、館政を総《す》べる。司禁を設け以て邦禁を厳にす、神主を奉じ以て人心を一にす、而して猶時に或は桀鰲《けつごう》（凶暴）不逞の徒有れば、而かるを況やこの貝（宝）を無にせん乎《や》。

倭館在の日本人の行いの横暴なることについて、まことに辛い評価である。倭館は女人禁制であった。日本人、朝鮮人を問わない。したがって酒坊が多く、溜まった憤懣はここで発散するしかなかった。喧嘩が多発した。

倭館にはいくつかの禁令を設けた。

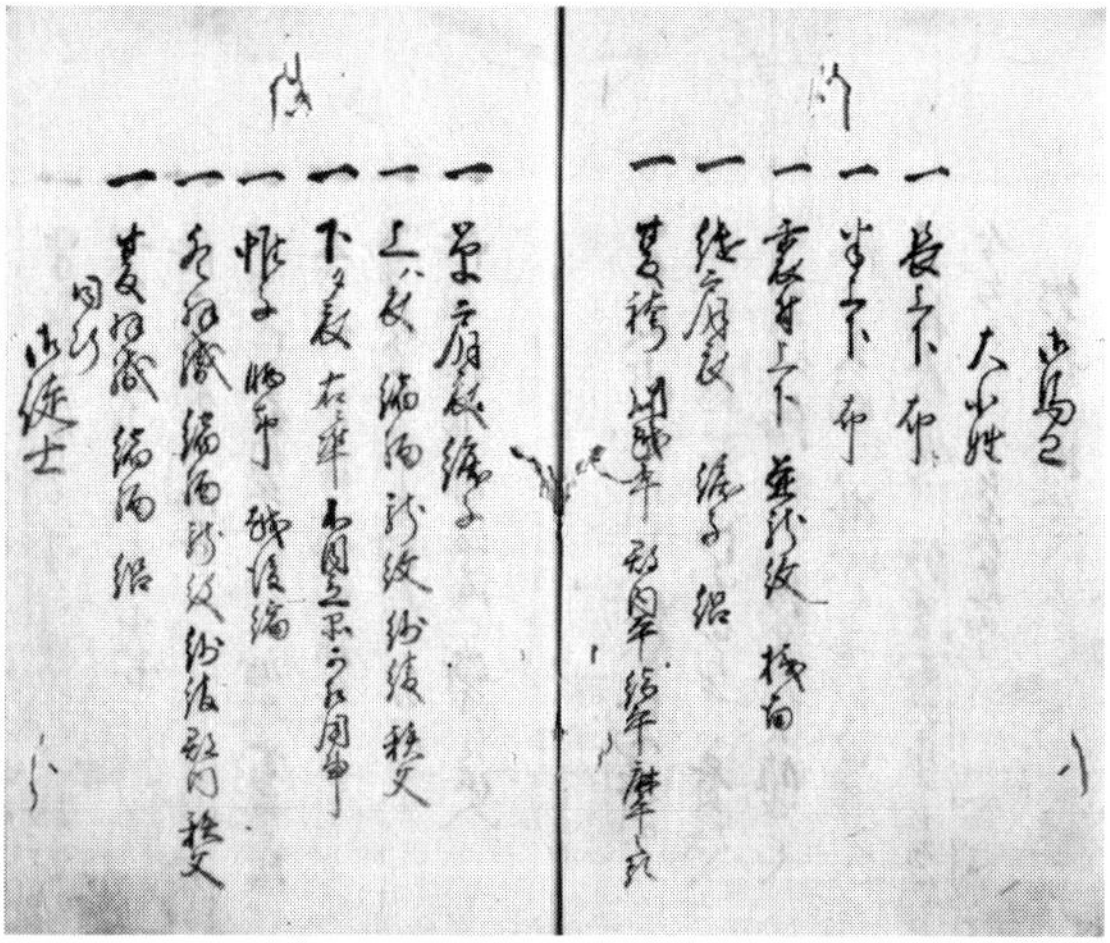

「和館衣服ノ制」（己未七月）
（長崎県立対馬歴史民俗資料館蔵）

寛文元（一六六一）年、朝鮮は、日本人が朝鮮の女性を倭館に連れ込んで姦淫に及んだ場合は、朝鮮人は斡旋者を含め全員死罪とした。日本人は治外法権で死罪とはならない。日本の法律による。この不均衡は、その後、朝鮮側の苦情により改正を迫られた。

天和三（一六八三）年、癸亥約条を制定した。

一　際木（境界）の外に出ないこと、背けば死罪とする。

一　のぼせ銀（密貿易資金）を授受する者は双方とも死罪とする。

一　私貿易のとき、各房内（館内の部屋）に侵入して密貿易を行う者は、双方とも死罪とする。

一　五日次雑物《おいり》（支給品）の倭館搬入のとき、日本人は朝鮮の下役人を殴打するな。違反した双方の犯罪人は、倭館の門外で処刑する。

正徳元（一七一一）年、辛卯約条（別名交奸約条）を制定した。

一　対島の者が、倭館を抜け出して女性を強姦すれば死罪とする。
一　女性を誘引（おびき出す）して和好する者、或は強姦未遂の者は、流罪とする。
一　倭館に入館した女性を通報せず交奸する者は、それ以外の罪を適用する。

それまでの事件関係は次の通りである。

貞享元（一六八四）年、太田勝右衛門は、大量の人参密貿易に携わったとして死罪となった。

元禄十一（一六九八）年、白水与兵衛は、倭館の外に出て密貿易の現場を押さえられて死罪となった。

宝永元（一七〇四）年、吉右衛門は、密貿易を持ちかけた朝鮮の小通詞を殺害して、密貿易品を盗んだ科で死罪となった。

正徳四（一七一四）年、大浦伊右衛門は、対馬に来島した訳官使一行を相手に密貿易を行い、島内で現場を押さえられて死罪となった。これに関係した足軽喜兵衛も同罪であった。

8 信使聘礼改変

朝鮮通信使の聘礼《へいれい》は、両国の文化交流にも貢献した。両国の儒者が詩文を交換して誼を通じた。朝鮮は中国への朝貢国であったから、儒教の先進国である意識が強かった。したがって両国儒者の交流において、日本に対して自ら教授する姿勢を示した。

正徳年度（一七一一年）の通信使来聘が決まると、新井白石は自分の詩稿を通信使に呈して、序《じょ》跋《ばつ》を求めることを思い立った。

新井家は上野国新田郡新井村の土豪である。白石の父・正済は上総久留里藩主土屋利直の家臣である。白石は明暦三（一六五七）年二月十日に生まれた。白石は号で、諱は君美《きんみ》、通称勘解由《かげゆ》である。

延宝五（一六七七）年、父が藩主土屋家を見限って辞任した。貧困の中で、白石は儒学・史学に励み、詩文をも学んだ。天和二（一六八二）年、大老・堀田正俊に仕えた。貞享元（一六八四）年八月、正俊が故あって刺殺されると、堀田家は転々と古河、山形、福島と国替えとなり藩財政が悪化、白石は辞して浪人した。

貞享三（一六八六）年、朱子学者木下順庵の塾に入門した。同塾には雨森芳洲、室鳩巣《むろきゆうそう》、祇園南海らがいた。元禄六（一六九三）年、順庵の推挙で甲府藩主徳川綱豊に仕官した。四十人扶持であった。

宝永六（一七〇九）年五月、綱豊は名を家宣《いえのぶ》と改め、将軍となった。侍講として白石の役目は幕政に関するもので重大となった。時に五十三歳であった。

これより先、天和二（一六八二）年三月、白石は大老堀田正俊に出仕し、朝鮮通信使と初めて接触したのは、同年秋のことであった。二十六歳であった。同年九月十日、白石は対馬出身の儒学生西山順泰の斡旋で、通信使の客館本誓寺を訊ねた。製述官・成琬、書記官・李聃齢、裨将・洪世泰らと面談、詩の唱和を行い、自作の詩百首をまとめた「陶情詩集」を呈して、それに対する批評を乞うた。その夜、成琬は序文を、世泰は跋文を付して、詩集を讃嘆した。

読後に、成琬は「鏘々（勇壮）として金玉の声あり……飄々、羽化登仙の気（人体に羽が生え、仙人となって上天）……白石公はそれ一世の騒壇（文壇）風流の宗と謂うべきなり」と絶賛した。

同詩集の冒頭の一詩を記す。

士峰（富士）〔漢文書き下し〕

忽ち見る未だ知らざるの嶽　杳然《ようぜん》として雲を望むが如し

天に倚《よ》りて千仭《せんじん》立ち　地を抜《ぬ》いて八州分る
晴雪の粉は画くに堪え　長烟の篆《てん》は文を作《な》す
時有りてか仙客到り　笙鶴《しょうかく》（仙界の鶴の名）を月中に聞かん

宝永六（一七〇九）年初め、家宣が将軍になると、白石はすぐに朝鮮との関係史の研究を始めた。同年六月二十二日、「朝鮮信使応接儀礼」改革の建議をした。その基本は、（一）和平、（二）簡素、（三）対等であった。翌七年一月に「朝鮮聘礼事儀続」を、二月に「朝鮮応接事儀」を提出、四月二十日には国書の王号の件について建策した。

正徳元（一七一一）年六月二十三日、白石は朝鮮信使応接の三儀（進見・賜饗・辞見）の次第を撰進した。八月二十五日、朝鮮信使迎接役を命じられた。十月十一日、叙爵し、従五位下筑後守の高官となった。

一方、朝鮮側に、将軍綱吉の訃報が対馬を通じて礼曹に報ぜられたのは、宝永六年二月であった。つづいて四月、幕府は対馬藩に朝鮮信使の来聘を命じた。

翌七年四月、対馬藩は朝鮮王朝に対し、信使を正徳元年五月、朝鮮を発たせ、七、八月に江戸入城するよう要請した。六代将軍徳川家宣襲職の祝賀のため、朝鮮は正使に趙泰億、副使に任守幹、従事官に李邦彦を決定した。

幕府は正徳元年二月、朝鮮使節応接の儀令の新式を創成し、対馬藩を通じてその内容を知らしめた。突然の通告である。朝鮮は不興した。用件は、世子対面と朝鮮国礼曹参判より幕府の老中への書契・幣物の停止の通告であり、また出発直前になって将軍家宣の犯諱《はんき》となる「不宣」の文字の書契からの消去であった。

五月十一日、漢城を発った信使一行は六月六日釜山に到着、しばらく風待ちで釜山に滞在した。そこへ対馬からの使者により、将軍の称号の「日本国大君」から「日本国王」に改変する旨の決定がもたらされた。この時期、雨森芳洲は、対馬藩の真文役として五月十一日から六月十八日まで釜山にいたから、朝鮮の役人には改変の趣旨を説明し、朝鮮側の反論に対応する苦しい立場にあった。

この改変については、これより先、三月十四日、雨森芳洲は先輩白石に批判の文書を送っていた「交隣の礼を宜しく正し、無名の費を省いて沿路の臣民の忠苦を無く」することには賛成するが、「称王の挙」は納得できない、とした。よって、徳川将軍を「日本国王」とする称号は至尊（天皇）に対して不敬である。「大君」には種々の名義があるが、これを「諸侯の長」と解すれば、徳川将軍にふさわしい。家康公を「東照大君」と称するようなものである。手紙の一部は次の通りである。

「或は日本武蔵王と称し、或は日本関東王と称するのであれば、それは問うまでもなく、我が国の諸侯王と知れる。しかし、専ら国号の上に王の字を加えることは、即ち国内無上の尊称となる。或はこれを我国の諸侯王となすのであれば、それは朝鮮国王を我国の諸侯王と同格にしたことになり、これもよろしくない。……慶長十二年の和を講ずる信使の書に初めて日本国王殿下とし、元和三年、寛永元年の書式も同じく国王殿下としたが、寛永十二年、我が対州に命じて彼の書を日本国大君殿下と改めることにし、翌十三年の信使来聘に初めて日本国大君殿下と称された。以来寛永二十年、明暦元年、天和二年もこの書式が守られてきた。而して我書には慶長以来日本国源某と称することで一貫している。

それ大君の称号は、即ち固《もと》より至尊の名であるが、古今に異称の転移があり、或は嫡子王を以て大君となし、或は侯伯を以て大君となし、或は人の父を称して尊大君と伝記に見える。……然れば即ち我国の大君の称は、大君即ち冢君《ちょうくん》（君主）にして天下諸侯の長を称する也」

芳洲は最後に自分の苦衷を述べた。

「東（芳洲）は此の書を作るは、実に憂慮に切なり。一言既に出す、駟馬（四頭立ての馬車）も追い難し。倘《も》し加うるに時政を訕謗《せんぼう》（非難）するの罪を以てせざれば、即ち家門の禍、勝《あ》げて云うべけん哉《や》。唯だ一片の慷慨忠義の心、勃々と自ら制する能わず、且つ紀綱《きこう》（要綱）に任じて名分を正しくす。唯だ君子の学者のみ之を能くすと為す、若し自ら威を畏れ、安きを偸《ぬす》み、口を履霜堅氷《りそうけんぴょう》（履霜之戒《りそうのいましめ》）の際に箝《つぐ》まば、則ち平生読む所の者、果たして何の書ぞ耶《や》。縦《たと》い不測を踏むとも、実に甘心（心から望む）する所なり」

白石はこの意見を無視した。

朝鮮王朝はこの改変を已むなく承認した。のち『通文館志』の「国書式」は経緯を記した。

初めは「日本国王」と称した。崇禎の丙子（一六三六）年に倭使平（宗）智友来て「大君」とする改称を要請した。康熙の己丑（一七〇九）年関白源（徳川）家宣が倭皇（天皇）に地を献じて湯沐邑（特定の采地）と為した。倭皇は之を悦びその王号に復するを命じた。辛卯（一七一一）年信使は陛（関白）を辞して後、倭使雨森東（芳洲）来り旧例に依り王を称するを請う。朝廷之を許す。己亥（一七一九）年又対馬島主の言に因って「大君」と称するに復した。

では、白石の本音はどうであったか。
中国の中華主義とこれに追随する朝鮮の小中華主義に服そうとしない日本の矜持があった。「本朝異朝の天子往来書式の事」（『五事略』）の中で白石は言う。

　三韓の国々は今の朝鮮の地すなはち是也。其地漢土の東辺につらなりて上世以来、其上国に服属せり、然るに神功皇后の御時に当りて三韓の国々本朝（日本）西藩の臣となりしかば、日本府を其地に置れて諸藩の事を治めらる。其後新羅・高麗等の国々ややもすれば本朝に二心ありしによりて、日本府の宰臣、其上国天子の威霊を仮りて諸藩の心を鎮服すべきが為に朝聘の事等ありと見えたり。斉明天皇の御代の末に至て果して新羅つひに本朝に叛き唐国に内附し、百済・高麗を滅して三韓の地を併せたりき……

ここには、日本の自負と優越感が見てとれる。

日本国王と日本大君《たいくん》についていえば、こうである。「大君の御号を止められし事」（『五事略』）にいう。

大君と申事は、周易に見えたるを其始とす、世々の先儒、大君は天子なりと注し候へば、日本国大君と称し候はんは、本朝の天子の御事を申べし、又説文に皇の字を釈して皇は君也、大也、三皇は大君なりとも見え候へば、我国の大君と称し候はん御事は日本天皇と申に同じかるべし。本朝神皇の天統いまだ地に堕給はざるほどは、たとひいづれの世、いかなる人と申とも自ら称して日本の天子、日本の天皇などとはのたまふべき御事にあらず。又最初慶長十二年の国書には日本国王の字見えざるによりて、朝鮮の君臣相疑ひ元和三年の信使等申旨も候ひき、況や寛永十三年に及び天子の尊号を以て称しまゐらすべき由を以て仰遣されしに至ては、彼国の君臣必相争ふべき事、智者をまたずして猶明らかなる歟。

ここには、将軍を日本大君と称することの問題を指摘している。現に日本大君として存在する天皇を憚《はばか》っているのである。でなければ、大逆となる。

さらに日本の天子の称は尊く朝鮮の国王の号は卑しきことを、次に証明する。

……彼国（朝鮮）の君臣たやすく仰に志たがひ参らせし事、其謂われあることにて候べき、其故は、彼の国において、大君と申すもの、其宗親府正一品の職号にて、此号を以て其国王子の嫡子に授けられ、其国（朝鮮）王の嫡子をば世子と申、庶子をば王子と申、又其王子の嫡子には大君の号を授け、庶子には君の号を授けらるる国制也。是等の事、其国の経国大典政事撮要等の書に詳にして、大君の事ども記せしものは其国の書に猶多く見江たり。……然るに其大君の号を称しまゐらすべき由を以て仰遣はされしにおいては、彼国の君臣相慶して、日本国王我に事《つかへ》るに庶孫の礼を以てし、仮称するに大君の号を以てせん事を、懇請す、上許す事請ふ所の如し、など申さざる事を得べからず。

いうところの趣旨は、朝鮮の国王の下位に大君と君がある序列であり、この大君を日本国王になぞらえるのは、日本国王が朝鮮国王の下位に卑しめられることであって、日本人として許されざることであった。

白石は、大君から国王への改称について、家宣から承認を得たあと、密かに対馬藩に密書を送った。正徳元年二月であった。

今度の御返簡には日本国王源家宣と御書載せ遊ばされ遣わされる筈に御内々は御決定成され候。夫に就き信使持ち渡り候の来簡に日本国王殿下と書載せ仕まり候様にと仰せ遣わせられ度く思し召し候得共、大猷院（家光）様の御代に王の字を改め大君と認め申され候様にと仰せ遣わされ、此の節宜しからず候間、已前の如く国王と改められ候へと屹度上より仰せ遣わされ候ては、御祖父様御非（家康が非となすこと、つまり不和）を顕わされ候心に成され、甚だ此の段も御不快思し召され候。さればとて、御心付成され日本の外聞にも及び候程の御事を止め置かれ候の段、第一御本意無き事に御座候。……然れども、右の通り公儀の御祖父様は申すに及ばず、末々故障の儀も多く候故、今度の御吟味の節に及ばず候との思し召しに付、上より決して仰せ掛けられず、対馬守様より内々にて仰せ掛けられ、日本国王殿下と書載せられ持ち来たり候得は、何の障も之無く相調い、上の御心にも甚だ以て相叶う。……

甚だもって白石の巧妙なる説得である。これは、この改称について幕府内に反対論多々あるなかで、これをおさめる苦渋の選択であったろう。対馬藩に、朝鮮が自主的に改称するよう認めさせ、実施せよと逼っている。続けていう。

少しも公命の訳は相聞こえず様に対馬守様以て御了簡仰せ掛けられに及ぶ……何とぞ御内々にて首尾調い候様に成され度き御事に候。

対島藩の強硬な要請に朝鮮の領議政・徐宗泰は具申した。「備辺司謄録」粛王三七（一七一一）年辛卯六月初三日の条にいう。

……今書式改書の請の事情知るべからず、そもそも是関白（日本の将軍）新たに立つ、毎事務めて自矜（自負）を大にす……而して彼の国（日本）礼単（進物）を以て此の事に及ぶ、言を送り無難とす、意を惟んみるに、所言何ぞ其の言に曲従するを惟んみるべき乎《か》、若し指揮の事有れば、当に厳斥せん……而して臣の意則ち以て大朝（朝鮮）の為にす、何ぞ必ずしも、使（日本の）の上送を絶えるなく、拠理（根拠の理を明らかに）し之に答えられよ。

朝鮮の粛王は熟慮した。

……彼（将軍）既に王を称す。崑然自大（高くえらぶる）、又信使の改定の書式を要む、以て国中の人心を鎮服・誇耀《こよう》せんとの計と為す。則ち其の望みは、如何。而して今若し斥退して許さざれば、豈《あに》生硬の慮（生半可の慮）と無さん耶《や》。且つ蛮夷と交隣の道、慢書（あなどり）有ると雖も、古の帝王、尚勉従に惑う、況や此の（対）馬当主の書契云々、本《もと》相慢の意無く、且つ祖宗の朝、已《すで》に之を許す有り、規す、則ち此の斥絶に非ずの……。

かくて粛王は大度をもって辛卯五月、日本の要求を認めた。

この間、先に白石は、友人の儒者深見玄岱《げんたい》に頼み自作の詩集『白石詩草』の序を撰述させていた。

この『白石詩草』を対馬の雨森芳洲の手もとに送り、信使の対馬到来に際し、信使に詩集の序跋を求めさせた。信使は対馬から大坂に向かう船中にて序跋を草稿し、大坂の客館で清書、これを同行の芳洲に返した。白石のところに送られてきたのが、幸いに信使の江戸到着前であった。

正徳元（一七一一）年十月十七日、白石は朝鮮通信使迎接役として、川崎駅に信使一行を出迎えた。同十月二十八日、親近する儒者深見玄岱ら七人を、信使の江戸の客館に案内した。そこで改めて、『白石詩草』に序跋を記述してくれた信使の三使に、厚くお礼を述べた。

この序跋を記した一人、製述官・李礥は、この時の事情を記録した。

「芳洲君（雨森）、以て東武聞人白石公の詩稿を余に投ず于、仍ち巻弁の文を索《もと》めて曰く、是即ち余と同じく木先生（木下順庵）に摳衣《こうい》する者、源甫（白石）著す所也」

次いで詩文を批評、讃嘆した。

「蓋《けだ》し、その詩格清にして響亮《きようりよう》、語新たにして趣遠し、往々に唐人と酷肖す。余知らず、白石公果たして何如の人ぞ、能く絶響を累万里の外、数千載の後に紹《つ》ぎ、直ちに唐の高手（貴人）を拉して翰墨《かんぼく》（文学）の林に翺翔《かくしよう》（鳥が飛びまわるさま）せんと欲する哉」

信使謁見は十一月一日、江戸城で行われた。御三家を筆頭に、大小名、布衣《ほい》（六位以下の着用する無紋の狩衣）以上の幕臣がすべて登城し、信使一行の到着を待ち受けた。三使以下が殿上の間に案内され、とくに正使・趙泰億が、高家《こうけ》品川伊氏《これうじ》の介添えで、膝行して大広間上段の将軍家宣に朝鮮国王の書簡を捧げた。将軍はこれを親受し、林大学頭と嗣子七三郎信充がこれを開いて読み上げた。

その後、将軍から三使に対し賜盃があって、日本到来の無事を嘉する意が伝えられた。三使は、式の前後に四拝の礼をもってこたえた。さらに上級通訳官を介して宗対馬守、土屋老中を通じ、将軍から朝鮮国王の起居を問う言葉があり、三使が無事これに答えて、後段の儀式は終わった。

翌二日、白石は子の明卿、宣卿を連れて下谷の対馬藩邸に行き、そこで行われた馬上才の曲馬を楽しみ、次いで信使の客館である浅草の東本願寺を訪れ、進見の儀が無事済んだことにお礼を述べ、帰宅した。信使聘礼の最大の行事である将軍謁見が無事終わったことで、白石は全身から重荷が下りていくのを感じた。思えば、この一年は、幕内の反対を押し切っての改革の強行であった。

改革の内容は次の通りである。

曰く、将軍の称号を、日本大君《たいくん》から日本国王に改める。

理由、大君とは、朝鮮においては国王が臣君に授ける職号であった。よってこれを受けることは、朝鮮国王の臣下を意味する。また周易（中国古代の書）には大君が天子也とあり、我国の天子の御事を申す故に、将軍の号は日本国王とすべきである。

曰く、将軍の世子への聘礼の中止。

理由、天和度（天和二・一六八二年）の信使は寛永の前例により、若君（将軍家光の世子家綱）に聘礼を行ったが、幼少のため欠席し、信使との間に争いがあった。世子がまだ閤（内裏）を出られぬ幼君であるので、聘礼はするに及ばず。

曰く、朝鮮の礼曹（外務省次官相当）から老中への書簡、礼単の中止。

理由、室町の時代であれば、九州探題などがあって書契は必要であったが、これがない今日においては不用である。

曰く、信使一行の往復での饗応は五カ所に限定（赤間関《帰途牛窓》・大坂・京都・名古屋・駿府）

理由、信使の通過する所々にて朝夕の膳七五三、昼五五三を供する、勅使でさえその例はない。沿路の国々の労費もはかりがたい。よって路宴は五カ所に限り、その余は食糧の支給のみとする。

曰く、客館への慰問は高家を使者とする。

理由、信使江戸滞在中、執政の人々を使者として客館に慰労させたが、朝鮮においては我国の使者に、日本での執政に相当する議政を使者として倭館に遣わした例がない。よってこれ以後は、高家の人々を使者とする。

曰く、将軍使（上使）の来訪には、階下で迎接する。

理由、信使は輿《みこし》に乗ったまま客館に入る。上使が訪れても迎接の儀がない。これからは信使は輿より降りて客館に入り、上司は階下にて迎送する。

曰く、謁見の際、国書は正使が奉持する。

理由、将軍に謁見の際、国書を上々官がもって出るが、今後は正使がこれを奉持する。

曰く、聘礼の際、御三家は信使と同席しない。

理由、その通り。

曰く、饗宴の相伴に御三家は出席しない。

理由、その通り。ただ、前二項は、朝鮮の三使と御三家の位が同じでないこと、勅使の饗宴にも御三家が相伴した例はないので、取りやめる。

わけても、将軍の称号改革については、国威に関することで反対が多かった。この「復号問題」について白石は、のちに「折《おり》たく柴の記」で述懐した。

すべて朝鮮聘使の時の事は、別に録せし物どもあれば、ここに詳にせず、されど世の人々我事を申す事の出来たりしは、此事より始りければ、其事の大要をば、ここにしるすなり。初太閤秀吉の朝鮮をうたれし後、神祖世をしろしめされし初めに、むかし京の代の時の如く、隣国の好を修めらるべき由を、仰せられし事ありしかど、彼国の君臣ともに、我国を深くうらみて、申す事どもありしほどに、一年余を経て後にぞ、はじめて使をば参らせたりける、此ほどは、我国創業の際なれば、聘礼を講ぜらるるなど、いふ事にも及ばず。

此年大御所（家康）駿河の国府に御座をうつされしほどに彼使来れり、今は世の事をばすでに譲れり、関東に参るべしと仰せられしかば、信使は関東に参りて、聘事を修む、その帰るに及びて、駿河の国府を過る時に、大御所にもめされしに、奉るべき礼幣の物なくして、わづかに其礼を備へしなどいふほどの事なれば、当時の事おもひやるべし、此等の事、創業記等のものに見えたり。

天和の時に行はれし所は、寛永の例によられしと見えるなり、我国のいにしへ、外国の使来りし時の例をも、又我国使の彼国にゆきし時の例をも、通じ考られし所也とも聞えず、ただ其時に当りて、進止を取りし所なれば、国体において、しかるべからぬ事も多かりぬ、百年にして礼楽起るといふ事もある也、今の時に及びて、これらの事をも議定あるべきとて、其事を下し問はれし事などありしに、答申す所も詳ならねば、某《それがし》に問い試み給いし事どもありて、つひに其礼を議すべき由は、仰下されたりけり、それが中《うち》復号の御事こそ、第一の難事なりつれ、これは、両国の好修められし初よりして、彼国の書には、日本国王としるしまゐらす、これは鎌倉京の代々より、外国の人は、我国天子の御事をば、日本天皇と申、武家の御事をば、日本国王と申せし例によれる也、しかるを、寛永の比に至て、日本国大君としるしまゐらすべき由を、仰せつかはされしより、此事そののちの例とはなりたり、これ対馬国の守と、その家人との争論の事によりしなり、されど、うつりしかど、つひには、其詞屈《ことばくつ》して、仰下されし如くに礼（謁見の儀）卒《おわ》りぬ、……

翌三日は信使饗宴の日である。

白石は先に大広間に行き、群臣とともに将軍の出座を待った。ところが三使が迎えられた殿上の間で、いさかいが起こった。白石が呼ばれて駆けつけると、三使の間に朝鮮語が飛び交っていた。館伴役の酒井忠音、宗義方、祖縁と永集の両僧が、助かったというふうに見返った。

宗義方が言った。

「方々、本日の賜饗の席に御三家の相伴が廃止されたのは、納得できないといわれる」

白石は咎めた。

「そのことは、すでに説明されたことではないか」

「いかにも、しかし、受け入れられない」

「通詞官」と、白石は部屋の隅に控えた上々官・李碩麟を呼んだ。

「これから申すことを通訳していただきたい」

「承知いたしました」

李は白石の傍にすり寄り、答えた。流暢な日本語である。

「すでに宗家より説明があったのに、この場になって反対とは如何なる御所存なりや」

「あまりに旧例を無視しておられる」

正使・趙が険しい気色で答えた。

「旧例と申されるは、寛永十三年以来の近例である。三家御相伴とは、我が朝の勅使を饗するときにもないことである」

「しかし、寛永十三年は、わが朝鮮の通信使がはじめて公式に訪日した年である。これ以来の慣習は尊ぶべきで、みだりに改変あるべからず」

「しかし、その旧例なるもの、三家は貴族であるから西に座し、使節諸公は東に座す、東の座は客座なり。古例によれば、三使は西方の客位に座せしめ、三家相伴は東に座すのが、御客を敬する形であった。旧礼は間違っていたのである。なお、いえば、御国では、我国の使節を饗されたとき、三家相伴の相当する待遇はなかったことが、貴国の書海東諸国紀に明らかである」

「なるほど、ことごとく彼我対等を主張して国情も経緯もかえりみない、対等の前にはよき慣例も無視しようとの魂胆と聞こえる」

時に、将軍出座の知らせが来た。白石はこれを無視して叱咤した。

「どうしても不承知と言われるならば、賜饗の儀は取りやめとせざるを得ない。そうなれば両国の国交に甚大な傷を負わせ、その責任はあげて使節の諸公にかかりますぞ」

「趙平泉（泰億）」と正使の後ろから副使の任守幹が自国語で早口に喋った。すると趙の表情がゆるやかに変わった。趙は白石に向かって一礼した。

同時にまたも早足で来た者が将軍着座を告げた。一同はそそくさとして会場に向かった。

翌四日、朝鮮通信使はお礼のため田安の馬場で馬上才による曲馬を催し、将軍家宣以下の幕府の要人に披露した。

十一月五日は、白石自ら浅草の客館に三使を訊ねた。これはのちに正使・趙泰億（平泉）によって「江関筆談」にまとめられた。忌憚のない対談であった。

白石曰く「今に当たりて、西方の諸国は皆、大清（中国）の章服の制を用いる。貴邦のみ猶大明（明国）の旧儀あるが如きは何ぞ」

平泉曰く「天下、皆、左衽《さじん》（襟を左前にする・帰属の証明）す、しかるにひとり我国のみ、華制（明国の制）を改めず。清国、我を以て礼儀の邦と為し、亦た之に加ふるに非礼を以てせず。普天の下、我ひとり東周（中華文明の継承者）と為る。貴邦（日本）も亦華を用いるの意、有りや否や。今看るに、文教方に興る、深く一変の義に望むこと有り」

白石曰く「……貴邦も琉球の如きも亦既に北面（中国にならい）して藩（藩塀）と称す。しかるに二国の辮髪・左衽を免かるるを得たる所以の者は、大清果して周の徳を以てして彊（境界争い）を以てせざるが若《ごと》し。然りや否や。そもそも二国、霊（神霊）を我が東方（日本）に仮りたること有りや。亦未だ知るべからず」……「嘗て聞く、昔は、貴邦の中文忠公叔舟、卒するに臨み、成宗康靖王、其の言わんと欲する所を問う、答えて曰く『請う、日本と和を失すること勿れ』と。中公の我が前代の干戈の際におけるや、其の言、此の如し。況や今、諸公の国を憂うこと、文忠の心を用うるが如きをや。即ち実に是れ両国蒼生（人民）の福なり」

平泉曰く「中文忠公は即ち睦の外先（祖先）なり、臨終の一言は、誠に隣好を睦し辺釁《へんきん》を戒しむるの意に出づ。而して明公も亦此の言を聞き、勉戒して此に至る。両邦千万の幸いなるかな、賀すべし」

白石曰く「前言は以て善隣の誼を論ぜるのみ、図らざりき、中公の外孫実に来りて両国の和を講ずるとは。公の徳を世する（受け継ぐ）は、即ち豈に唯だ僕の所謂蒼生の福なるのみならんや。公門にも亦余慶有らん。謹みて賀す」

青坪（副使）曰く「不佞《ふねい》（自分）、常に以為《おも》へらく、貴邦は一に武を尚ぶの国なり。今来りて之を見るに、則ち文教甚だ盛んなり。誠に奉賀すべし。中文忠の言は千古の格言なり。而して即今、両国の主は聖に時は平らかにして、隣好も自然に敦睦《とんぼく》なり。何ぞ一たび相阻の念を分かつべけんや。客中の悰しみ、絶芸を一見して仰請する所有らんと欲するなり。盛教、此くの如し。慚悚《ざんしよう》慚悚（恥じ恐れる）」

白石曰く「両国の和好は礼と信のみ。諸君の対州（対馬）におけるや、亦是れ東道の主なり。唯だ其の貴邦に密邇するを以て、未界の微事、其の驩心《よろこぶ》を相失わんことを是れ懼《おそ》るるなり」

平泉曰く「誠に然り、誠に然り。但だ恐るらくは、貴邦、吾が邦の誠信を尽くすが如くならざらんことのみ」

白石曰く「古より敵国隙を生ずるは、鋭（精鋭）を軽んじ事を好む人、長を争いて相下らず、而して辺釁《へんきん》（逆臣が隙に応じ国権を奪いとること）を聞く者多し。老拙、窃に恐るらくは、後生の少年、必ずや交接の節目に因りて、両国の驩心を相失はんことを。諸公は帰国の後、能く朝廷の為に焉《これ》を議せよ。諸公は国の重臣なれば、敢えて腹心を布べよ」

青坪曰く「細小の節目は本来、計較を為さず。何ぞ此の過慮の有るべけんや。然れども各々我に在るの道を尽くさば、即ち隣好は以て万世永く固《かた》かるべきなり」

すでにして、部屋うちにも暮色が漂い始めていた。談尽きてのち、副使の任守幹が笑みをうかべて、白石に走り書きの紙片を差し出した。

「今日の此の会、誠に両国の千古の盛事、以て諸史条（史書）に記すべき矣」

すかさず白石も一筆をもって応じた。

「不佞、幸いに此の盛事を見る。曠世《こうせい》の奇会と謂うべし耳《のみ》」

江戸城における信使の最後の役目は辞見の儀である。十一月十一日に行われた。将軍家宣から三使に対して暇をあたえる言葉があり、朝鮮国王、三使以下一行に対する贈物が披露された。最後は将軍からの回答の国書が渡された。これは輿に載せられて下城した。

十三日、通信使護送役の宗対馬守義方にも帰国の許可が下りた。

同日午後、白石の自宅に雨森芳洲が訪ねてきた。別れの挨拶ではなかった。芳洲は懐から一通の書状を取り出して、白石に差し出した。趙泰億の署名があった．一読して白石は眉をひそめた。

「回答の国書には、朝鮮十一代の王中宗の諱《いみな》である懌《えき》という文字が使われている、わが朝鮮では、諱を犯すことを禁じている。よってこれを復書として持ち帰ることはできない。書き改めてもらいたい」とある。

将軍家宣の返翰は次の通りである。「殊号事略」による。

日本国王源御諱（家宣）、奉復朝鮮国王殿下、王燭時和、応二儀之光泰、宝隣世睦、講百年之欣懽、礼幣既豊、書辞且縟、其於感懌罔罄敷陳、有少謝儀、附諸帰使願符善禱、永介純釐、不備、

正徳元年辛卯十一月日　　日本国王源家宣

白石は尋ねた。

「中宗は現国王から何代前にあたられるかな」

「七代前でしょう」。芳洲は事務的に答えた。

「されば、大丈夫だ。礼記檀弓篇の註には、五世にして諱《い》むことなきは、古《いにしえ》の礼だとあったのを覚えている」

「さて、それで先方が承知しましょうや、かなり強硬のように見えます」

「復書を草されたのはどなたかな」

「佐々木万次郎どのです。しかし私も目を通しているから責任は私にある」

「なるほど、でも説得はさせねばならぬ。手紙を書くので先方に渡してくれ」

白石は頭をめぐらせた。わが国では用字の法は訓詁《くんこ》（古語の解釈）にあって声音（漢字音）にない。したがって諱法（忌憚《いみはばか》りの法）もない。しかし日本でも諱を忌むということもないではない。朝鮮のように厳密でないだけのことである。習慣の問題である。

『礼記』檀弓篇の註には「故を捨てて新を諱め」、『鄭玄』は「喪主の六代前の先祖の諱はもう避けなくともよい」といっている。

「子が父の諱を避け、臣下が君主の諱を避けるのは、子たるもの、臣下たるものの自然の情である。しかし、隣国の君主をして、他国に、同臣下のように諱を避けさせるのは、意味のないことである。まして、礼記檀弓篇にも、七代前の国王に諱を避けさけることの例もない。よって申し入れは受けいれがたい」

ここまで書いて一案を得た。

「また貴国からの国書を見ると、その中に日本の当代の御祖父家光公の諱を犯している。論語にも己の欲せざる所は人に施すなかれとある。七代前の国王の諱を避けよという者が、どうして我が将軍の御祖父の諱を犯している国書を持参されしや」

その国書中の文は「光紹基図」の一字「光」である。

大概を示された芳洲は遠慮なく尋ねた。

「中身をおうかがいしたい」

白石はしばし沈黙した。重ねて言った。

「先ほど申された五世にして諱むことなしということはいかが」

「敢えてそれに犯諱《はんき》をいうならば、先方の国書にも《竊承殿下、光紹基図》の文字があり、あきらかに大猷院殿（家光）の諱を犯しているのではないかと書いた」

「しかし、先方は、わが国に犯諱の慣習がないことを承知しておりまする」

「なんと、あらざることよ。現に国書から《不宣》の文字を除くようにとの要望に即座に聞き入れられたではないか」

これは、先に気づいた対馬藩の要望で、事前に朝鮮が訂正した経緯があった。文書の不宣の結字の将軍家宣の諱字である。芳洲は釈明した。

「あれは、朝鮮国自身がはなはだしく犯諱を重んじる国であるゆえ、あのように敏速に応じたものです。——彼らは、歴史的に見て、わが国に犯諱の慣行なしとみているのです。それを、国書を受け取られたときに咎められるならともかく、先方からの抗議に対して改めて《光紹基図》をもちだして反論されるのはいかがなものでしょうか」

「慣習か何かは知らぬが、他国に向かって古礼にもない七代前の国王の諱を忌めというのはいかにも無理難題、外交上、唯々諾々たらざるものだ。しかも敢えて無理を通さねばならぬなら、当然わが将軍家の諱も、国書より除くべきであると申している」

芳洲はなお反論する。

「七代前の中宗大王は朝鮮国では英王とされ、今に特別に扱われているお方です。親尽きるをもって諱まずという解釈は、この王にはあてはまらぬと彼国では考えているのでは」

「とにかく、国書を書きなおすことはできぬ。でなければ、一旦国書を持ち帰り、ことの次第を国王に告げ、国王も改訂を認めれば、改めて二国で交渉してはいかがかと申したと伝えられよ」

芳洲としては何としても解決したい問題である。このままいけば信使の立場は困難になり、朝鮮の国法によって責任を問われるやも知れぬ。

「いっそのこと白石先生御自身、宿舎に参られて談合なされては」

「それはできん」

白石はにべもない。

「信使らに聞かれれば、白石は病にふせておるとでも言ってくれ」

こうなっては、両人友人たりとも学者の矜持の張り合いである。

芳洲の報告を聞いて正使・趙は十五日、宗義方を通じて国書の書き改めを幕府に直訴した。

月次の登城で、白石は老中土屋政直から諭された。

「先方は書き直しを歎願してきている。国情に照らし、よほどのことがあるのであろう。それを受け入れないのは、彼国の王家に対して非礼ではないか」

「非礼とは思いません。諱の問題には国の面目がかかっております。たやすく譲るわけにいきません」

「かの使節らは、この申し入れが聞かれないときは、生きて帰れぬと言っておるそうだ」

「それは私の関知することではありません。いうなれば、これまであった小さな言い争いは、ほとんどが枝葉末節、今度の一件こそが、わが国が譲ることを得ぬ一大事と存じ上げます」

帰宅後、白石は言葉が足りなかったことを反省し、その前後の対策を含めて、草案を間部詮房《まなべあきふさ》に呈示した。さらに宗義方に対して、今回の犯諱問題は三使の過失によるものでないことを、朝鮮の要路にある者によく説明するよう命じた。三使の責任を慮《おもんばか》ったのである。

三使は思い悩んだ末、提案された復書を返し、先に提出していた国書を持ち帰る方を選んだ。まさに前代未聞の事態であった。十九日、信使らは中身のない長櫃を擁して、江戸から足取りの重い帰還の途についた。

ところが二十一日、信使が大坂に着いたとき、三使は、改正された将軍の返翰を捧持した対馬奉行の使者から、「懌《えき》（よろこび）」の字を「忻懽《きんかん》（二字によるよろこび）」に改めたと伝えられた。三使は直ちにこの旨を朝鮮朝廷に報告した。

ところが趙正使が、「忻懽」の二字に不審を抱いた。直ちに主訳を対馬藩士のもとにさしむけ、書契の原本を確かめさせた。結果は、「懌」の字は「戢《おさめる》」に改作されていた。これで犯諱の件は解決したのである。趙正使は慌てて「惶恐待罪」の気持ちで訂正の文書を朝廷に送った。

それを見届けるようにして、白石は同日の午後、登城して間部に辞表を提出した。

一方、三使は翌年二月十二日、対馬府中の対馬藩主邸で、日朝双方の改正国書の交換を終えた。朝鮮側は「光」を「克」に改めた。

三月九日、三使は漢城へ帰着、入城後直ちに拘束された。粛王は義禁府の議を経て三使の官職を剝奪し、門外へ追放処分とした。

9 享保の信使

将軍家宣は白石の辞表を受理しなかった。慰留し、かえって朝鮮信使迎接の指揮に対して褒賞を与えた。五百石の加増で、家録千石となった。

信使来聘の改革の経済的効果は、従来の事業費用総額が百万石であったのが、三割減の七十万石であったから、この点も評価されたに違いない。

翌正徳二（一七一二）年十月、将軍家宣が死去した。嫡子家継があとを継いだ。わずか五歳であった。家宣の側近、新井白石、間部詮房、本多忠良《ただなが》らの幕閣は居残った。

正徳六年、白石は正徳の信使聘礼を総括して「朝鮮聘使後議」を建白した。一部を次に述べる。

……朝鮮歴代の書共を見るに、大かた我国を以て彼国に臣属せし事の如くに記し置き、甚しきは倭酋、倭奴、倭賊など志るし候事、筆を絶候はず、酋とは蛮夷・魁帥の称と注し候て、夷の長をいやしみ称し候言葉にて、奴といひ賊と申事はきはめて人をいやしめ称し候言葉に候……

……東照宮の御事を始め奉りて、御代々の御事みなみな倭酋を以て称し候ひき、彼国（朝鮮）の人常に隣国の交りは礼と信とを以てする由を申し、また吾が朝鮮は古より礼義の邦也などと申事に候へども、我国にむかひては隣好を継て聘礼を修め候と申て其国にては倭情を偵索するの使とし、我国にむかひては国王を以て尊び称し、其国（朝鮮）にては賤しめ称して、倭酋と申事、何の礼とし、信とする所候はんや……

また、「国書復号紀事」には次のように書かれている。

……夫《それ》朝鮮は狡黠《こうかつ》・詐り多く、利の在る所信義を顧みず、蓋《けだし》薉貉《わいかく》（くさったにおいのむじな）の俗、天性固より然り……

よほど倭に対する蔑称への反発があったのであろう。右は朝鮮への蔑称である。この倭については後日談がある。

享保四（一七一九）年の、徳川吉宗将軍職襲位を賀する朝鮮信使の製述官・申維翰《しんいかん》の『海游録』の記事である。

江戸からの帰りの客館でのことである。雨森芳洲が申に言った。

「私は、いつか言いたいと思っていたことがある。日本と貴国（朝鮮）は海を隔てて隣国である。

信義相孚《ふ》す、敝邦（日本）の人民はみな、朝鮮国王と寡君が敬礼の書を通じていることを知っており、ゆえに公私の文簿には、必ず崇極を致している。しかし、ひそかに貴国人の撰する文集を見るに、その中で言葉が弊邦に及ぶところは必ず、倭賊、蛮酋と称し、醜蔑・狼藉、言うに忍びないものがある。我が文昭王（徳川家宣）その末年に、たまたま朝鮮文集を見て群臣たちに曰く『あにはからんや。朝鮮が我を侮ることここに至らんことを』と、終生憾《うら》みに思われていた。今日貴国の諸公たちは、この意を知るや否や」

芳洲は次第に不平の色を露わにし、怒りに震えるようだ。中は言った。

「その意はおのずから容易に知ることができるが、顧みるに、貴国こそ諒解していないようだ。君が見た我が国の文集とは何人の著であるか知らぬが、しかし、これすべて壬辰の乱（文禄・慶長の役）の後に刊行された文であろう。平秀吉（豊臣秀吉）は我が国の通天の讐であり、宗社の恥辱、生霊の血肉、実に万世になかった変である。我が国の臣民たる者、誰か、その肉を切り刻みて食わんと思わぬ者がいようか。上は薦紳《こもしん》（郷紳・有力者）から下は廝隷《しれい》（奴隷）に至るまで、これを奴とい い賊といってかえりみないようになり、それが文章に反映したとしても、もとより当然のことであろう。しかし、こんにちにいたっては、我が聖朝は仁を以て生民を愛し、関市（釜山東萊の倭館）にて交易し、かつ日東国の山河に、すでに秀吉の遺類なきを知る。ゆえに、信使を遣わして和睦を修め、国書を交換し、大小の民庶がみな、その徳意を仰いでいる。どうして、あえて宿怨を再発させることがあろうか」

あれこれ言っているうちに、大坂に着いた。二人は秀吉の旧居に至った。申はこれを見て、毛髪の凛々（肌を刺す寒さ）たるを覚えた。芳洲が言った。

「これすなわち然りである。しかし今でさえ（貴国の）諸従者は、弊邦（日本）の人を呼んで倭人という。また望むところにあらず」

「貴国に倭の名あるは、すでに久しい。君は何をもって憾むのか」

「唐史には、倭といっていたのを改めて、国号を日本とした（『旧唐書』）。願わくば、今後下輩を戒めて、我を呼ぶのに、日本人といっていただきたい」

「貴国人は我を呼ぶのに唐人といい、我が国人の筆帖を題して唐人筆蹟という。また如何なる意図なるや」

「国令では、信使を客人と称し、あるいは、朝鮮人と称す。しかし日本の大小の民俗は古くから貴国文物を中華と同等にいい、ゆえに指すに唐人をもってし、これを慕うのである」

芳洲の苦しい答弁であった。

倭についていえば、芳洲の主張は申の気持ちを変えなかった。秀逸なる申維翰にしても、固弊は治まらなかった。『海游録』の該当する部分「国名の由来と天皇」を記す。

「倭国は、もともと大和を都とし、国号を大和とした。今にいたっても、国人は、みずからを和人といい、我が国を韓という。ゆえに、およそ諸文字に両邦を称する場合、必ず和韓という。世伝によれば、梁の武帝が大和を改名して野馬台（邪馬台）にしたという。これみな大和が野馬台に訛った音訳である。これあたかも、博多が覇家台になったる如きもの、一笑すべし。……

上古に神人があり、一剣、一璽、一鏡（三種の神器）をもって日向州に降り、みずから立って天皇となった。しかして神武天皇といわるる者があって、周の幽王と同時代だという。神武から七代目の考霊天皇にいたって、秦の始皇帝は、徐市を入海させ、紀伊州に居らしめた。その子徐福は享年一百八十にして死し、熊野山の守神となったという。世に伝うるところでは、倭皇は使を遣わして書を通じ『日出ずる処の天子、日没する処の天子に書を致す』と言ったという。しかして、天皇には、伝わるところの姓名がない。

唐の（高宗）咸亨年代（六七〇～七四〔上元元〕年）の初めに、倭人は、倭の名をきらって、国号を日本と改めた。日本の称は、これより始まった。

大明の高皇帝（太祖）にいたって、趙秩を遣わして、書を賜い、王を諭した。その王良懐は、表を奉じて臣と称した。（征西大将軍宮懐良親王のこと）。文皇帝（成祖）もまた、趙居任を遣わして、国王の冠服を賜わり、令して十年に一貢するようにさせた。また都御史兪士吉に命じて、国王の印章を賜り、封じて日本国王とし、詔命してその国の鎮山を寿安鎮国山とし、文をつくって石に刻んだと云う（日本国王源道義・足利義満のこと）。

ところが、明の皇朝が前後しておくった論冊および日本から奉貢上表は、じつは倭皇みずから命を受けて貢を献じたのではない。すべて、その臣に名号を仮作させ、納款を詐称させたものである。そして天皇は、みずからその国の帝となり、みずから正朔（暦法）をなして万古不易にわたる。これが倭皇の姓字が世に聞こえない所以であり、あるいは王氏と称し、あるいは源氏と称する。かれのその君たるの法は、ただ香を焚いて天に礼し、そして、みずから天より降った神人であるといい、摂提（天神）が起る歳には無為にして化するとおのれを擬するもの、すなわち、はじめから姓氏の有無は問題ではない。

いまの天皇（中御門）は、仙洞天皇（東山）の第三子（正しくは第五皇子）にして、名は慶仁《やすひと》、己丑（一七〇九）年に位を嗣いで今年二十六歳、改元して享保となし、その四年になる。名があり姓がないのは、仏の如きものである」

話をもとに戻す。

正徳六（享保元・一七一六）年四月三十日、将軍家継は夭折した。八歳であった。嫡子がなかった。よって御三家から選ばれることになった。天明院（家継の父徳川家宣の正室）の推挙により、紀州藩四代藩主吉宗がまず後見職となり、家継死去の正式発表後、後嗣とすることになった。

五月三日、白石は辞職願を出した。五月十二日、間部詮房、新井白石、本多忠良らは奥詰の職を免じられ、その他家宣、家継代の吏僚残らず解任された。ただ、前政権下、譜代でありながら重用されなかった老中、旗本を温存した。土屋政直、井上正岑《まさみね》、久世重之、それに林家らである。

侍講白石退任のあとを継いだのは、白石の反対派、林大学頭信篤《のぶあつ》である。

「代代《かわ》り告例朝鮮人来朝之儀」による来聘御用掛は老中土屋相模守政直であったが、六月二十三日、老体を理由にその職を辞し、後任に同職の井上河内守正岑が継いだ。以後、来聘に関しては、この井上と林大学頭によって論議されることになった。

六月二十八日、林大学頭は、吉宗に面談し具申した。読み下す。

「寛永・明暦・天和来朝之節も少々相違の儀有、正徳之節格別之御作法に罷成候よし之を申し上げ、御前に而して日本国王と来翰返翰に之有りの儀、先例も無く殊更に大猷院殿（家光）此儀は無用万仕の旨、寛永十二年、諸大名列座にても不審に存ずべく侯……何とぞ、朝鮮より正徳の作法、彼の国にて嫌いにて明暦・天和の格に仕まつり度しと（宗）対馬守方へ願い、公儀は御存じ之無く、河内守、対馬守内々に而相談仕まつり候様に思し召し候わば、御先代相違の評判も有る間敷旨申し上げ、此の儀、河内守と相談仕まつるべき由仰せ出さる」

吉宗はこれを是とした。よって林大学頭はこれを宿老に提案した。しかし、あとの議論のなかで、「正徳の新儀も、文昭院殿定め賜ひし事なれば、今のこりなく改めるべきにもあらず、ことのよろしきをえらびて用らるべきなり」の意見があったことは見逃すべきでない。

以上を踏まえて、七月二十三日宗対馬守は「信使付御伺候覚」を老中に提出し許された。これはのちに「通信使講定節目」にまとめられ、朝鮮側との予備交渉に用いられた。

曰く。

一　国書・答書における関白（将軍）の称号は「大君」とする。国書・答書の文体・御諱・御宝はすべて壬戌（天和信使）年の例による。

一　礼曹参判（朝鮮王朝の官職）より江戸執政（老中）、対馬大守（藩主）への書契も同じ。

一　通信使の将軍への進謁は一度とする。

一　彼此の紛争を除くため、従来道中五ケ所で行っていた宴会は停止する。

一　通信使一行の人員は壬戌年の額数（数量）とする。

一　良医（医官）・画員は業に精通し、効の顕れた者とする。

一　馬上才は馬技精能の者。射芸の人は射法精妙・能く強弓を引く者を軍官として帯来し、俊馬は先に送り、鷹と共に善い飼養者を一人か二人帯同すること。

一　上上官（上級訳官）は我が国の風俗と言語に通じた者とすること。

一　一行の各係は必要により対馬人と相接するほかは、日本人の居る所へ出入しないこと。これは混乱や争いを避けるためである。

一　右各項目は江戸（幕府）より示教されたことであり、誠実に挙行すること。

雨森芳洲は新井白石の失脚を聞き、密かに失望を味わった。白石とは同門であり、争論することはあっても友誼にもとることはなかった。失望は、白石に対して一時、幕府への仕官を依頼したことがあったからである。

これより先、正徳五（一七一五）年、対馬藩と貿易の関係について、白石の指示により、「交易料銀減少の儀」が対馬藩に伝えられた。九月朔日、芳洲は年寄平田直衛門の補佐として江戸に派遣され、幕府との折衝にあたった。元禄の銀改鋳以後、対馬の朝鮮貿易は停滞していたが、それに加えて貿易代銀をどれだけ減らすかが課題であった。答えは六〜七百貫目という。これは年額一八〇〇貫目の半分に相当した。芳洲は白石に、対馬宗氏にとって朝鮮外交は家役である。よって「宗氏にとって貿易は報禄である。朝鮮貿易を制限するのであれば、それに見合うだけの領地を賜るべきだ」と食い下がった。

芳洲と白石の関係は、同門といえども、その意見については是々非々であった。

さらに、これより先、宝永元（一七〇四）年三月朔日付で、芳洲は白石に手紙を出した。三十七歳のときである。

「富貴栄耀を望む念は毛頭ないけれども、何とか一生涯辺地に留まる苦を免れたく思うこともあれば、万が一、貴様のお力にて御推薦いただけることもあろうかと、心腹の趣きを委細に書き付け、御覧に入れたくて送ったのに、その書状が届いていない由、これもまた天数（運命）と存じております」

思えばこの時節、白石は芳洲の崇敬の友であった。しかし、事情に応じては両者は対等であり、卑下することなき好敵手であった。

芳洲は徳川氏の国王称号問題に関して『俗儒三種』を著し、その中の「暴戻《ぼうれい》の儒」において、白石の言動を「暴戻の儒」と弾劾した。

「暴戻の儒とは、詭辞《きじ》（いつわりの言葉）を強弁し、道理を狂わし以て天下の帰するところを導き、賞罰号令の出づる所（徳川将軍）を王という。今や関東（江戸）は京師（王都）なり。是を暴戻（荒々しく道理にもとる）の儒となす。その罪誅すべし」

一方、白石も内心では、芳洲を「対馬の国にありつるなま学匠等が、知るに及ばで、とかく（兎角）ありという」と皮肉ったことは、無論承知しないままである（『折たく柴の記』）。

のちの享保の通信使の製述官・申維翰は、芳洲を賞讃した。

「この人がもし我が朝鮮に生きていたら、こんなにまで冷遇されるはずはない。貴国は人材を尊重しないようだが、これは政治上の欠点といえる」

また『海游録』（付篇「日本聞見雑録」）は指摘した、

「雨森東は源璵（白石）と同学であるが、なお絶島の記室（書記官）にすぎない。それを問うたところ、彼曰く《白石公が今日まで権を握っていたならば、吾が輩でも弾冠（出仕の準備をすること）の望みがあったのに云々》とある」

しかし、白石は、芳洲を紹介するにあたっては「風神秀朗、才弁該博」と讃えた。とはいえ、幕府が芳洲の出仕を認めた記録はない。

享保元（一七一六）年八月十三日、徳川吉宗は八代将軍職についた。これを受けて朝鮮で祝賀の信使派遣が決定し、一行総勢四七九人が漢城を発ったのは、朝鮮国王十九代粛王の治世四十五（一七一九・享保四）年四月十一日であった。

出発に先立って、粛王は信使一行全員を「仁政殿」の内庭に集めた。朝鮮国王の国書を三使に授与し、次いで簡単に訓令した。三使は、正使・洪致中、五十三歳。副使・黄璿、三十八歳。従事官・李明彦、四十六歳である。

「いかなる事態に遭遇しようとも、朝鮮王国の体面と国王である余の面目を、いささかなりともそこねてはならない」

釜山で一行を迎えたのは、慶尚左道水軍節制使・申命仁の他に、対馬から派遣された「迎聘《げいへい》参判使」であった。対馬藩奉行・杉村采女真長、裁判役・樋口孫左衛門真致らが務めていた。この一行は「大慶参判使」を兼務していて、信使一行を先導して対馬府中まで案内していくのである。よって釜山の湾内には信使用の六艘の使船、うち三艘が正使船、副使船、従事官船で、これを「騎船」といい、あとの三艘は荷物用の「卜船《ぼくせん》」が用意されていた。他に日本船九艘が停泊して、うち大型船三艘、小型の従船二艘・三組である。これは対馬までの案内船である。

ちなみに「参判使」とは、日本側の交渉相手となる朝鮮側の窓口が、礼曹の「参判」に限られていたから、これに相当する官職名を使用していたのである。一種の対等意識のなせる技である。よって、朝鮮側からみれば、対馬藩主宗義誠は朝鮮王朝の次官相当の地位にあたる。

大慶参判使は江戸幕府の知らせを朝鮮に伝える使者のことで、宗氏が担当し、釜山の倭館にいて、釜山や東萊地区を統括する東萊府使に会い、日本の要件を伝え、東萊府使はこれを朝鮮朝廷に取りつぐことになる。一方、迎聘参判使は信使の送迎を掌る役目である。

六月二十日、一行は釜山を発ち、対馬の上県町佐須奈を経由、対馬の国府、府中の入江に入ったのは六月二十七日午後であった。一行は客館西山寺に投宿した。この寺の南岳院で、新築の客館であった。

翌二十八日、製述官・申維翰は対馬藩朝鮮方真文役・雨森芳洲の訪問を受けた。申の号は、青泉または青川。朝鮮八道のひとつ、慶尚道の別名である嶺南地方の出身の文官である。

両者の初対面はぎこちないものであった。時に芳洲五十二歳、申三十九歳である。挨拶が終わり、先に芳洲が朝鮮語で口をきいた。

「八年前来日された通信使の従事官・李邦彦どの、製述官の李礥どのの御消息はいかがですか」

申も朝鮮語で答えた。

「李礥はもうこの世にいない。邦彦は養子をもらったが、本人はまだ名を成していない」

芳洲は小さくうなずき、あとは雑談に終始した。お互い腹の探り合いであった。

六月三十日、対馬藩主・宗義誠は旧例により、製述官と書員と画員ら朝鮮の文化人を藩主邸に招いた。芳洲ら対馬藩の家臣らが迎え、大広間に招じ入れられ、着座した。ややあって、藩主の出座が告げられた。朝鮮の客人らはあわてて立ち上がり、居ずまいをただした。それを申が制した。

「きみたちは立たなくてよい」

この朝鮮語を聞いて、芳洲が即座に聞き咎めた。

「何を言われるか」

鋭い語気である。申はゆっくりと芳洲の方に向かい、低声で重く答えた。

「私は立たなくてもいいと言ったのです。あなたは私たちに、立っていって藩主の前に進み、そして、上座に座ったままの藩主に挨拶せよというのですか」

「前の信使たちはそうでありました」

申はかすかに怒気をにじませた。

「そうではない。なぜなら、この対馬藩は、我が朝鮮の一州県にすぎないからです。対馬藩臣は、我が国が与える食糧を食い、それをもって命をつなぎ、我が国の藩臣として、すでに長い。対馬藩主が、我が国政府の参判、もしくは東萊府使と対等であるのは、あなたも御存じでしょう」

芳洲は対応できない。申の舌鋒は続く。

「我が国の国法では、中央政府の官人が外地にあるときは、その身分の上下にかかわらず、藩臣とは相座して挨拶を交わすのが決まりになっています。いま私は、不肖ながら三使に随行して対馬に来ています。対馬藩主は、中央政府の官人である私に対して、相座して挨拶を交わすのが当然でしょう。もし一歩をゆずって、私が藩主の前に伺候してへりくだって挨拶をすれば、かたよったことになるばかりでなく、何よりも、あなたの主君に礼を失《う》せさせることになるのではないでしょうか」

芳洲は朝鮮語を発する申の口元を見つめ、言うまでもないことを言う、と思った。

「私もこの対馬に生き、藩主とは君臣の義によって結ばれている。したがって、今さら藩主を辱めるわけにはいかない。私としては、朝鮮からの使臣をこの対馬に迎えては、旧例に従うより仕方がないであろう。今、急に旧例を変えることができる道理はない。それを変えろというあなたの発言は、我が藩主を侮るものになりはしないか」

「礼というものは敬いによって保たれ、侮りによって廢《す》たれます。私は少しも藩主を侮ってなどいません。むしろ藩主のほうが私を侮っているのではないでしょうか」

なお威勢を示して言った。

「今日のことは、このままでは私が無事に帰るのはむつかしくなりそうです。私は先に帰るとしましょう」

これを芳洲より聞かされた対馬藩士らは驚いて、申に旧例に従うよう思い直すことを訴え、さもなければ帰りの駕籠の用意もできないと言うとも、申は聞かない。

「私の意は決まっています。たとえ刃を抜いて向かってこようとも、礼を改めなければ、私は藩主にまみえることはしません。私を送るための駕籠など不用です。歩いて帰るまでです」

芳洲は、対馬藩が土地柄、生産性がなく、米穀も朝鮮に依存せざる事態を、朝鮮としては恩恵を与えているとする認識には是非もなかった。そこに両国対等を名分としながらも、認識に落差があるのである。本来は対馬藩主の地位は朝鮮の礼曹の地位に相当である。

芳洲は呟いた。

「両国善隣のためである。寛容なれ」

申は、ようやく結語した。

「多くを語る要もない。我が国が対馬に対してしてきたことをわきまえ、我が国の国法通りに藩主が私たちを迎えるならば、もとより対馬藩臣との文詞、唱酬を避けるものではありません」

芳洲は密かに座を立ち、藩主に告げ、了解を求めた。よって藩主義誠は出座を見送った。

七月十九日、信使一行は対馬を発った。目指すは壱岐の島である。朝鮮の船団の前後を対馬藩の百余の船団が護送する。藩主義誠の「御座船」が先導した。総勢八百人程である。以酊庵長老・月心性湛をはじめ、奉行役、裁判役、真文役、書記役、通訳などである。

壱岐の海域に近づくと、壱岐島主・松浦篤信差し廻しの百余の船団が出迎えた。船団は壱岐の北辺勝本湾に入った。しかし、港は水深が浅く、一同ははしけに乗り移り、小舟を連ねた桟橋を渡って上陸した。客館は山影の絶壁の下にあった。木造の新館であった。

入館してほどなく、芳洲が松浦霞沼を連れて申維翰を訪れた。霞沼は芳洲と同役の真文役で、四十四歳であった。芳洲が霞沼を紹介すると、申は居ずまいをただして霞沼に言った。

「貴殿のお名前を知って久しい。対馬にあって旬日、お会いできなかったのは残念でした」

霞沼は朝鮮語ができない。芳洲の仲介で聞くと、答えた。

「あなたのような人にそのように言われることは、私にとって無上の喜びである。私はあいにく病《やまい》でしたが、この大事な国事のため、やっと出て参ったものです」

しばらくして、申が躊躇しがちに尋ねた。

「白石公はいかがお過ごしですか」

芳洲と霞沼は目を合わせて、不興した。答えにくいことであった。

申は、正徳の信使の正使・趙泰億が持ち帰った『白石詩草』が文人・崔昌大に渡され、その崔から、日本で対等の礼をもってのぞむべき人物として白石の評判を聞かされていたのである。

霞沼は、白石は失脚したとは言えなかった。口ごもりながら答えた。

「その人は、老病のため国事を離れて久しくなります。あなたが江戸へ行かれても、相まみえることはないでしょう」

壱岐滞在五日の二十四日、壱岐の島は時ならぬ台風に襲われた。多くの木々が倒れ、客館の一部も傾き倒壊した。しかし、事故はなかった。

この時節の暴風は藍島の客館にも損害を与えた。小屋廻り、家の上かこいが破損、その他表波戸五六間が打ち崩れた。

八月一日、信使一行は勝本を発ち、筑前藍島（現在の相島）を目指した。名にしおう荒波の玄界灘の横断である。藍島は壱岐から六〇キロ余、筑前新宮から七キロの海に浮かぶ面積一四平方キロの孤島である。五十二万石の福岡藩の領土である。

数多の挽き船にひかれた信使の船に、東南東からの強風が舷側に打寄せ、前進を阻んだ。午後になると強風は暴風に転じた。使船の漕ぎ手は本命に疲れ、船足はちりぢりに乱れた。はや日は暮れ、船団は太鼓を打ち鳴らして合図とし、闇が迫ると、火砲や火箭《かせん》を打ち放って自船の存在を明らかにした。お互い衝突を避けるためである。ようやくにして藍島の前洋に達するも、上陸はできない。わずかに島内のかがり火が、いのちのともし火のように見えた。

幸い、一日の夜亥の刻（午後十時前後）、風のあいまをぬって、信使の三使ら主だった者、対馬藩主義誠らが、はしけにて上陸を果たした。彼らとて宿舎でゆっくりする暇とてなかった。島の岸辺に立ち尽くして、成り行きを見守るしかなかった。福岡藩士らも背後で見張った。

翌早朝、不意に風がやんだ。この反動で信使の船一艘の碇綱が切れた。大きな船体は体を揺さぶり、あわや左右に隣する僚船と衝突の危惧に見舞われた。すると一人の島人が褌一つで、湧き立つ海へ飛び込んだ。数人があとを追った。ざんざ降る雨の中、使船に泳ぎ着き、断ち切れた碇綱に、用意した太い綱を結びつけ、数人こぞって岸頭まで引き戻し、ようようにして泳ぎ着いた。綱は固定され、船の動きは止まった。

岸頭の両国人は一斉に歓呼の声を上げた。

八月三日、信使随行の南龍翼が、藍島での噂を日本旅行記『扶桑録』に書き留めた。

初三日癸卯、西南の風、藍島に留まる、向《さき》に聞く二十四日の風雨に於いて、此に在る倭船十余艘、波浪のため沈没す、七十余人、亦為に淹死（水死）す、驚惨を聞き来る、夜宿に下処す。

遭難の日の翌七月二十五日、福岡藩家老黒田靫負《ゆきえ》は逸早く江戸藩邸に急報した。

藍島に於いて七月廿四日朝より風立ち小雨降り候処、巳の前刻（午前十時前）より東風強く吹きだし、其の後風雨烈しく未の刻頃（午後二時前後）西風ニ変シ、猶又風浪甚だしい、信使屋家上庇廻り所々惣囲い吹き倒れ其の外表波戸先五六間打ち崩れ、漕用之船等数艘破損し、民家も少々破壊に及び申刻（午後四時頃）に至り而して風波静かに成る

破損船数

三翼丸

四拾二丁立　壱　艘　毛利又兵衛乗船

小雀丸、吉野丸、三社丸

三拾八丁立　三　艘

鵠首丸

三拾六丁立　壱　艘

秋田丸、多福丸

三拾弐丁立　弐　艘

先進丸

弐拾丁立　壱　艘　靫負かよい船

三十石小早　壱艘
四丁小早　壱艘
四百三拾石
荷船　薬師丸　黒田八右衛門宿船
三百八拾石
同　川野丸　大野十郎太夫宿船
三百石
同　宮丸　御船方御用之浜之積候船也
はし舟　八艘
合二拾壱艘　御手船
浦伝道船　弐拾五六艘
溺死之分
御船頭　藤田権平
御矢倉　大塚佐左衛門
御矢倉　中村八三郎
揖取
御手加子（揖取りを含め）五人

毛利又兵衛家来
若党　弐人
小者　弐人
水夫四拾九人

右大風雨に付而して破損之趣等福岡江宿継ぎを以て申し遣わす、但し、右之通り御船破損に付而して漕用之船不足並びに毛利又兵衛家来溺死、飾り道具衣類等迄悉く海に沈み、御使者相勤め難き候の間、右代之人御船共早々に差越され候、黒田八右衛門、大野十郎太夫宿船モ破損に及び候得共、是は仮に成ニ相勤ニて之有るべく候、差し支え候儀も候はば追ってして申し入れる趣等申し遣わす也
福岡江之紙面江戸言上之趣ニ替わる儀なし、江戸言上状ハ末ニ之を記す

（後略）

ちなみに、六十一人の溺死者については、三十年後、藍島の百合越浜に供養碑が建てられた。碑銘は次の通りである。

表　　合葬舟人墓
裏

□一人浦出者八人市出廿四人県出十八人
□茲韓使来聘時行前倒舟人子来浦長及
□□之長追念往事之惨毒建石勒之云
五年三月
玉山　書
施主浦
触口庄屋才□中

台座
享保四己亥年
七月二十四日
風波茲死人□
□□為□□

（裏面の解読）
（士分・侍）十一人、浦出（御浦水夫）八人、市出（御町水夫）廿四人、県出（御郡水夫）十八人者、
茲韓使来聘の時、行前に倒れる、舟人の子来り、浦長及び郡町長往事の惨毒を追念し、石を勒（削
り）て之を建てて云う。
五（延享五・一七四八）年三月

玉山　書
施主浦
触口庄屋才料中

（台座）
享保四（一七一九）年己亥年七月廿四日　風波にて茲に死す人六十一を為に供養す。

この遭難は、元禄十六年、朝鮮の訳官使一行が対馬藩太守義方《よしみち》世襲の賀のため対馬に来港直前、鰐浦沖で遭難し、一一二人が溺死した遭難に次ぐ大事件であった。

福岡藩主は黒田宣政である。福岡藩が信使来聘のために準備を始めたのは、前年の十月である。江戸幕府から老中奉書によって、信使一行の接待を仰せつかった。翌春、家老・黒田靫負と同・吉田式部が先導して藍島に渡り、設営にかかった。信使と対馬藩士一行及び接待係りの福岡藩の家臣団のための客館、宿泊所、二十四棟を新築しなければならない。

おびただしい材木が郡内から集められ、津々浦々から用船五百艘が召集された。信使出迎え、曳き船、連絡のためである。その他、小呂ノ島、姫島、玄界島、志賀島、能古島、地ノ島など、玄界灘、博多湾の洋上の島の烽火台の整備、連携の点検である。多忙を極めた。

わけても問題は、信使滞在の日数が天候の加減で予測しがたいことであった。これは滞在者の食糧供給に密接に関わった。各職務を詳細にし、分担させた。作事奉行、普請奉行、郡奉行、勘定奉行、船奉行、浦奉行などは勿論のこと、食品に関しては、穀物奉行、鳥獣奉行、魚屋・八百屋奉行、酒油奉行などである。これらは有能な職人を奉行に抜擢したものである。十分ではない。

この時節、一例をあげれば、一日の消費量は活鶏三百余羽、鶏卵二千個であった。結果的に、この信使滞在は、天候の不順と風待ちのため八月一日から十日まで十日を費やした。

製述官・申維翰は多忙であった。「遠近より、詩をもとめてくる者、あとを絶たず、紙幅を机上に積み上げて、書を乞う。書き終われば、まるで薪を積むが如くに、またあつまる」ありさまであった。

八月三日、雨森芳洲を通じ、福岡藩儒・真文役の櫛田平次（琴山）と同・古野勘助（梅峰）の二人が申を訪ねてきた。申は二人と韻文や漢詩をもって応酬したが、見るべきものはなかった。

八月七日、貴公子が四、五人の供さむらいを連れて、申を訪ねてきた。申は招じ入れて、日本語で歳《とし》を尋ねた。少年は十三と答えた。次いで紙筆を与え、姓名を書かせた。少年は木村勝三郎と書いた。その振る舞いは、いかにも上品であった。気に入った申は、即座に二篇の五言絶句をしたため少年に呈した。

海上碧桃花　　海上はみどりの桃花
千年一結子　　千年に一度子を結ぶ
仙童在樹間　　仙童（少年）は樹の間に在る

顔色花相似　　顔の色は花に相似たり
我是三韓人　　我は是三人の韓人
乗槎到仙界　　槎《いかだ》に乗り仙界（藍島）に到る
邂逅不能言　　邂逅するも能く言えず
見君如見画　　君（少年）を見るは画を見るが如し

藍島の風景の中に少年のすずやかな風貌を織り込んだ詩である。少年にとっては果報であったろう。ちなみに少年は直方藩主黒田長清の長男で、正徳四年に福岡藩主宣政の養子となった継高《つぐたか》とされる。

八月九日の天気は平穏で海上も静かであった。船出の用意がなされた。同夜寅の刻前より南風は凪となり、日和はよさそうだ。翌日の出船を決め、黒田家老をはじめ役人中残らず信使客館に出向き、また杉村采女、大浦忠左衛門並びに吉川六郎左衛門も夜内より客館に出向いてきた。

八月十日朝卯の上刻、信使一行は藍島を出船した。同様にして対馬藩宗対馬守も自船にて出港した。目指すは下関である。しかし、行方に暴風が起こることは予知できなかった。結果的に途路、地ノ島に避難する破目になった。

下関から瀬戸内海をのぼり、京都から陸行、江戸へ入ったのは九月二十七日であった。

国書奉呈は十月一日であった。御殿の大広間には、大名・旗本など幕閣らが列座した。大学頭・林鳳岡もいた。三使らはこれら幕僚の中を進み、下段の間に達し、国書を前に置いて着座した。ほどなく将軍・徳川吉宗が上段の間に出御した。いわゆる「白木書院」である。先導役・久世大和守、刀持役・桑原豊前守、指添役・岩本能登守を左右にしたがえ、吉宗は白木書院の中央に座した。一同は平伏して迎えた。

宗義誠が型通り、来日した信使三使の氏名と官職を紹介した。次いで朝鮮の主席訳官から国王の国書を受け取り、それを奏者番屋役の中條対馬守信実に手渡した。中條はすぐに国書を吉宗の前に置いた。

次いで朝鮮の上級使臣らが殿中に進み、吉宗に目通りした。主席訳官が彼らの氏名と役職を紹介し、直ちに退席した。国書の朗読はなく、至って簡単に終わった。

中維翰は吉宗の相貌を記録した。

「……精悍にして俊哲《しゅんせつ》、今年三十五歳、気岸魁傑《かいけつ》、且局量有り、武を好みて文を喜ばず、倹を崇《たっと》びて華奢を斥ける……」

ついでながら、国書は次の通りである。

朝鮮国王書

朝鮮国王　李焞　奉書

日本国大君殿下
十年之間　聘問闊焉　近聞
殿下
新承令緒　撫寧海宇　其在隣誼
曷勝欣聳　爰遵故常　特遣使价
致慶修睦　礼則然矣　両国交驩
寧有既乎　仍将薄儀　聊表遠忱
惟冀
益恢前烈　永綏洪福　不備
己亥年四月
朝鮮国王　李焞

〈読み下し文〉（本文）
十年之間　聘問闊《かけ》る焉《や》　近く聞く（大君）殿下
新たに令緒《れいしょ》（あとつぎ）を承る　海宇を撫寧し　其に隣誼在り
曷《なん》ぞ欣聳《きんしょう》に勝《まさ》る　爰《ここ》に故常に遵《したが》い　特に使价を遣す
修睦を慶び睦《ぼく》す　礼は則ち然り矣（也）　両国の交驩《こうかん》

寧ろ既に有らん乎　仍《よっ》て薄儀を将って　聊《いささか》遠忱《ちん》（誠）を表す
惟《ここ》に冀《ねが》う
益前烈を恢《ひろ》め　洪福永綏《こうふくえいすい》なるを　不備

将軍吉宗から粛王宛の返書は、三使の客館東本願寺にもたらされた。次の通りである。

日本国源吉宗
敬復朝鮮国王殿下
三使遠来　訪問丁寧　憑悉興起佳勝　万福同也
方今　応休祥施治法　故遵旧典　以修新慶
弊物多儀　那堪報答　実由両国永好之誼　而亦可識礼意弥深
聊贈庶品　附於信使　誠之所在　彼此皆然　不備
享保四年十月十一日　源吉宗

〈読み下し文〉（本文）
三使遠来す　訪問丁寧なり　興起佳勝を悉く憑《み》ちる　万福同じ也
方今　応に祥を施し治法を休む　故に旧典に遵い　以て新慶を修す

弊物（自物の謙称）多儀　那ぞ報答に堪えん　実に両国永好之誼に由る　而して礼意弥深きを識る可し

聊庶品を贈る　信使に附す　誠の在る所　彼此皆然り　不備

信使一行が江戸を発ったのは十月十五日であった。東本願寺の山門をくぐると、黒山の見物人の見送りであった。

十一月一日、一行は京都に着いた。ここでひと悶着があった。前例により信使はここの大仏寺に立ち寄って、幕府が用意した昼餐を受けることになっていた。これは京都所司代の命令である。宗義誠からこれを告げられた三使は、ともに険しい顔つきになった。

洪正使が「このような前例はない」と言って断った。「しかも大仏寺は、豊臣秀吉が建てた祈願所というではないか。秀吉は我が国百年の讐、天をともにいただかざる者である。いわんや、そのゆかりの地において、飲食などできようか」

前例とは新井白石が企画した正徳代の信使のことで、このとき信使は実際に大仏寺を詣でているのである。ただし、そのときの信使は大仏寺の由来を承知していなかった。洪正使に言問《こと》われた藩主は芳洲に善処を託した。芳洲は三使に言った。

「大仏寺が秀吉の祈願所という説は、日本人もさらさら知らざるところ」

やにわに洪が叱責した。

「黙れ、多くを話す要はない」

今度は以酊庵の長老に説得を頼んだ。大仏寺の寺門の外に帷幕《いばく》を張って、そこで食事する案を呈した。これは場所が大仏寺に近いことで断られた。

所司代・松平忠周は心穏やかならざるも、低姿勢で懇願した。洪正使は答えた。

「われわれが大仏寺の寺門に入らないのは、仇敵を忘れない義のためである。吉宗公がこれを聞いても、非難はできないであろう　ましてや、京都所司代が何を言われようとも、われわれは応じるわけにはいかない。この道理についてわからなければ、江戸の吉宗公に報じられよ。われわれは万里の波濤を越えてきた身で、すでに死は覚悟の上である。江戸の返事が来るまで、たとえ十年かかろうとも、一向に構いはしない」

翌日、京都所司に一冊の文書があることがわかった。『日本年代記』である。宗義誠がこれを三使に示した。義誠がひもどいた箇所には、大仏寺が徳川家光の時代に重建されたと記述されていた。三使の内、二人がやむを得ずと観念した。あとの李明彦が不審の面持ちである。洪正使が代表して言った。

「われわれは大仏寺が秀吉の祈願所だという伝聞にしたがって昼餐の儀を断った。だが今、あなたの国の国書によって、大仏寺が徳川氏の建立するところなるを知った。すでに、あなたがた日本人は、われわれは豊臣氏の寺に入らざること、並びに、われわれが豊臣氏に対して恨みを忘れていないことを主張した事実を知ったはずである」

翌三日、李明彦は急病を告げて昼餐の列席を断った。

芳洲には李の思いが案じられた。しかし職務である。三使円満に列席することが、隣好の原則である。朝鮮の訳官に対して、日本語を混ぜて酸っぱく、時には大声を張り上げて説得を試みた。そこへたまたま申維翰が通りがかった。朝鮮の理解者たるべき芳洲としては、なんたる仕草ぞ、といきり立った。これを見て維翰は、この「狠人《こんじん》（心のねじけた者）」と腹の中で思った。

「あなたは読書人ではないか。何を怒って、道理に背くことを怒鳴っているのか」

芳洲はおさまらない。

「当初、朝鮮の使臣たちは、大仏寺の説を誤っていた。だから我が主君は、隣好を慮り、我が国の史書を示して、大仏寺が徳川氏の寺であることを明らかにされた。しかるに、今尚国史を信用せず、公礼を避けるは、これは私を卑しみ、私を弱らしめる以外の何ものでもない。かくなる上はただ死あるのみ――」

維翰は穏やかに諭した。

「正使並びに副使はすでに了承している。従事官がそれを辞退したのは、病気というではありませんか。やむを得ないでしょう」

芳洲に反省の念が戻った。一言いって退席した。

「言い過ぎ申した。失礼し申した」

ちなみに大仏寺は天正十四（一五八六）年に秀吉によって着工され、文禄四（一五九五）年に完成した。しかし翌年、慶長伏見地震で木造仏は倒壊した。よって、かわりに善光寺如来を移設、安置した。ところが慶長三（一五九八）年、秀吉は病を発し病臥に伏し、これが善光寺如来のたたりとの風評を呼び、善光寺へ返却された。八月十七日のことである。その翌十八日、秀吉は死去した。

慶長四年、豊臣秀頼は木食応其《もくじきおうご》に命じて銅製の大仏の復興をはかった。ところが慶長七年、製作中に鋳物師の失策で、流し込んだ銅が洩れ出て、失火して大仏殿は烏有《うゆう》に帰した。慶長十三年に再建に着手し、慶長十七年、仏像、大仏殿ともに完成。二年後の慶長十九年に梵鐘が完成した。銘文は南禅寺僧・文英清韓の作である。この文中の語句が問題を生じた。

「国家安康　君臣豊楽」

家康の二字の間に「安」の字があって分断している。これは不吉である。家康を無き者にしようとの魂胆である。徳川氏の異議により落慶法要は取りやめになった。

寛文二（一六六二）年、地震と火災で大仏と大仏殿は破壊・焼失した。その後、徳川氏によって再建された。

朝鮮の信使が見たのは、この徳川氏による大仏殿であった。『日本年代記』の記録はこのことを指している。偽作ではない。記録に、この大仏寺の前身の豊臣氏の時代の記録があったかどうかは、詳らかにしない。

信使一行は十一月十五日、大坂を発ち、瀬戸内海から響灘を廻航、所々の港を訪問し、十二月十二日夕刻、藍島に着いた。この前後は日和よく、一泊ののち、直ちに出港した。壱岐を経て、対馬府中に十二月二十一日夕刻、到着した。真文役の芳洲の仕事はここまでであった。十二月二十五日、対馬藩主の御座船で、藩主主催の送別の宴が催された。次いで二十六日、以酊庵長老の月心性湛が、申維翰と三書記、芳洲らを以酊庵に招いて送別の私宴を行った。十二月二十八日夜、芳洲は最後の別れに、正使船に洪致中と申維翰を訊ねた。正使に礼義正しく別れの挨拶を述べ、次いで申に向かうと、それに先立ち申は傍にあった筆をもって、一連の句を走り書きして芳洲に示した。

　今夕、情ありて来り、我を送る。此の生に、君に逢うは、更に計りなし。

黙読した芳洲は絶句した。瞬間、申との激しい過去の争論が脳裏を駆け巡った。目頭が熱い。嗚咽がもれた。

「私は」と息をついた。「今、老いゆくのみ、再び国事に与《あずか》ることもあるまい。日に日に鬼になる日を待つばかりである。今さら何を望もうや。ただ願わくは、諸公たちの帰国の無事を祈り、さらなる御栄達を望まん。顧みれば、前回の信使たちとの間も、こんにちの如く深かった。しかし、別れのときに涙はなかった。十年このかた、私の精神と鬢髪《びんぱつ》は、年老いて見苦しくなった。いにしえの人のいうところの暮境に情弱しとは、まさにこのことならん」

芳洲は面を上げることもできず、静粛に正使船を去った。以後、申とは会う由もない。

十二月二十九日、信使一行は府中を発ち、一月一日、小船越に一泊。二日、比田勝西泊浦に泊り、風待ちで六日出発。風雨にもまれながら釜山に直航、一月七日、着岸した。漢城入京は一月二十四日であった。陸路一三五〇朝鮮里（一里＝四〇〇メートル）、水路五二一〇朝鮮里、往復の日数二六一日の大旅行であった。

10　誠信堂記

享保四（一七一九）年の朝鮮信使の帰国を見送った翌五年、雨森芳洲は朝鮮国王景宗の即位慶賀の参判使都船主として釜山に渡り、役務を終えた。よって、その翌年享保六年六月、朝鮮方佐役を辞任した。本業の儒者の家塾に専念するためであった。五十四歳になっていた。

もっとも、この辞任には、当時発生した朝鮮訳官使の潜商事件が関係している。芳洲辞任の一カ月前に露見した。主謀者は崔尚嵲といい、正徳信使に随行した訳官で、上上官として江戸まで行った人物であった。芳洲とも旧知の間柄である。対馬側の商人と結託し、朝鮮側は六十五人も加担した密貿易の大事件であった。取引物件は朝鮮人参およそ二百斤、代金は享保銀一〇二貫目、享保小判五二一両、享保一歩金一二〇枚（三十両）であった。

対馬藩は定法を曲げて犯人を立件しなかった。朝鮮にも通告しなかった。彼らを懐柔して後日の役に立てようと思惑した。藩の年寄は儒者三人に意見を求めた。

陶山訥庵は答えた。

「潜商の罪は軽くはない。ただし、これを極刑に処すは見直すべきである。御当代（将軍吉宗）になって死刑は減り、長崎でも死刑はあまり行われていないと聞く。天龍院様（義真）も晩年には、多くの者を処刑されたことを過ちと悟られたようで、後は久しく死刑は行われなかった。今回訳官の潜商も、朝鮮側に通告するのは如何なものか」

芳洲は答えた。

「このことは隣好の間の問題という認識で処置を誤らぬよう、必ず朝鮮側に届け出られ、正使・副使といえども法は等しく処罰されるよう交渉すべきである」

松浦霞沼は芳洲に同調した。

享保六（一七二一）年三月、対馬藩江戸藩邸の家老平田隼人から、幕府からの対馬藩へ対する、朝鮮の薬材調査の指令が届いた。薬材調査とは「物名之書付」という薬名の一覧表で、漢名一〇四種、和名七十四種があった。これに基づいて朝鮮国内での有無を確認、同定するものである。これを調査する者は、倭館内でこれをやらなければならない。倭館外は禁じられているからである。

折しも対馬では、朝鮮の崔尚嵲をはじめ訳官使がなお滞在していた。先に罪を免じられた者たちである。対馬藩は密かに彼らを薬材調査に任じた。彼らは、命にかえても免罪の御厚恩は忘れないとして応じた。

これに附帯して幕府の密命があった。幕府は朝鮮人参を江戸の小石原の薬草園で生育、栽培する考えがあった。朝鮮人参の他国流出は朝鮮の御法度であった。にも拘わらず、享保六年十月から享保八年四月まで、合計十六本の生草（種苗）が対馬藩から将軍吉宗に献上された。訳官使の協力がなければできないことであった。この種苗は小石原の御薬園に移植されたが、うまく行かず、その後、日光にて生育が成功したという。

対馬藩の薬物の関わりあいの始めは、これより先、元禄十二（一六九九）年頃以来のことである。

一方、対馬藩の飛び領地・肥前の田代にも製薬の方法が普及した。

田代領は石高一万三千余の小国である。北に福岡藩、西に佐賀藩、南に久留米藩に接続し、長崎街道が横断した交通の要衝であった。富山の売薬人が久留米藩から売薬御免となったのが寛保三（一七四三）年のことで、田代の領民はこの売薬に接触したはずである。宝暦四（一七五四）年、田代の売薬の「江口奇応丸」が博多で売られた。

ところが宝暦十二（一七六二）年、「郷村における売薬差し止め」が代官所から出された。理由は、百姓から売薬に家業を変える者が出て、その結果、米穀の収入が減少したからである。この達しは幾度も出されたようで、厳密に守られなかった。

天明八（一七八八）年、田代領に売薬制度を設け、売薬に運上銀をとるようにして、藩財政の一助にした。業者を登録させ許可証を交付。一年間に運上銀六百文、株数五十、元締五人と定められた。

対馬藩は釜山に薬種方を置き、朝鮮人参をはじめ多くの薬草を入手した。

朝鮮と対馬との毎年の公貿易品の中に、人参の他に次の物があった。

水牛角　　四三五本

胡椒　　三一〇〇斤
明礬　　一四〇〇斤
丹木　　六七三〇斤

私貿易の主な物は薬種等が多かった。釜山の倭館では、双方の役人が立ち会いのもとに交易が行われた。

田代は多くは草地で、しばしば洪水のため田畑が被害を受けた。一時、その救恤《きゅうじゅつ》のため、飯米、塩、飲料などとともに薬が支給された。これがもととなって、薬草を草地に植えて自作するようになった。田畑を売り、薬専業の農家も出た。折しも富山の売薬人の九州進出に倣い、売薬制度ができ、肥前、肥後、筑前、筑後、豊前と販路が広がった。

田代売薬の「奇応丸」は人参、沈香《じんこう》、麝香《じゃこう》、熊胆《くまのい》、金薄《きんぱく》を調合したもので、このうち人参、沈香は朝鮮からの輸入品であろう。

ちなみに、長崎の小島郷十善寺に長崎奉行牛込忠左衛門によって薬草園が開設されたのが、延宝八（一六八〇）年のことである。田代は長崎街道の中央に位置し、九州南北の十字路でもある。中央と長崎の情報に詳しかった。

では、田代領の薬物商の朝鮮人参及び薬種の入手経路は、対馬藩府中からの直入であったかというと、決してそうではなかった。その大部分は一旦、日本の物産の集積地大坂の対馬藩邸に送られ、それから田代にもたらされたようである。

享保七（一七二二）年に、雨森芳洲の長男・顕之允が対馬藩に出仕した。ところが対馬藩は芳洲を隠退させることはなかった。芳洲は享保九年十月、藩主義誠の御用人を仰せつかり、享保十三年八月には御用人を免じられ裁判役《さいはん》となった。

そして同年、著書『交隣提醒』を著した。同著には、壬申倭乱とその後の釜山の状況についての記事がある。三例をあげる。読み下す。

二七条　……明暦（元・一六五五）年、日光へ参詣仕まつり候様にと（朝鮮の信使へ）仰せ出され候は、御庿《(廟)》制の華美を御見せなさるべきとの事と相聞こえ、（京都の）大仏に立ち寄られ候様にとの事も、一つは日本に珍しき大仏これありと申す事を御知らせ成され、一つは、耳塚を御見せ成され、日本の武威をあらはさるべくとの事と相聞こえ候へども、何れも飄逸なる御所見に候。……御庿制の華美に、朝鮮人の感心いたらすべき様《さま》これ無く、仏の功徳は大小によるまじく候処に、有用の材を費やし、無益の大仏を作られ候事、是またあざけり候の一端に而、耳塚とても豊臣家無名の師《いくさ》（壬申倭乱）を起し、両国無数の人民を殺害せられたる事に候へば、その暴悪を重ねて申し出すべき事に候而、いずれも華燿《かよう》の資《たすけ》には成り申さず、却っ而わが国の不学無識をあらはし候のみに而御座候。……

三二条　古館（豆毛浦）の時分迄は、朝鮮乱後の余威これ有り候故、朝鮮人を無理を以て押し付け置き、（朝鮮の）訳官共その身難儀の余り、中間にて都（李朝）の首尾よろしく取り繕《つくろ》い、成り難き事も成り候様に致し候故、強狼《きようろう》を以て勝ちを取り候を、朝鮮を制御するの良策と心得おり候。新館（草梁）に成り候ては、余威も段々薄く成り、無体に勝ちを取り候事成り難き勢になり候へども、余威の薄くなりたると申す所には心付きこれ無く、此方仕様《しよう》も宜しからざる故とのみ人々存じおり……

五四条　誠信の交と申す事、人々申す事に候へども、多くは字義を分明に仕らざる事これ有り候、誠信と申し候は、実意と申す事にて、互いに欺かず、争わず、真実を以て交わり候を、誠信とは申し候。朝鮮とまことの誠信の交わりを取り行わるべきと思し召し候様に成り候而は、送使をも尽く御辞退なされ、少しも彼の国の造作に御成りなされず候時ならでは、真の誠信とは申し難く、其の訳は、彼の国の書籍を見申し候へば、底意の在る所相知れ申し候。

以上は芳洲が体験したことに基づく実感であった。

裁判役は、渡海して朝鮮側と交渉する役目である。

享保十二（一七二七）年、対馬藩は芳洲の再三にわたる建議により、府中に「韓語司（朝鮮語学校）」を開校した。第一期生は三十九人であった。

享保十四年三月十六日、芳洲は対島府中を発ち、同月二十二日、釜山に着いた。

裁判としての役目は次の通りである。

一　今年で切れる公作米（御買米《おかいまい》）の年限を更新すること。公作米に水や砂を混入する姦弊《かんぺい》（よこしまな悪事）を防ぐため、産地から倭館まで直送させること。また未納の公作米を完納させること。

一　請求の人参や宴貨（音物《いんもつ》用）の紬の質が悪いので、その改善を求めること。

一　寛文六（一六六六）年に堂供送使《どうきょうそうし》（府中東照宮の祭祀料交渉のため派遣される使節）が認められたが、故あって施行されていないので、その復活を求めること。

一　破船回翰並びに公木択品のこと、すなわち、破船使（破船の漂流民を送還する使）に対する返翰を早く出すこと。公貿易で受け取る木綿の質が悪いので、改善させること。

交渉に先立ち、外交儀礼として朝鮮の接慰官による接待がある。茶礼である。四月十九日、宴大庁（公設大宴会場）で、芳洲は接慰官・金声発（梁山郡主）の接待にあずかり、その後、直ちに訓導・玄錦谷と東萊府使へ送る口上書の件で打ち合わせを行った。訓導は、日本人の接待と日本語学習者を教えるため司訳院から釜山に派遣された官人である。

玄錦谷（徳潤）は、芳洲の申し出に理解を示しながらも、公作米の件については申辰の年（一七二四）に中央より「まかりならぬ」と申し付けられ、また堂供送使についても、すでに何十年にもわたり廃《すた》れたことで、今さら再興は難しいと応じた。実は芳洲と錦谷は初対面ではない。

玄徳潤は、号は錦谷、字は道以《とい》、本貫は川寧、粛宗二（一六七六）年の生まれである。粛宗三十一年、増広試（臨時の科挙試験）に合格、官吏となった。倭学教誨嘉善太夫である。正徳の通信使（一七一一年）に従事官・李邦彦の通訳として来日し、駿河の清見寺《せいけんじ》に「東海名区」、「潮音閣」の扁額を寄贈した。能書家であった。芳洲との初対面はこのとき、または訳官として対馬に派遣されたときである。歳は芳洲の七歳年下であった。釜山では誠信堂の責任者であった。

もともと公作米の受給が始まったのは、対馬に田畑が少なく、主食に事欠く有様で、その補塡を朝鮮に頼ったときからである。慶安四（一六五一）年、公貿易によって朝鮮から輸入していた八升木、長さ四十尺の木綿一一〇〇束が粗悪になり、その一部を白米で受け取る「換米の制」ができた。万治三（一六六〇）年、その交換率を、木綿百束分を白米四千俵に替えた。よって、対馬藩が受け取る四百束の木綿のかわりに、毎年一万六〇〇〇俵の白米を朝鮮から受給できるようになったのである。これを公作米と称した。この協定は五カ年の期限付きで、自動更新ではなかった。

直前の草梁倭館の「裁判日記」には次の通りである。

享保九（一七二四）年甲辰十二月二十一日館着

翌年乙巳正月十六日茶礼　松尾杢

公作米の儀申し達する

同五月二十八日

当巳の年より酉の年まで五ケ年入給済み来たる

裁判の松尾杢が享保九年十二月二十一日、倭館に到着した。翌年の正月十六日、茶礼のあと、公作米のことを申し立てた。同五月二十八日、当巳の年（一七二五）から酉の年（一七三〇）まで五カ年分の入給済をいってきた、と読める。

このとき訓導と別差（訓導の補佐）は、九月頃でなくては倭館へ米を納入できないと断った。松尾は、それでは困ると主張した。八月になって、二百俵、すぐに五十俵が入った。都合二五〇俵である。所定の四百俵には、なお一五〇俵の不足であった。

朝鮮側は、この享保十年の公作米の許諾をしたとき、重ねて公作米は行わないと釘を打った。玄訓導があらかじめ「まかりならぬ」と言った意味である。朝鮮国内においては米作が不振で、これにかえて木綿を支給する腹であったが、当時の木綿は粗悪であって受け入れられない代物であった。ましてや米は垂涎の主食である。しかし、ここに対馬藩の弱点があった。これをあからさまに朝鮮に言えない事情があった。これを言えば朝鮮は図に乗って、この弱点を突いてくるに違いない。それでは対等な交渉は保てない。

芳洲は前任者の松尾裁判の苦労をよく承知していた。朝鮮と対馬藩上層部との板挟みである。対馬の朝鮮支配役の家老杉本采女は、対馬藩の米倉が空っぽになっても、朝鮮側にはいうに及ばず、倭館の館守、裁判、一代官以外に倭館に居る者たちにも決して一言も弱点を漏らしてはならない緘口令をしいた。

享保十四（一七二九）年四月二十二日、芳洲は釜山入港後直ちに倭館守平田内膳を訪問し、藩より預かってきた書翰二箱と添え状を渡した。これを待ちかねたように、話しかけてきた者がいた。大浦甚兵衛と名のり、ぎこちなく自分の思いの丈を述べ始めた。

「雨森さまが昨年裁判になられてより、今日お会いするまで、一日千秋の思いでお待ちしておりました」

事情は次の通りである。

これより先、享保十一（一七二六）年二月、順天の朝鮮人漁師五人の船が嵐にあい対馬に漂着した。対馬藩は破船のため、大浦甚兵衛と藤正勝を破船使に任じ、漂民五人を朝鮮へ護送した。朝鮮側はお礼を言うべきはずのところ、受け取りを拒否した。その返書の理由はこうである。

別使護送することは約条に違うことであり、といってきている。もっとも倭館内に待機するは許すも、前例となってはよろしくない。さらに謬《あやまり》を承ってはいけない。務めて大信を存知せよ。

対馬藩は、約条違反の文言のまま受け入れては問題である。改変を求めた。事態は膠着して三年も経過した。

ちょうどこのとき、朝鮮の韓益謙別差が芳洲を迎えに来た。これを目ざとく見つけた大浦甚兵衛は、大声を発して今にも腰の刀に手をかけて、彼を切り付けようとした。

「こいつだ。この野郎がつまらぬ文句をつけやがって、このわしをこの牢獄から出さんのじゃ。この刀で、この野郎を殺してやる」

別差は答えるのも叶わず、直ちに退散した。

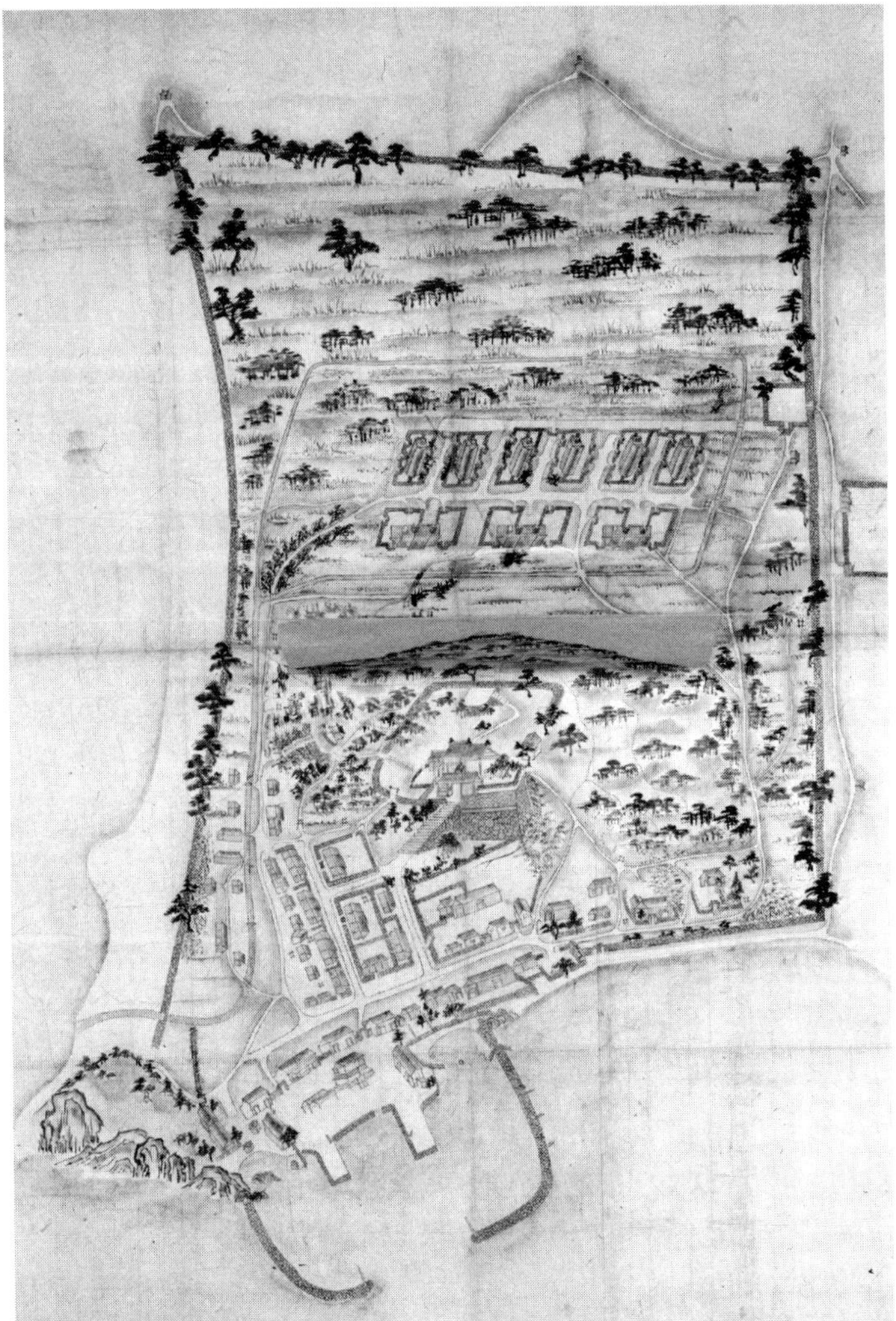

草梁倭館絵図（18～19世紀，長崎県立対馬歴史民俗資料館蔵）

これには前例があった。元禄十六（一七〇三）年二月五日のことである。時の訳官送迎裁判は山川作左衛門であった。裁判の役には、他に信使送迎裁判、公作米年限裁判、幹市裁判（輸入賜物の改品や特別の交渉役）があった。

朝鮮の訳官使・韓同知、副使・朴僉知の一行一〇八人が乗った船が、二月五日の朝、釜山を出航した。新しく対馬藩主になった義方公の祝賀と、亡くなった天龍院公を弔うための使節であった。途中、昼頃から風が激しくなり、迎えの山川作左衛門の船は、やむなく佐須奈と鰐浦の中間にある大浦へと入った。ところが訳官の乗船は、鰐浦湾に入港する直前、沖の岩礁に衝突、大破した。朝鮮人一〇八人と案内人対馬藩士四人全員が行方不明となった。収容された遺体は僅か十二体であった。一人ひとりを白い木綿の布団で丁寧に包み、棺に入れて朝鮮へ送った。

この情報が釜山に達したのは二月十六日であった。安否を知ろうとして、群集が大挙して倭館へ押しかけた。乱入した人の中には日本人を殴打する者まで現れた。朝鮮側はこの海難事故に対して、裁判の不手際が原因で惨事となったとして、裁判山川作左衛門の厳罰を要求してきた。また、倭館からは、海難死した遺族が連日、倭館へ押しかけ、慟哭して地面を叩き、怒って騒動する有様で、急ぎ裁判の処分がなければ事は治まらないと急報してきた。朝鮮側の強行論者は、釜山の開市を中止し、対島への米穀の納入を停止して制裁すべきとした。藩論は朝鮮に味方することに傾き始めた。

藩主義方は芳洲に打開策を問うた。芳洲は答えた。このときはまだ朝鮮方佐役として対馬にいた。

「この災難は運命です。朝鮮人だけが死んで、日本人だけが生き残ったわけでもありません。裁判ひとりの力でどうしようというのですか。もし裁判に科を行わなければ、隣交断絶、撤供撤市と言ってきても、決して聞き入れてはなりません。『春秋左氏伝』もいっております。『むしろ国を以て倒れるもしたがうべからず』」

藩主は倭館の館守・嶋尾八左衛門に命じ、芳洲の言う旨を訳官たちへ厳しく伝達させた。朝鮮での浮言はほどなくおさまった。

ところで、漂着人の返還の件は、玄訓導へ相談するも、なお解決しなかった。もともと朝鮮の船が対馬に漂着した場合、対馬から倭館へ渡航する使船に漂民を同乗させるよう決まったのは、天和二（一六八二）年の信使来日のときであった。この約条には、漂民の生死の別はうたっていなかった。つまり生存者の規定であった。

ところが元禄十（一六九七）年、朝鮮の溺死者が出た。対馬藩は、これに殞命使《いんめいし》として秋山折右衛門を添え、倭館に派遣した。これは対馬藩の好意である。これが慣例となった。この慣例を朝鮮の担当官は最初のとき拒否したが、のちには黙認した。

使者は送還の証明書を朝鮮から受理して、帰国後、藩へ提出する義務があった。

芳洲は玄訓導へ、事の次第を述べて言った。

「享保三（一七一八）年の信使来日のおり、正使・洪致中どのが、対馬藩が漂流使を倭館へ派遣することを問題としてあげられました。

天和の約条があるのに、船が少し破損したくらいで、なぜ破船殞命と名目を立てて別に使者を送ってくるのかと言われました。

藩主義誠が答えました。『破船殞命には使者を差し渡すべしとの約束があり、これに従いました』。

洪正使は『その証拠を見せよ』と要請されました。義誠公の指示で、私が答えました。

私は『本州に漂流すといえども、破船殞命には別使を遣わし護送する事』という天和の約条書を差し出しました。

洪正使は『破船はわかる。しかし殞命は慮外である』と指摘されました。このたびの事件は破船の漂流民に関わる問題である。これを破船殞命と同列に議論できない、と反論されました。

確かにそうです。不審に思って私は後日、朝鮮の記録に、『壬戌（天和）信使の時およそ漂船の馬島に泊する者は九送使の使いに順付してもってくるの事、更に約条を為す』とあるのを確認しました。破船殞命の言葉はありませんでした。不思議なことです。

そのとき、いぶかしげな表情を見せる洪正使に、私は苦しい答弁をしました。

『破船と殞命は、普通の漂民とは違いまして、最初よりその約束をたてておきますのは、隣交を重んじるからです。右の約条は天和二年に始まり、それから今の享保三年まで三十八年間に、対馬に漂着した者はおよそ四十余度、船楫の修理を申し付け、衣服を与え、毎度順付しましたことは、こちらの記録にもはっきり書きつけてございます。そのうち破船あるいは殞命で別使を派遣したことは、わずか四度でございます。どういうお考えで、船が少し損したら破船といい別使者を差し渡してくるとおっしゃるのですか』

洪正使は言われました。『雨森どの、あなたは破船あるいは殞命で別使者を派遣したのは、四度といわれた。けれども（日本の）使者は繰り返し倭館にそのまま長く留まれるよう哀訴するので、遠方の民を安んじるの道に従い、道理を以て使者を責めることができないから、やむなく接待を許した』と答えられました。まさに、お互い誠信の心が通じあったわけです」

ひと息ついで芳洲は結論を述べた。

「本来、こちらからは誠信のため使者を遣わしていたところ、かえって貴国は約条に違いがあると異議を申し立てられました。これは、洪正使に対して、部下の方の復命に滞りがあって、伝達が不十分であったのではないでしょうか。我が国の使者をいつまでも留め置かれますことは、甚だ不当なことです。今後は、破船と殞命を相兼ねますときに使者をもって申し入れるようにします。『約条に違うことあり』という文句を削除なさり、別の書翰にその趣を詳しく認められ、まずは使者を何事もなく帰国させてくだされば、誠信の言葉は光り輝きます」

「雨森どのに誠信の言葉を使われますと恐縮の至りです」

「あなたが、私財をなげうって建てられた訓導のお役所を、その所在地の草梁の地の景勝にも目もくれず、わざわざ誠信堂と名づけられたのは、よく承知しています。恐れ入ります」

当面の課題として残された問題は、堂供送使の件であった。芳洲は玄訓導に訴えた。

「堂供送使はすでに六十四年前（一六六五年）、貴朝廷より許可を得て、木綿百束と決まり、翌年訳官使・金同知どのが渡航のとき、天龍院公（義真）の御前でこのことを申し上げられました。堂供送使の派遣を毎年、万松院《ばんしょういん》送使と兼帯にして実施することを御許可願います」

玄訓導は答えた。

「これについては当時の記録がありません。どういう理由であるのか、許可されながら、そのとき早速実施されなかったのですか。このことを東萊府より尋ねられた場合、どう返答すればよいでしょう」

「そのことについては少々訳があります。当年まで、その裁定に及ばなかったと、（この）裁判（雨森）が申したとおっしゃってください。このことに限らず、訳ありと申すことは世間にはいかほどもあるもので……漢城（朝廷）にも東萊府にもその記録はあるはずです。……貴国先王の御時節にお許しおかれ、こちらの都合で今まで延びていることですので、今さら、まかりならずとは仰せられるはずもないことです」

「貴藩ではそのとき、我が国に堂供送使を派遣して、朝鮮に貿易を請うべきという意見もあり、また朝鮮の手数になるので、貿易のことだけ請い求め、堂供送使を派遣するのは無用とするのがよろしいとの意見も出て、ついに沙汰やみとなったように聞いております」

「それも堂供送使が遅れた理由の一つです。それだけではありません。実は昨年四月に、徳川吉宗公が数十年の廃典を取り行うため日光東照宮を参拝された。国内大小の大名も残らず参詣しました。対馬藩主も今年参謁されました。朝家（朝廷）は言われました。神君徳川家康公の御恩沢に酬いるためです。上は郷士より下々は民にいたるまで、太平無事の境に安住するは、全て神君聖徳の恩沢のおかげであると。わけても対馬の人たる者、この御恩徳を感じ、誠をもって神君の祭祀に心を尽くさなくてはなりません。どうか貴国にも、日光東照宮の祭祀の費用を負担していただきたいのです」

これには次の経緯がある。新井白石の「朝鮮聘使後議」はいう。

文禄の初めに日本朝鮮の戦起りて、其の禍相連なること七年にして太閤秀吉薨逝の後、我国の軍は還る事を得たりき……朝鮮の君臣も明の天子のために其の厄難を援《たす》けられて其の封内をば安堵しけれ共、明の兵猶其国に留まり鎮めて其の将士相驕《おご》り国人を凌轢《りようれき》せし事も、我国の兵禍に大方かはる事もなかりしかば、いかにしても国人を蘇息《そそく》（憩う）せん事をおもひしに、東照宮、御代をしろしめされて前代の非を改められ……やがて両国の和事なりて……百年に及びたり、我国再造の恩においては彼国（朝鮮）の君臣長く忘るべからざる所也。……

対馬の東照宮といわれるのは、寛永十二（一六三五）年、二十代藩主宗義成が将軍家光から家康の「神影」を賜り、万松院の境内に建立した「権現堂」である。万松院は対馬藩主の菩提寺で、慶長二十（一六一五）年に宗義成によって創建された。本堂に徳川将軍歴代の金箔の大位牌が安置され、堂内には朝鮮国王から寄贈された香炉、花瓶、燭台が現存する。

玄訓導は芳洲の要請に応えて言った。

「なるほど、豊臣秀吉による壬辰倭乱ののち、徳川家康公のおかげで両国の平和が今日まで続きました。両国の善隣友好を発展させることは何より必要です。朝鮮は東に日本、西に清国と大国に挟まれています。それだけに両国共に仲良くしていかなければ、朝鮮は成り立ちません。……東萊府に相談し、破船使、堂供送使、公作米のこと、いずれも難題ばかりですが、朝廷に啓聞してもらえるよう働いてみます」

六月九日、李朝は意外な結論を出した。関応洙・東萊府使を罷免した。理由は、玄訓導・韓別差よりの申し立てについて、厳しく抑える立場にありながら、安易に啓聞に及んだことであった。さらに玄・韓両人に対しても、対馬藩の要求に一つひとつその道理を立てて雨森裁判に申し渡すべきであるのに、日本のことを取り持ち、要らざる取り次ぎをしたとして、決棍（杖罪）を申し付けた。

翌日、玄・韓両人が東萊府に召喚される間、劉判事が新任の仮訓導に、黄判事が仮別差に命じられた。玄・韓両人の復職は六日後の十六日であった。戻って来た両人は、ともに足を引きずって歩いた。体刑のためである。芳洲は両人の復帰を喜び、夕食をともにした。伝語官・津和崎徳右衛門を同席させた。玄・韓両人ともに、処刑されたことは口に出さなかった。

新任の東萊府使・李匡世は、対馬藩の要求を再啓聞することを恐れた。玄訓導は頃合いを見て、敢えて李氏に進言した。

「元来、漂流使のことは倭館の館守承りのことです。ことにあなたが李朝において漂流使のことを御前に直接言及されたことは、館内に自然と伝わっています。言及されたことは、容認するお気持ちがあったればこそ、であれば東萊府使になられた上は、何としても御啓聞なされなければ、御一分も相立たないように存じます。近く館守もしくは漂流使が対面訪問するでしょう。ならば、先に再啓聞なさるが適当と存じ上げます」

しばらくの猶予をおいて、李東萊府使は「よかろう」と答えた。

芳洲は玄訓導の勧めに従った。大浦甚兵衛に津和崎徳右衛門と荒川平八をつけて、東萊府へ赴かせた。

八月二十九日、李東萊府使は、奇矯な振る舞いのある大浦との面談を拒み、津和崎徳右衛門と会った。津和崎は再啓聞を求める理由を縷々陳述した。府使は「考えてみよう」と応じた。その五日後、玄訓導から、府使が啓聞を決断したと連絡してきた。

李朝では、担当の尹淳判書（長官）が突然「これでは帝が御命令になるはずがない」と異議を唱えた。これを聞いた玄の弟の判事・玄徳淵が乗り出した。洪判官と朴僉知と協議した。折しも李朝では九月一日、新領議政・洪致中が漢城に赴任するとの情報が寄せられた。閏九月十五日、玄徳淵は洪領議政を訪ね、兄の玄訓導の内証の手紙を手交し、事の顚末を詳述し、改善を懇願した。領議政は応諾した。

判書引見の場で、洪領議政は国王英祖に弁明した。

「今回の漂流使は、書契の中に『後例となるなかれ』という文字があるからと申し立て、足かけ三年にもわたり釜山に滞在し、必ず改撰することを懇願し、死すとも帰りません。誠信の間、これを一切峻拒すれば、漂流使の病気がただ憂慮されるのみならず、そもそも我が国が大国として隣国を哀れみ富裕たる証も損なわれます。むしろ接待を許し、漂流使の生命を活かすのが御慈悲と存じます」

英祖は明言した。

「当初よりすでに約条があれば、これを守り強固なることは金石の如くできる。なければ、さらに議定をなすこともできる。日本人が約条を違反したかどうかは論ぜずともよい。ついにもし約条に従い、堅く執行すれば、誠信の道ではなくなる。日本人の願うところを許してやればいいと思う。皆の者、いかがじゃ」

場内は賛否両論に沸き立った。英祖は一座にのたまわれた。

「些少の是非は論ずるな。もし誠信をもってこれを接待しようとするならば、快く許してやれ」

閏九月二十一日夜、玄訓導は弟徳淵から、破船使の返書が改撰されることの決定の通知を得た。即刻、この知らせを通事に倭館の裁判屋（舎屋）に持って行かせた。翌日、改めて芳洲のもとに啓聞の文書の作成を手伝った。朴正が来て、破船使問題の反対派である前領議政・李光佐の直前の更迭によって、洪致中の就任に至ったことの好運を述べた。

閏九月二十四日、玄訓導が、東萊府に到着した破船使への返翰を芳洲のもとに持参した。早速文章を点検した。「約条に違うことあり」の文言はなかった。

十月十五日、破船使大浦甚兵衛は晴れて、万財丸にて釜山から対馬へ帰国した。

同月、玄訓導は芳洲に、日本の水車の作り方の教授を依頼した。これは正長元（一四三五）年、足利義教の将軍就任祝賀のため来日した通信使（正使・朴瑞生）が日本から持ち帰った水車の模型による作成技術が、朝鮮で育たなかったからである。

芳洲は早速、対馬の大工をひとり呼び寄せるよう手配した。次いで都表の歴々衆から椶呂苗《しゅろなえ》二十本、五月つつじ二十本の要望があり、これも対馬から取り寄せるため、家老宛てに手紙を書いて手配した。対等なる交礼のためである。今までは、ややもすれば、対馬に不足あれば朝鮮にそれをねだっていたが、逆にいえば、朝鮮からの依頼も小さなことでも応じるべきと考えたのである。

享保十四年後半、李朝は対馬の要求、公作米と堂供送使の件については回答を寄越さなかった。

享保十五（一七三〇）年一月、玄・朴両人は、津和崎徳右衛門と荒川平八を坂の下の誠信堂に呼び出し、朝廷の動きを話した。

「堂供送使のことは普通に済まず、雨森裁判が逗留を余議なくされるであろう、しかし、公作米のことは必定昨年のうちに済むだろうと、いい知らせを待ち望んでいました。ところが、このたび備辺司から内報が寄せられました。公作米のことは、先立って年限が済むとき、今度はまかりならぬと申し達していたので、今さら差し許すべきことではない。堂供送使のことも以前、木綿百束をさし許すべしと申したとき、百束が些少という理由で取り合わなかったのを、数十年を経て、今になって理由もなく言ってくることは承服できない、ということでありました。この旨、雨森どのへ御伝達願いたい」

玄・朴両人が都表の対馬藩宛の関文（公文書）を持参したとき、芳洲は言った。

「堂供送使のことは数十年以前に許諾あったことで沙汰やみになり、今改めて申し出ることは、最初と同然の難しさがあるわけで、容易なことではないので、議論、または思慮あることは存じております。しかし、公作米のことは、年限があるとはいいながら数十年連続してきたことで、定例も同然です。それを昔に復し、木綿で相渡されることになれば、一一〇〇束をことごとく細木で受け取ることとなります。細木は時により品質に差が出て、一様にはなりません。とくに最近は品質が落ちています。先年日本の元字銀を差し渡すときに、貨幣の品質が悪くなった分として二割七分を加えた例に準じて、木綿の数を増やされるべきです。都表はこれを御存じですか」

ここでは芳洲は、堂供送使を必要とする理由を明かさない。何となれば、それは対馬藩の財政の逼迫で、自前で処理ができないからである。

「細木は現在決してまかりならざることです。都表では詳しく知られないからです。東萊府でも同然です。前の回の年限が済んだのは、右の尹参政が東萊を相務められたときでした」

「それでは、ひとえに尹参政の不了簡に聞こえます。押し返し啓聞されるべきで、その旨東萊府へお話しくだされ」

二月二十二日、芳洲は玄訓導が東萊府から帰ったことを聞き、玄・朴両人を裁判屋へ呼んだ。玄訓導は報告した。

「李東萊府使は『堂供送使のことは、私のような辺臣の了簡に及ばないことです』と言われました。

公作米年限のことは早く仰せ付けられてしかるべきと申し上げると、『今度都表へ行って私がお叱りを蒙ることはあっても、またまたあなたたちが罪にあうことになっては申し訳ないことです』と言われました。

　そこで内々、李東萊府使は使者の雨森どのに会わずしては啓聞の道もあるまいと言われた由、聞き及んでいましたので、副特送使の宴席のときにお会いなられてはいかがかと申し上げると、もっともだと言われました」

「わかりました。もともと都表への請願の二事ともに駄目だという評議は理解しがたいものです。年限のことは、許されなくては叶わぬことなので許されて、堂供送使のことは不同意にて駄目と言われれば済むことです。それを堂供送使のことは差し控えて、年限のことのみの請願を申し立てよとは、使者として君命に背くことです。いずれにしても、約条を争いました破船使とは訳が違います。しかるべく東萊府へ申し上げてくだされ」

　朴別差が答えた。

「朝鮮も以前の朝鮮ではありません。物力勝れないため、自然とこのような評議に及んだと思われます」

　玄訓導が念を押した。

「結局、都表の様子が厳しく聞こえますので、二事を同時に申し立て、年限のことのみ相済む状況になったとき、堂供送使の件で役目が果たされず、破船使のように長い逗留となられては、都のお叱りも大抵のことでは済みませんし、使者の御迷惑もきりがありません。それが手前どもの第一の心配です。東萊府使もその恐れをお持ちです。そこで雨森どのに、堂供送使のことはこのたびは申さないとの決定のお言葉をいただきたいのです」

「使者たる私としては、堂供送使のことは一概に駄目とは言い難く、東萊に逢いましたら公作米の年限に差し支えず、堂供送使のこともこれきりやめないように申し入れるべきと考えますので、この旨、東萊府使にお伝えくだされ」

二月二十七日、芳洲は年限のこと、堂送送使のことを別々に口上書に認め、玄訓導に預けた。玄は改めて堂供送使の件につき提出に反対したが、芳洲の気持は変わらなかった。

東萊府使との会談は倭館の北、宴大庁で三月十日に行われた。芳洲の脇には玄訓導が、李東萊府使の脇には朴別差が付き添った。

先に芳洲が二事の申請の状況を簡単に、熱意を込めて述べた。李東萊府使は答えた。

「都表に日本の使者から、公作米のことは早く仰せつけられて当然と思います趣を委細、啓聞に認めました。両度さし登らせましたところ、思いがけなくもお叱りを蒙りました。都表の存念は、公作米のことを許したならば、その後には堂供送使のことを仰せかけられるであろうと思われるところから、公作米のこともまかりならずと申され、私どももお叱りにあった次第です。故に、御使者より堂供送使のことは此度はおっしゃらないという一言をいただかなくては、公作米の啓聞はできません。それを押して啓聞に及べば、またもお叱りを蒙ります」

芳洲は答えた。

「堂供送使のことは格別のことですから、朝廷よりできぬとあれば、その是非をいう様になく、できないという御返事を聞いて帰る他はありません。御心配いりません」

李東莱府使は苦渋の面持で言った。

「なるほど、御使者の立場はよく承りました。公作米年限のことのみ啓聞致しましょう」

「そのときは再度、御面会を申し入れることもありましょうから、あらかじめ御了承ください」

四月二十一日、待ちに待った回答が寄せられた。玄・朴両人が裁判屋に来て、公作米の念願の許諾が下りたと告げた。彼らは久しぶりに酒盃をあげた。

翌日に御買米年限の手形が通事によってもたらされた。次の通りである。

覚

一　庚戌（一七三〇）年より甲寅（一七三四）年に至るまで、五年に限り公作米買ふことを許し、
その後公木（木綿）を以て入給すること
朝廷定奪し此れを以て施行すること
訓導　玄僉知印
庚戌四月　日
別差　朴正印

四月二十三日朝、二日前に予告された玄・朴両人が裁判屋に来た。芳洲は今後のことを書付にして示し、話した。

「私に残された役目は、木綿、公作米、求請人参のことです。従来の弊端（よくない事柄）をすっかり取り除いたことを見届け、復命の助けとせよ、との対馬からの達しです。これらのことを、しかと見届けなければ、私は対馬に帰れません。よろしく御配慮願いたい。元禄酉子《ママ》（丙子か？元禄九（一六九六））年に木綿の内よりよろしいと見えるものを選び、測定したところ、長さ日本尺十五尋《ひろ》半、重さ五一〇匁程、幅日本尺一尺一寸とありました。木綿の前後に青糸を織り込み、倭館へ入れるときは中間で姦巧なきこと。御買米のことは各官より直ちに館内へ漕ぎ入ること。釜山浦の倉庫に入れると、米を減らし、水を和したり、もみ砂を混ぜるからである。人参のことは、薬用にならない人参を渡されては誠信の道が立たない。年中の人参を一度に箱に入れて封緘《ふうかん》を確かにし、東莱へ送り、宴享のとき代官中がまかり出て封を開き、受け取るようにいたされたい。堂供送使のことは穏当な御返答くだされたく、啓聞のこと頼み入ります」

至ってこまごましい要求である。使者の使命がかかっている。朴別差が不満を述べた。

「この書付は御貴殿の魂胆がうかがえます。それは、貴国先大王殿下のとき差し許されたと載せておられます。たとえ許されたことでも、現在では許すことができないことはあります」

朴別差は、理不尽な要求とは思っても言わない。押つけの虫のいい話ではないか。

「使者としては、返事を承らずには帰る道理はありません。まず館外に出て、御両人で御相談くだされ」

五月六日、芳洲は朝鮮佐役衆の越常右衛門・松本源左衛門・味木金蔵宛の書簡で、自分の心情を綴った。

「私は残りました御用が良し悪しとも、彼の方の仕方を見届けたら早速帰国いたしたく存じます。御買米直送、堂供送使のことは成り難く思われます。朝鮮のことでどれくらい遅滞するか計りしれません。その上、事がまとまらずにいるとき、私に倭館に逗留を望む心があり、故なく遅延に及ぶかのように批判などありましては、裁判の身分にとり難儀に存じます。殿様のお考えを承り、いよいよ一日でも早く帰国するようにとお思いになられましたら、私は早速封進宴、出宴席のことを申し出、相済まして帰国いたします。これを私より表立って申し上げにくいので、何卒皆様よりそっと殿様にお耳を添えられ、委細御返事くだされば、かたじけなく存じます」

気弱い頼み方である。しかし、公作米の件が解決するまでの苦悩は並大抵ではなかった。解決しなければ対馬が飢餓に陥ったからである。芳洲は自分の年齢を考えた。六十三歳である。余すところは少ない。

享保十（一七二五）年五月、新井白石が六十八歳で死んだ。享保十三年一月、荻生徂徠が六十三歳で死んだ。同年九月、次男徳之允が養子になった義父・松浦霞沼が五十二歳で死んだ。

芳洲は、自分の今回の朝鮮派遣の主題、年限更改の役目は終わった。帰国して成すべきことをすべきである、そう思った。

八月、芳洲は玄訓導への感謝を認《したた》め、これを玄訓導に贈った。読み下す。

誠信堂記

草梁の廨《かい》（役所）を有《たも》つや久し。歳淹《ひさ》しく月深く、風刓《けず》り雨蝕《おか》す。将に傾圮《けいひ》（傾き破る）の患有らんとす。錦谷玄君、任に莅《のぞ》むの明年、乗間（間に乗り）四顧し、慨然として嘆く者之《こと》を久しうす。曰く「此れ何ぞ以て国を揚げて輝かし、官を尊んで瞻《あおぎみ》るに足らんや」と。迺《すなわ》ち貲《し》を損《す》て材を鳩《あつ》め、工を督して修葺《しゅうしゅう》せしむ。堂は其の高からんことを欲するも、唯陋《ろう》（狭い）或《あ》（有と通用）るを恐る。墻《しょう》（垣根）は其の堅からんことを欲するも、惟壊《かい》或《あ》るを恐る。其の他、庁房門廡《もんぶ》（家屋）より以て廐庫《きゅうこ》の小に及ぶまで、煥然《かんぜん》として一新せざる靡《な》し。是《ここ》において人の過《よぎ》る者、輾然《てんぜん》として観悦し、相与《とも》に告げて曰く、「此《かく》の如くんば、方《まさ》に称すべきなり」と。既にして誠信を以て堂に名づく。夫《そ》れ斯《こ》の堂の設《しつらえ》や、北に釜山・開雲の区有り。南に龍台・絶影の勝有り。前は滄溟《そうめい》を俯《ふ》し、後は岡《こう》阜《ふ》に倚《よ》る。邑宇《ゆうう》の饒富《じょうふ》、漁樵《ぎょしょう》の歌呼と、夫《か》の煙嵐《えんらん》の開闔《かいこう》、漁龍の出没とより、以て春禽《しゅんきん》秋月の変換、蓮沼《れんしょう》松逕《しょうけい》の逶迤《いい》（曲がりくねる）たるに至るまで、以て耳を悦ばし目を娯《たの》しますべく、諸《これ》を吟詠に形《あらわ》して心志に適《かな》ふ。皆軒窓の間に萃《あつま》らざるはなし。而して玄君は詩を善くする者なり。曾て一《ひと》たびも此《ここ》に取らずして、而《しか》も堂に名づくるに誠信を以てす。其の故は何ぞや。蓋し交隣の道は誠信をば先となし、而《しか》る後以て其の恙《つつが》なきを保つべし。然りと雖も、久著の信は以て豚魚に及ぶべくも、暫且《ざんしょ》の誠は孺子《じゅし》（幼児）をも動かすに足らず。凡そ斯《こ》の堂に居して交隣の責に任ずる者は、焉《いずく》んぞ泛然《はんぜん》として深思すること或る罔《な》きを得んや。万一智を用ひ巧を逞しうし、利を規《はか》るに私よりすれば、小にしては隣人の懟《うらみ》を致し、大にしては辺事の釁《すき》（欠点）を開かん。則ち卑梁《ひりょう》の桑、梁亭の瓜、禍福の間相去ること、何ぞ啻《ただ》に天淵《てんえん》のみならんや。玄君の人となり、心を沈邃《ちんすい》に処《お》き、公に奉ずるに勤慎、自ら己を警《いまし》むる所以《ゆえん》にして、また将《まさ》に後人に勧めんと欲すること、切なりと謂《い》ふべし、己酉（一七二九）の歳、余適《たまたま》差（使《つかい》）を此に奉じ、其の事を覩《み》て其の志を嘉《よみ》す。実に以て自ら已《や》む能《あた》はざるもの有り。遂に此《これ》を書して以て記と為《な》すと云ふ。

庚戌（一七三〇）中秋十四日　　　　芳洲撰

ちなみに文中、「卑梁の桑」と「梁亭の瓜」は、中国春秋時代の説話による。前者は、呉と楚の国境の村、卑梁と鍾離《しょうり》の子供たちの些細な桑摘みの争いから、両国の戦争が始まったこと。後者は、楚の辺亭人（辺地の宿駅人）が梁の辺亭の瓜畑を荒らしたにもかかわらず、梁の県令・宋就がかえって楚の瓜畑に水を注いで生育した、その仇に報いるに恩をもって返した故事による。戦争と平和の関係は紙一重の例である。

『東莱府誌』草梁公廨《くがい》条によれば、誠信堂は簡単に次の通り記載されている。

誠信堂。十間、内舎八間、行廊十間、歇所（来客の休憩所）五間、沙器庫（瀬戸物収納庫）二間、大門一間、即訓導所処也、丁未（一七二七年）訳官玄徳潤建、有記詩、距府（東萊府）二十七里。

＊朝鮮の里は、日本の里の十分の一である。

ここにあるように、玄訓導は私費をもって誠信堂を修改築し、また同年別差庁（賓日軒・誠信堂南）の修築、さらには宝永六（一七〇九）年には出使庁（柔遠館・誠信堂東）をも修改築した。

芳洲の八月の「誠信堂記」に先立つ一カ月前の七月、玄訓導は「堂記文」を記し、自分の考えを示した。

大抵《およそ》不佞（謙称。玄徳潤を指す）、前後、権（以鎮）尚書に遇い得て、出使庁と訓・別の舎館の重修之を挙ぐ、自ら不佞の（奉仕の）始めなり、而して又自ら、廟堂洎《および》巡相（巡察使）、知府（東萊府使）、諸老爺（諸公）へ□《（対）》し、軫念《しんねん》（心配）せざるなく、告げて輒《すなわ》ち施《ほどこ》す有り、以て重修せる官廨（庁舎）を得た者は十六間、新造の者は六十八間、而して其の制作する所、宏麗にあらずと雖も、克く我が□《（国）》朝の威徳を闡《あつむ》、益遠人（日本人）の観瞻《かんせん》（仰ぎ見る）を侈《あつ》む、亦待（期待）有るが似《ごと》く而然る也、功を告げて訖《きつ》す、遂に其堂に扁（額）して誠信と曰う、諸君は不佞の諸額に属（注目）す、不佞亦嘗て是役を周旋（応接）す、以て題名を其の上にし幸いと為す、以て拙陋《せつろう》（拙者）の辞とせず、誠信の二字を大書す……

さらに玄訓導は「誠信堂記」を書し、末尾を詩で飾った。

境連桑域日生東　　境は桑域（日本）に連なり　日は東に生まる
新構高楼圧海雄　　新構の高楼は　海の雄を圧す
許国身軽今白髪　　許国の身軽くも　今は白髪
交隣義重只丹衷　　交隣の義重く　只丹（心）は衷《まごころ》
天涵雲水蒼茫外　　天は涵《うるお》す　雲水は蒼茫（空や海）の外
山指蓬瀛隠現中　　山は指す　蓬瀛《ほうえい》（済州島の漢拏山《ハルラサン》）が見えかくれする
幸値明時無警報　　幸いに明時に値《あ》い　警報（心配事）無く
太平歌頌与人同　　太平の歌頌《かしょう》（功徳をほめたたえる）　人と与に同ず

事終えて、芳洲一行が釜山を後にしたのは十月二日であった。同伴者は先に釜山派遣時も同伴した松浦文平（芳洲の次男徳之允）、畔蒜伯麟、大浦徳太郎であった。彼らは学問稽古のための訪朝であった。乗船に先立ち、館主の振る舞いで芳洲と玄は小宴の席につき、別れを惜しんだ。玄の詩に芳洲は返詩した。

奉次錦谷公見示韻

殊方知己有玄公
妙誉曾轟我日東
余事淋漓揮酒処
銀鈎鉄画晋時風

殊方（他郷）の知己に玄公有り
妙なる誉れ　曾て我が日東（日本）に轟く
余事（本職の外）は淋漓《りんり》（筆勢盛大）たり　酒処に揮《ふる》う
銀鈎《ぎんこう》（巧みなる筆跡）鉄画（堅固なる画）時風（風俗）に晋《すす》む

同年、対馬藩は玄の功績に対して公木六束を贈って褒賞とした。

享保十六（一七三一）年三月二日、対馬藩は、釜山訓導職を退任した玄に「御褒賞品」として、公木七束を贈った。

享保二十一（一七三六）年三月十六日、東萊府使・李重協は英祖八（一七三二）年に著した「堂記文」にて、玄の人柄を賞讃した。

……（東萊）府使・李匡世（在任一七二九〜三〇）は玄訓導の一年（留任）を仍《なお》請（願）す、（玄は）而して又百余の貫銭を捐し、（誠心堂の）未だ尽《つ》きざるの役（未完の工事）を訖《おわ》る、翬《きじ》の矢の輪煥（するが如く鮮やかに）す、頓に前観（前の景観）を改む、廊（行廊）・厨（厨房）・厩（馬屋）・圂（便所）、皆並んで整治（整理整頓）す、遂に其の堂を名付て以て誠信とす、美しき哉名也。……惟是、吾が誠を尽くせば而後、人亦誠を以て而して敢えて偽らず、吾の信を行えば而して後、人亦信を以て而して敢えて欺かず、誠信の道、諸四海（世界）に放ち而して準ずべき也。

元文二（一七三七）年八月十日、前年十二月二十日、玄の継母・劉夫人が死去し、以後それを悼み喪に服し続けていたため、玄徳潤は衰弱死した。六十二歳であった。芳洲は、玄と別れてのち玄が死去するまで会うことはなかった。

宝暦五（一七五五）年正月六日、芳洲は府中日吉の別荘で死去した。八十八歳であった。以酊庵堅長老（嵯峨天竜寺三秀院住持）が引導を渡した。遺骸は長寿院の裏手の山中に葬られた。墓碑には「雨森芳洲先生之墓」とある。

11 薩摩芋物語

徳川家治《いえはる》将軍就任祝いに朝鮮信使が日本に向かったのは、明和元（一七六四）年である。正使・趙曮《ちょうげん》、副使・李仁培、製述官・南玉であった。一行は往路、対馬に立ち寄った。これに同行した金仁謙の著作『日東壮遊歌』の十月十五日、大浦（対馬）に次の歌がある（一部抜粋）。

この島は土地が痩せており、ろくなものが穫れないから
孝子土卵《こうしどらん》（さつまいも）を植えて　それで飢えを凌ぐという
米三升を持って行き　買ってきて蒸して食べてみる
姿形は何首烏藷《かしゅういも》（やまいも）に似ており　まことに美味
長芋のように柔らかいが　甘みははるかに勝《まさ》っている
この種を持ち帰り　我が国にも植えつけ
貧しい百姓らに　飢饉の年に食べさせれば
まことに結構だと思われるが　時季がいかにも悪く

持ち帰るのに困難とのこと　種を採るのは難しそうだ

これを現実に朝鮮に持ち帰ったのが、正使・趙曮であった。同人の著作『海槎《かいさ》日記』翌年六月十八日付を一部抜粋して読み下す。

島中に食すべき草の根あり、名つけて甘藷と曰う。あるいは孝子麻と謂う。倭音で「古貴為麻《こきいま》」である。其の形あるいは山薬（長芋）の如く、あるいは菁根（蕪の根）の如く、あるいは瓜の如く、芋（里芋）の如し。其の状一ならず、其の葉は山薬の葉の如し。而して稍《やや》大きくて厚い、微かに赤色有り。其の蔓も亦、山薬の蔓より大きい。其の味は山薬に比して稍堅い、実に真気（粘気）有り。あるいは半焼きの栗の味に似る。生で食するも亦可也。炙って食するも可也。烹《に》て食するも亦可也。穀と和して糜粥《かゆ》を作るも可也。清（清水）と拌《かきまぜ》て正果（果物）と為すも可也。あるいは、餅を作り、あるいは飯に和し、而して不可無し、所謂救荒の好材料也。此物聞くに南京自り日本に流入す、日本の陸地、諸島の間、多く之有り、而して（対）馬島尤も盛んという。其の種えるの法は、春和の後、向陽の処に於いて之を植える。其の草の蔓の出土稍長くなるを待ち、其の蔓を取って、間に一、二節、地に貼り土を掩《おお》う、則ち其の掩う所に随って、輒ち皆卵を抱く。卵の大小、必ず土の品（質）の当否に随う矣。葉脱し秋高の後、其の根を採取し、一坑を稍深く坎《ほ》り、藷を一匝《ひとめぐりしき》鋪並べる。土数寸を実たし、復甘藷を鋪ならべ、又土を堅く実たす。是如きは、五、六層にして後、多く藁草を積み、厚く土を蓋《おお》い築き、風雨を避け俾《へい》せしめ、腐傷を免じ得る。春を待ちて種を出し法の如く云う矣。

昨年始め佐須奈浦に到る。甘藷を見、数斗を求め得、釜山浦に出送す。之の種を取ら使《し》む。今回路（帰路）に於いて又求め得て、将に萊州校使の輩に授け、行中の諸人、亦得て去る者は、此物能く皆生じ、わが国に広布し、果たせば（高麗時代末期の）文（益漸・元から綿の種をもたらし、綿花栽培し、繁殖させた貢献者）が綿之為に興すが（如し）。則ち豈東民（朝鮮人）の大助にならざらん耶《や》。萊州に種える所、若し能く蔓延して、済州及び他の島に移栽するが宜しきと為すに似たり。聞けば済州の土俗、あるいは（対）馬島に多く似る。甘藷蔓盛を果たすが如くならば、則ち、済民の歳を逐い哺《はぐく》み、羅倉（役所）の舟を泛《うか》べ穀（物）を運ぶを、蔗《ねがわく》は除かるべき矣。但し、地宜未詳、土産皆異なる、審殖の意之如く、亦何ぞ必すべけんや。

余談ながら、趙曮は日本の水車にも関心を抱いた。同年、江戸からの帰途、正月二十七日、『海槎日記』に記した。

平方の官所に入る、地は河内州に属す、朝飯後旋ち即ち船に登る、纜《ともづな》を曳きて進む、河水稍広く、野色愈潤し、土地肥沃、村落連続す、其の南部西京の相接する処たるを思ふべき也。淀浦を望み見る、青浦四囲、白雉江に浮かび、樹林葱蔚《ねぎい》（青く盛ん）、楼台陰映す、城外、水車二座あり、状は繅繅《そう》車の如く、波を逐うて自ら転じ、水を酌み、桶に注ぎ、城中に濯《すす》ぎ入る、別破陣（官命）許圭・都訓導・卞璞をして詳らかに其の制様を望ましむ、もし能く其の制作を我が国に移して、之を用ゆるを得ば、即ち其の灌田の道に於いて利ありと謂うべし、未だ両人能く必ず成すべきやを知らざるなり。

すでにして、水車の件は享保十四（一七三〇）年十月、雨森芳洲が玄訓導の依頼により水車の作り方を請われたので、対馬藩の大工に依頼して釜山に派遣せしめていたのが、なお普及しなかったのであろう。三十四年振りのことである。ことほど左様に水車の作り方はむつかしかったのであろう。木を曲線に加工する技術は容易に理解、実作できなかった。

対馬への薩摩芋の導入は正徳四（一七一四）年十一月十三日、「琉球芋」の名目で孝行芋一三〇〇個が、長崎役平田三左衛門から対馬郡奉行に送り届けられたのが最初である。

「郡方日帳書抜」の記録に次の通り記述された。

……右の芋種、八郷（対馬）へ分け下し幷に作り付け、種用に嗜み様の次第等、長崎より申し来り候趣、委細申し下し右の事。同廿六日。

翌正徳五（一七一五）年十二月朔日、対島藩は八郷へ再度、種芋を配布することの触れを出した。

去年唐芋の種を八郷へ指し下し候得共、悉く損し、生育致さず候。

この芋はその後、生育に成功しなかった模様である。ちなみに八郷とは、豊崎、佐護、伊奈、三根、仁位、与良、佐須、豆酘《つつ》の各郷である。

同年十月二十二日、群奉行所は指令した。

……兼々噂申し聞かれ候、唐芋の儀、以前御郡方走番勤め候三郎右衛門と申す者、当年伊奈郷久原村に植付け、余程作徳これある由に付、彼の者を御郡役所へ召し寄せ、種の嗜み様並びに植え付け様の次第、荒増《あらまし》承り候て、八郷村々へ植え付させ、段々作り覚え候へば百姓ども食用の助に罷り成るべくと存ぜられ候間、芋種を三・四百斤の間、三郎右衛門方より郷中用銀を以て相調え、その種を府内に取り寄せられ、よき場所を見立て右三郎右衛門を相付け囲い置き、植様の次第、種の嗜み様、郷々に三郎右衛門より委しく教えさせ置かれ、来春植付の時節に至り、郷々へ差し下し植付させ申すべくと存ぜられ候由、委細承り届け候。……

ここで問題は、三郎右衛門が調達した芋種が、長崎経由で対馬にもたらされた物でないことである。当時、長崎経由以外に考えられるのは、次の二通りである。

一つは中国から琉球経由で薩摩に入った物である。万暦三十三（一六〇五）年、琉球の野国総管

（本名不詳、野国は地名、総管は役名）が中国福建省から蕃藷《ばんしょ》を鉢植えにして持ち帰り、それを儀間真常《ぎましんじょう》（一五五七〜一六四四）が教えを乞うて栽培法を習い、成功したというものである。これを薩摩に導入したのは指宿の漁師前田利右衛門である。宝永二（一七〇五）年である。

別の経路は平戸である。英国人三浦按針《あんじん》（ウイリアム・アダムズ）が平戸のイギリス商館長リチャード・コックスの命を受けて、シー・アドベンチャー号の船長としてタイへの途上、不穏な船内の動きを察知して引き返し、五島に立ち寄った。その際、沖縄から持ち帰った一袋の薩摩芋をコックスに贈った。元和元（一六一五）年である。コックスは「庭に手を入れて、リケア（琉球）から将来された藷をそこに植えた」。一年当たり十匁の借り賃を払った。事後の生育については不明であるが、琉球芋の名を残した。

これらは青木昆陽《こんよう》が江戸小石川養生所及び御薬園、下総国馬加《まくわり》村、並びに上総国不動堂村に薩摩芋の試作を始めた享保二十（一七三五）年より、はるかに以前のことである。

後世、原田三郎右衛門が若年に儒者陶山訥庵に親近し、その指示で薩摩に薩摩芋の探索におもむき、秘密裏にこれを獲得して対馬に持ち帰ったと伝説にいうが、これを証明する記録はない。いずれにしても、三郎右衛門の薩摩芋の入手先は以上の二方のどちらかであろう。

訥庵は三郎右衛門について、享保七（一七二二）年編の『老農類語』にて次のようにいうのみである。

是州ニテ初メテ孝行芋ノ種子ヲ他方ヨリ求メ来リ、種《う》ウル道ヲモ伝へ来タレルハ、伊奈郷久原村ニ生レテ、其後府中ニ住セシ三郎右衛門トイフ者ナリ、是ノ者モ功アル人ノ徒ナリト云ウベシ。

訥庵は対馬の農業についても功績を残した。元禄十三（一七〇〇）年、猪の作物荒しを防禦するため、「猪鹿追詰」の策略を建議、九年にわたってこの難事業を完了し、農業を刷新、民・百姓に恩恵をもたらした。甘藷についても、その普及に努めた。『栗孝行芋植立下知覚書』にいう。

栗は木実の実のらぬ年にても実のり、孝行芋は作物の出来ぬ年にても出来るものにて、嶮岨《けんそ》の山には栗を植え、平坦な山地には孝行芋を植べし。

さらに『甘藷説』を著した。一部を次に述べる。

本草綱目に異物志を引きて、甘藷は広州南方より出ると記し、農業全書に閩書を引きて、萬暦中に閩人これを外国より得来ると記し、薩摩長州にては琉球芋とも云ひ、赤芋とも云ふと記せり、赤芋と名づくるは色を以て名づけ、琉球芋と名づくるは、長崎に種子を薩摩より得来り、薩摩に種子を琉球より得来る故ならん、俗に孝行芋と名づくるは、昔貧家の孝子の山に行きける時に、芋あるを見つけ、掘り取り帰りて種《う》へ広めけるゆへ、天より孝子に賜へる福なりとて、孝行芋と名づくると云へり。……

　この洲（対馬）の郷村にて藷に宜しき土地は多く、宜しからぬは稀なると聞こえ、与良郷の内山村は、この州にて海に遠き山村の第一なる故か、殊に藷に宜しからぬと云うなり、海辺の村の作所の中てにも、海に近き作所は、寒気軽く暖気の来る事早くして、寒気の来る事晩く、海に遠き作所は、寒気強く、暖気の来る事晩くして、寒気の来る事早かるべし、是の類の考え年々に精しくなり、種植も年々精しくならば、利益の及ぶ所も段々と広くなるべし。……

　農業全書に農政全書を引きて、五穀の外の植え物に、藷の及ぶ物なし、昔藷を未だ作らざる国に、種子を求めて広く作りたるは、其の後は如何なる重き凶年にても、飢饉の禍なかりしと記せり、五穀は諸菜より貴とけれども、功はただ人を養うにあり、藷は菜の類なれども、当年に出来おほく凶年に損すくなくして、広く人々を養う功は、穀に勝れる所もあるなり、藷の足りて飢へざるは、米の足らずして飢へたるに勝らん。


三郎右衛門が薩摩芋の栽培法について指導者として重用されるには、相当の修業を要したと思われるが、それをどこで修業したかも不明である。しかも、指導に対して合力銀を給された。いかに彼の貢献度が高かったかを示す証である。

　享保八（一七二三）年、御軍支配の平田隼人が郡奉行所に宛てた書付はいう。

三郎右衛門儀妻子これ無く独身の者の由聞き及び候得共、府中にて竈《かまど》立て仰せ付けられ、親類の内を見立て次第に養子相極め、孝行芋を村中の作人過半作り覚へ候村々の、作り覚へ候者共より少しばかりづつ出し立て候合力の穀物を以て、以後も名跡相続致し候様に……

文中の「竈立て」とは百姓窯のことで、当時の農政では、均田政策にて、この割り当てを受ける資格をもって農民を「本戸」といい、本戸一戸あたりの割り当て地を「一竈」といった。

同年十月、合力案が示されたが、翌年四月、百姓の割当額が定められた。

一　その村の百姓一人前の地面を請持つ者　（新銀）七分

一　右以外の百姓　請持の地面の割合により割り付ける額（ただし、一分以内の地面請込者は免除）

一　給地寺社領自作者及び知行地の作人で百姓一人前ほどの地面の者　三分五厘

一　知行地の作人で百姓一人前以内の地面の者　請込地の割合により割り付ける（ただし、一分以内の地面の者は免除）

よって八郷の負担総額は、銭一貫八三四匁二分一厘八毛であった。

享保九（一七二四）年及び元文五（一七四〇）年の各郷の孝行芋の収穫は次の通りである。

	享保九（一七二四）年	元文五（一七四〇）年
豊崎郷	二四六俵	二〇三六俵

佐渡郷	四一三俵	一八六三俵
伊奈郷	一七一五俵	二三四一俵
三根郷	一五七八俵	二〇一二俵
仁位郷	一〇六六俵	三六二六俵
与良郷	一三九八俵	二六九一俵
佐須郷	三四〇俵	二〇四五俵
豆酘郷	四〇六俵	一二二四俵

享保十七（一七三二）年六月二十四日、陶山訥庵は死去した。七十四歳であった。元文五（一七四〇）年八月十日、原田三郎右衛門は死んだ。久田道の光清寺墓地に葬られた。「釈穐芳信士不退位」と刻字されている。

　趙曮のもたらした薩摩芋は、絶影島、済州島、及び慶州・全羅の南部各地に移植された。しかし、広く伝播するまでに至らなかった。趙曮の志を継いだのが徐有榘《じょゆうく》であった。有榘は純祖三十四（天保五・一八三四）年、湖南巡察使のとき『種藷譜』を著し、改めて対馬から藷種を得、実地に移植もし、朝鮮南部より中部にかけて広く蔓延せしめた。孝行芋は「コグマ」との愛称を得、今日も栽培されている。

　絶影島の芋は当初小型で商品にはならなかったが、現在おおよそ三千坪の芋畑が耕作され、また

コグマ芋を背負った農夫像（絶影島・サツマイモ始培地歴史公園。仁位孝雄氏提供）

同地には、コグマ到来を記念した「サツマイモ始培地歴史公園」として、青鶴洞の山上に「青鶴配水池展望台」が設営され、コグマ芋を背負った農夫の立像が建てられた。

済州島でも当初、甘藷栽培は広がらず、普及したのは日本との併合条約締結以後のことで、明治四十三（一九一〇）年とされる。一九六〇年代が最盛期で、朝鮮国全体のデンプン生産の六割を占めた。

12 易地聘礼と幻の信使

十代将軍徳川家治は天明六（一七八六）年九月八日、逝去した。あとを継いだのが家斉《いえなり》で、天明七（一七八七）年四月十五日、宣下された。

将軍の変更は朝鮮に通告することを要した。同年三月、慣例にて幕命により、対馬藩は俵郡左衛門を正官・告訃大差使（家治死去通知）として朝鮮に派遣した。礼曹参判、参議、東萊府使、釜山僉使宛ての書契・礼物を持参した。次いで七月に平田隼人を告慶大差使（家斉就任通知）として送った。

この二回の大差使に対して、朝鮮は京接慰官、差備官を釜山へ下し設宴し、ついで司訳院の任じた堂上訳官・李僉和ら六十六名を同年十二月二十五日、対馬府中に送り、哀悼、祝賀の意を表した。折しも前老中田沼意次が天明六年に失脚し、そのあとを受けたのが陸奥国白河藩主（十一万石）松平定信であった。天明七年六月十六日であった。白河藩は天明六年の陸奥の大不作による飢饉にもかかわらず、一人の餓死者も出さず、その治政の業績が買われたのである。

家斉就任に際して、幕府の信使受け入れは天明八年三月、「先格の通り」とされた。ところが、その三カ月後の六月、不意に聘礼の延期が達せられた。

これには老中松平定信の施策があった。後年、定信によって著された自叙伝『宇下人言《うげのひとごと》』に定信の本意がある。

されぱいまその礼（聘礼）を制せられんには、させる事にあらずして力をも労し、又々正徳御新礼（令）（新井白石が改革した聘礼の方式）の如くにか成なん、しかればこの聘使は対州にて迎接してすむべけれ。この迎接の事、議せんにも同列にはいまだその人あらず。ことに朝鮮より聘使の義何はんも程ちかければ、まづ延聘之義をなしてこそと一決し、その旨言上し、五山相国寺之長老など呼びてみづから談じ、延聘之義とり行ひしが、ことによくとゝのひて彼方にも尤に聞うけり。その延聘のことばとせしは、ちか比饑《ごろ》饉つゞき侍れば、その大費に給する事なし。只今はその下を救ふの故のみ也といひやりたりけり。

すでにして、ここには対馬易地《えきち》聘礼のことが予告されている。それは老中松平定信が就任後、対馬藩家老大森繁右衛門を召し、朝鮮信使来聘につき、天下の財政逼迫のおり経費節約如何を問われ、易地聘礼の案を進言したことに由来する。対馬藩にとっても、経費の節約は最大の課題であったのである。

天明八（一七八八）年十月、対馬藩家老古川図書を正官とする通信使請退大差使一行は、釜山草梁倭館に入り、館守・戸田頼母らと協議した。

朝鮮の倭学訓導・金徳淵、崔国禎は、延期を拒否した。大差使の派遣が規定外であること、延期の理由が明確でない、年限も明記がないとした。

礼曹参判宛ての書契は次の通りである。

但し本邦の比年凶倹を以て、穀物稔らず、億兆、離れて凋弊之患う、大君新政す、仁恵在るを要す、庶官承り行う、一に撫恤（救済）を以て務めと為す、庶わくは幾歳月弥久、而膏沢（めぐみの雨）の洽（潤す）遺《わす》る無き也、乃てこの時に於いて、貴国大使儼然として来臻《らいしん》す（やって来る）、則ち所に調発在り、民は奔命に傜（労役）し、其の労苦の状、猶卉木（果樹）の将に折れんとする萌《きざし》也。

古川図書は延期申請の回答を得るまで強引に釜山に留まり続けた。東萊府使・金履禧はようやく政府に馳啓した。備辺司は、交隣の道は約条を謹守すること、規外の使者の接待は論外として、使者の帰国を上申した。朝鮮国王正祖は容認を決断した。いたずらに規約にこだわり、かえって客館滞留を招くのは害ありと結論した。

日本の使者は政府高官の宴享を受けた。延聘の受諾であった。寛政元（一七八九）年三月七日、古川図書は礼曹参判・金魯淳の回答書契・礼物を受けて帰国した。延期の年限について更示を待つとあった。

次の問題は、迎接の場所を対馬に変更することであった。

天明八（一七八八）年、松平定信は京都御所・二条城修築のため上洛し、このついでに懐徳堂の学主中井竹山に会った。同堂は私営である、朝鮮について諮問した。翌年に竹山は「草茅危言」を著し、定信に進呈した。「朝鮮の事」についていう。全四項目について略記する。

一　神功の遠征以来、韓国服従朝貢し、我属国たる事、歴代久しく絶ざりしに、今の勢是に異なり、其故は御当家の初豊公（秀吉）瀆武《とうぶ》（武をけがす）の局を結び一時の権を以て隣交を修玉ふ御事成しかば、渠《かれ》も以前の如く我皇京に朝貢するに非ず、唯好を江都に通するのみなれば、属国共し難く聘使を待に客礼を以てせざること能はず、豊家に由無き兵端を開かれし故、止事《やむ》を得ずして、斯る勢と成たる者也。其諸侯（大名）に命有りて、往反の駅次供億（接待）盛なるは元来日本の豊富を示し給ふの意成べきを、侯国（大名国）にておひおひ取誤り、韓使を重んじ御馳走の盛ん成と心得らるる勢有、因て承平以来外を飾て内は究（窮）せる侯国、此供億の大費に追々甚困むことと成れり、元来蕞爾《さいじ》（小国）たる偏邦（韓国）の使价仮令今は属国に非ずとも、斯迄天下の財粟を傾け応接するに及ばざることとなるべし、……然らば旧式を大いに変して沿道侯国の疾苦とならぬ様の御処置も、定て有べき御ことと俯伏して待のみ。

一　朝鮮は武力を以て我に加る事所詮ならざる故、文事を以て来り凌んとすること、誠に新筑州（新井白石）の五事略に論せし如く成べし、因て我邦の学に暗きの虚に乗じ、我知らざるを欺て道中の鹵簿《ろぼ》（行列）に巡視の旗、清道の旗、令の旗抔建てること無礼の甚敷者也、巡視は領内を巡見する也、我か邦を渠か属国として使者を遣し巡見する心也。清道は道筋を掃除せよと也、沿道諸侯の丁寧成《なる》掃除接待を忝と謝す可こと成を却って使者の道筋を能掃徐せよと命ずるは何事ぞや、令の旗は日本に号令する程に能聴けとの事也、……外に正徳年中に新筑州の裁抑せられし事品々有て、往々時宜を得たれども、其後また旧に復したる事も多き様に覚ゆ、是皆修学有り度者也、筑州の時には下乗並びに御回書のこと抔差し掛かり強いて裁抑にて手荒き勢も有りし、夫故聘使は帰国の上にて使命を辱しむるとて皆罪せられしと聞き及びたり、是は戦国の時の使命の目角立てたる姿にて善隣の交意に背きし所有、とかく素定の所大切にて何事も彼方より得心の上のこと成るべし、旗のことも右の如く申者も詰問せんに、渠は陳して清道は行列の前駆の者露掃の心にて曽て掃徐を命ずる心に非ず、令は我一行の人衆に令する時の用に侍するにて外国に令するには非ず抔、云はば苦しからざるとも云うべけれども、何分に巡使は罪を逃るる所無く可、此無礼一つ有故其外も心元なく思はる。……

一　韓使は文事を主張する故、随分文才に秀てたるを撰み差越すと見えたり、故に沿道客館にて侯国の儒臣と詩文贈答筆談の事多し、此方の儒臣多き中に文才の長ぜぬもの有て我国の出色とならぬもまま見えて残念也、夫はさておき又三都にては平人迄も手寄さへあれば館中に入て贈答するに官禁もなければ、浮華の徒先を争て出ることになり、館中雑踏して市の如く辣文悪詩を以て韓客に冒触し、其甚しきは一向未熟の輩百日も前より七律一首様の詩荷ひ出し、夫を懐中し膝行頓首して出し、・篇の和韻を得て終身の栄として人に誇る抔笑ふ可、斯ることなれば、韓客は諸人を蔑視し、数十篇の詩を前に積置、筆に任せ是を和するに其中に声律違ひ韻の違ひたる様の詩あれば墨を付投げ出し反すを、広座の内よりにじり出て拾ひ取懐中して退く抔見ぐるしきことの限りなるべし。……

一　韓人来聘は隣交の礼にて欠くべからざる事成べけれども、今日にては大に両国を疲しむる事に成たれば、互に省略していかに事を殺しても隣交の礼さへ立たらば、済可とならば先儒も論ぜし如く、彼方より僅の人数にて対州迄渡し、国書聘物ばかりを受取て上達し、此方よりも御返簡並に酬幣を対州迄遣され相渡し、双方とも対州切にて礼を畢《おえ》て使者を返させられば、是にて事済み、彼方にても大に悦ぶ可、官にても大に経費を省、天下の諸侯億兆の民迄、永く肩を息《やすめ》ることとなるべし。……

竹山の『草茅危言』は定信の施政に大きく影響した。

寛政三（一七九一）年五月、松平定信は自邸に対馬藩家老平田又左衛門・大森繁右衛門を呼び出し、易地交渉を命じた。対馬藩では異論があったが、大森繁右衛門の主張により、同年七月、平田隼人を通信使議定大差使に任命、朝鮮へ派遣した。易地聘礼にする理由は、凶作と失火により財力が蕩尽し、再び延聘を請うには隣交の意を失するので、対馬にて通聘したいとした。さらに、対馬藩主義功は十一月、礼曹参判・参議に書契を発した。読み下す。

> 通聘の一事は本より容易に非ず、彼これと煩劇して費用之甚だし、豈言を待たん哉、加之《しかのみならず》或は復凶年有るに至る、再び緩期を告ぐ、則ち両国結交之本意に負《そむ》くを恐る、要は之、経久之策、簡易に如く莫れ、是により、自今貴使至る毎に、輒ち本州迎待に就き以て聘を竣《おわ》らん事を欲す、其の意他無し、庶幾《こいねがわく》は通交之際、務めて簡易を以てし、行礼の時に及び彼此相約の永く定制と為さん焉。

東莱府使・柳烱は、これを所定の規外で狡猾な申し出として拒否すべく廟堂に馳啓し、正祖もこれに同意した。再三の交渉がもたれたが同意に至らず、ついに対馬藩は書契の受理のみを要求し、その挙げ句、東莱府の拒否は対馬藩主の幕府に対する責任問題であると言明した。すなわち、これは幕命であるからである。

ついに備辺司は、書契のみを受け、礼物を拒否したが、領議政・洪楽性の意見で修正し、書契・礼物を受諾、易地聘礼は応じられないが延聘は差し支えないと決した。平田隼人議定大差使は、この回答礼曹の書契を受け取ることを幕府から承認を得、寛政七（一七九五）年二月、対馬に帰った。これにより幕府も信使迎接延期を決定した。

ちなみに、この二年前、寛政五（一七九三）年、老中松平定信は溜間《たまりのま》詰に退いた。あとを継いだ松平信明《のぶあきら》は、寛政の改革において定信を補佐した立場にあり、定信が布いた政策は踏襲されたのである。

寛政八（正祖二十・一七九六）年八月二十九日、渡海訳官・朴俊漢が対馬府中を訪れた。目的は、将軍世子竹千代死去・敏次郎世子立儲《りっちょ》（皇太子を定める）・対馬藩主義功（富寿）襲封などの弔慰、致賀、問慰のためであった。この交渉で朴は、廟堂への取り持ちと易地聘礼の実施を約束した。対馬藩としては願ってもないことである。その代償として、朴に銅鉄二千斤の手標・各種物品を贈与した。また協力者の崔同禎に七千両、崔珂に一万六千余両を贈った。

交渉の内容は、員役三使のうち一人を減らす、礼単参（土産）は三分の一にする。信使人選は七、八年延期する。この前、東萊府使・鄭尚愚から人参を三十三斤に減少することも、朝鮮より省弊第一項とする書契に伝えられていた。さらに礼曹参議・尹行元・東萊府使・金達淳の書契が対馬に送られ、講定も三年以内に結ぶことが了解された。講定は、聘礼の実施項目制定の会議のことである。

堂上訳官・朴俊漢は対馬に四カ月滞在、同年十二月、釜山に帰った。

これらは、のち戊午（一七九八）年の「戊午協定」にまとめられた。

正祖死去後の享和二（一八〇二）年より通信使講定裁判・戸田頼母と倭学訓導・崔珂との交渉が始まり、次いで戸田と朴致倹との交渉、文化二（一八〇五）年には崔国禎との交渉で、「通信使行節目」が成立した。

ここに至って朝鮮内に異変が起こった。「倭学訳官獄」事件である。朴俊漢らの作成した文書が偽造されたものであったことが発覚した。倭学訓導・崔珂、講定訳官・崔国禎、偽造書写者・朴潤漢、図署偽刻者・金漢謨らは、草梁倭館前にて梟首、陪小通事・金武彦は減死定配、すでに死亡していた朴俊漢・朴致倹は諸子散配、東萊府使・鄭晩錫は問責処分された。

これには対馬藩家老大森繁右衛門一派が結託したとされるが、対馬藩はこれを無視して咎めなかった。

一方、日本国内では文化元（一八〇四）年六月、易地聘礼について文化六（一八〇九）年春実施の指示が通告された。老中列座の上、青山下野守忠裕により諸侯へ下達された。読み下す。

御代替ニ付朝鮮之信使来聘之儀思召ノ旨之有リ、是迄相延バサレ信使当地エ相越ニ及バズ、対州ニ於テ聘礼整イ候様追々仰セ遣ワサレ候処、彼国ニ於テ承引ニ而、近年之内対州迄信使来聘為ス可キ候条心得ノ為相達候。

文化二（一八〇五）年五月、幕府は宗義功に対し、易地聘礼につき朝鮮への通告を要請した。家老古川図書が通信使請来大差使として、同年十月、藩主書契を携えて渡海した。

朝鮮では、講定訳官・玄義洵らが、藩主書契を見て反対した。内容が先例の大差使と異なること、易地聘礼は先に処分された訳官らの偽造であるとし、書契の受理を拒否した。古川家老は、偽造の件は知らぬこと、本件はすでに幕府の承認のもとに行われると反論した。東萊府使・鄭晩錫の上申に朝鮮廟堂の方針は動揺した。

文化六（一八〇九）年七月、幕府は目付遠山景普を対馬に遣わし、渡海訳官・玄義洵と会談させた。信行節目の修正協議であった。これによって朝鮮廟堂は、易地聘礼が幕府の指示であることを承知し、また玄の復命によって、易地聘礼が朝鮮自身の省弊になることを理解した。

純祖十（文化七・一八一〇）年一月、廟堂において会議が行われた。易地聘礼が幕府の指示であることを確認し、その理由とする省弊もまた朝鮮にとり障害とならない現状では、これ以上交渉を延引することは誠信撫綏の道ではない、よって裁判倭の帰国も切迫しているので、易地聘礼許可の書契を渡すべきとの右議政・金思穆の啓言があり、純祖も同意して、許可した。

同年九月上旬、最終の講定が渡海訳官護送裁判・重松此面と講定訳官・玄義洵らの間に成立し、「講定節目」として上程、十一月三日、純祖の許可が出た。「差倭講定節目」の条項は二十九にも及んだ。一部読み下す。

一　両国の書式は旧規に遵う

一　大号は当に大君と称す（以下略）

一　朝鮮の使臣、以上副使差し出す、日本の使臣亦以上副使差し出す

一　一行の人員は三五〇人を過ぎる無し

一　朝鮮国書、及び日本両使書契の草本、先期謄送、日本答書亦謄送、彼此対馬州にて相逢う、滞留の弊有る無し

一　日本上使小笠原大膳大夫源忠固、副使脇坂中務大輔藤安董、右者《は》礼曹参判書契別幅

これにて、ようやく易地聘礼の実施に至った。
ちなみに、「差倭講定節目」の「差倭」に注目すべきである。この「倭」についていえば、その後作成された「通信使賚去一行禁断節目」に次の項目がある。

一　倭人処、以本土不産之物、及薬材・沙羅・緞黄・白糸・宝物潜商者、依律治罪、
一　倭銀貿易者、倭人賚来大狼皮、及浦所潜商貿易者、及知情通事、依律治罪、
一　続大典郷通事商売人、倭人期会昏夜売買、或私会者并依潜商禁物律論断、

これは通信使が日本人との接触において、交易の際の禁止事項を記述したものであるが、ここに「倭」が多用されている。内容は別にして、古代以来「倭」にまつわる朝鮮の日本に対する優越と卑下が、当時の朝鮮の為政者の書類に無造作に潜在的に隠見されるのは、残念というほかはない。

対馬府中では、聘礼執行のため大規模の普請が行われた。信使一行の宿館は国分寺境内に新築し、和陽館と称された。国書交換の場となる宗氏藩邸桟原屋形（府中城）は大改造された。江戸からの上使らの旅館は厳原北郊の金石城が当てられ、改造された。その他の旅館、屋敷、寺院の手入れ、町並みの整理などの施設を含め、十二万石ほどを要した。幕府の支援である。

文化八（一八一一）年二月十九日、上使小笠原大膳大夫忠固は江戸を発ち、備前室津まで海行、三月、本拠小倉にて自前の船に乗船、肥前呼子港で船揃いし、四月二十五日、厳原に上陸した。お

くれて、閏二月二十八日、副使寺社奉行脇坂中務大輔藤安董《やすただ》（但聘事御用掛兼務）、林大学頭述斎（四十三歳）、儒者古賀弥助精里《せいり》（六十二歳）、儒者随員草場珮川《はいせん》（二十五歳）らが江戸を発ち、閏五月二日、厳原に着いた。彼らを含め総勢二七九九人、これに舟手の者、見物の者を併せて、およそ一万一三〇〇人ほどが対馬に入った。

一方、朝鮮からの信使の正使・金履喬（四十八歳）、副使・李勉求（五十五歳）ら総勢は三六六人であった。府中到来は三月二十九日であった。

同年五月二十二日、朝鮮国国書授受式が行われ、二十六日に上使の饗応が行われた。六月十五日、朝鮮の上使、副上使両人が釜山に帰った。よって聘礼の儀は大過なく終了した。あと、ささやかながら文化人の筆談唱酬が数度にわたり持たれた。

ちなみに、朝鮮の国書は次の通りである。

朝鮮国王李玜　奉書日本国大君殿下　聘使之礼　曠踰四紀　逖承殿下克纘洪緒　誕撫区域　休聞所及　欣聳曷已　茲循故常　庸伸賀儀　至於易地行聘之挙　寔出両国惇好之義也　不腆土宜　聊寓遠忱　惟翼益懋令猷　茂膺休祉　不備

嘉慶十六（清国仁宗・一八一一）年

以下の通り読み下す。

朝鮮国王李公玜は日本国大君殿下に書を奉る、聘使の礼は曠《あきらか》に四紀（一紀十二年）を踰《こえ》る、逖《はるか》に承る、殿下洪緒（大事業）を克《よ》く纘《つが》れ、区域（日本）を誕《そだ》て撫《いつくし》む、及ぶ所休《よ》く聞く、欣び聳《そび》えたつこと曷《なん》ぞ已《や》まん、茲に故常（常例）を循り、庸《よっ》て賀義を伸《の》ぶ、易地に於いて行聘之事に至る、寔《まこと》に両国の惇好《あついよしみ》の儀に出る也、不腆《ふてん》の土宜《どぎ》（粗末な土産）、聊《いささ》か遠《ひさ》しい忱（心）を寓《よせ》る、惟に翼《たす》けて益々令猷《れいゆう》（よき謀りごと）に懋《つと》め、茂く休祉《きゅうし》（よき幸い）に膺《あて》られんことを、不備。

日本の返答国書は次の通りである。

日本国　源　家斉　敬復
朝鮮国王　殿下
　耑价戻止
華緘《かかん》随達因悉
啓居寧謐欣幸靡極今者以承統業蒙修
　聘儀
珍貽稠畳殊感
隆誼如其成津島則事雖従新意在循旧所以
　度時制宜而敦

両国之好也茲具輶品寄諸環使惟冀
弥揚景烈
充受純嘏不備
文化八年辛未六月日

以下の通り読み下す。

峕价戻止《かいれいいし》す（峕《もっぱ》ら聘礼使止《とどま》り戻《きた》る）華緘達に随う（御手紙の達示に随う）因って啓居《けいきょ》し寧謐《ねいひつ》を悉くす（因ってみな居を啓《ひら》きやすらかなり）欣幸極まり靡《な》し（この上もなく悦ばしい）今者統業を蒙るを以て、聘儀を修む（今は朝鮮の統治を受けて聘礼を修む）珍貽《ちんい》は稠畳《ちゅうじゅう》す（珍しき礼物は重畳なり）殊に隆誼《りゅうぎ》を感ずる（殊に重い誼《よしみ》を感ずる）其れ津島に成るが如し（それは対馬によって成就するが如し）則ち事は新に従うと雖も意は循旧《じゅんきゅう》に在り、時制の宜しきを度《わた》る所以《ゆえん》なり（則ち易地聘礼は新なるも、意は旧に循《したが》い時制の宜しきに相当する所以である）而して両国の好《よしみ》を敦くする也（而して両国の好は一層厚くなろう）茲に輶品《ゆうひん》を具し諸環使に寄す（此処に粗品を具え、諸環使に寄付する）惟冀《これこいねがわ》くば弥《いよいよ》景烈《けいれつ》を揚げ、充ちて純嘏《じゅんか》を受けられんことを（これまさに願わくはいよいよ大幸を掲げて充分に大福を受けられますように）不備（備わらず）

文化八（一八一一）年辛未六月日

この返答国書には草案があった。
草場珮川が師古賀精里に指示されて作成した案文は次の通りである。

　盛使航海得審
興居亨嘉承此纘統保基遠脩
聘儀感欣交至嚮者政府建言
授受
国書於対馬以省費裕民謀之
貴邦其議克諧深副取懐惟冀
永固好盟
同膺
天休不既
　文化八年辛未六月

読み下す。
盛使海を航り、興居亨嘉《きょうか》なるを審らかにするを得る、此に承る、統を纘《あつ》め基を保ち遠く聘儀を脩せらるを、感欣交《こもごも》至る、嚮者《さき》に政府は国書を対馬に於いて授受するを建言す以て費を省き民を裕にせんと、之を貴邦に謀る、其の義克く諧《かな》い深く所懐に副《そ》う、惟に冀くは永く好盟を固くし、同じく天休に膺《あて》ん、不既（尽くさず）

文化八年辛未六月

草場珮川はこれに附記して作成の経緯を記した。カナ書きをひらがなとする。

右国書起草のこと、東武発程以前、先生密かに余に命ぜらる、余不肖、辞すれども命を得ず、遂に旧来の書式を照らして学びがてらに二通書牘《しょとく》両様を撰出す、吾師しばしば筆削あって後に林祭酒、諸博士先生の論定を経て此の如くなり……

草場珮川は肥前多久の人である。佐賀の藩校弘道館に学び、のち江戸に赴き、古賀精里に師事した。頼山陽、篠崎小竹《しょうちく》らと親交があった。

また古賀精里は佐賀藩士の子である。長じて京都にて横井小楠に朱子学を学び、山崎闇斎《あんさい》の弟子西依成斎に師事、一旦帰国して藩校の弘道館教授を経て、幕府の昌平黌（昌平坂学問所）の教授に招聘された。

一方で、林家・昌平黌儒者らの幕府の儒者たちによって漢文による国書が用意された。もともと林家は林羅山以降、新井白石が関与した正徳の国書が御右筆佐々木萬次郎執筆を例外として、通信使国書起草者を務めていた。よって、幕府執政の意向を受けて御勘定格奥御右筆詰屋代弘賢が作成した原案（仮名交じり文）をもとに、古賀精里らが漢訳したものが出来上がった。

仮名の原案は次の通りである。

態々《わざわざ》使者到着、貴書入手、御安寧之段承り、珍重不少候、今般自分代替りニ付、祝儀之使に預り、寿物品々御厚情悦入候、此度対州ニて聘礼取行ひ候儀、新規之事ニ候へとも、趣意ハ以前と替義無之候、是に永代之規矩を定め、日本朝鮮之交りをむつましく可致為に候、麁末《そまつ》之品取揃、帰路之便りに相渡し候、万々目出度祝し入候

漢訳の原案は次の通りである。

専价戻止、華緘随達、因審啓居寧謐、欣幸靡極、今者以吾承統、業蒙修聘儀、珍貽稠畳、殊感隆誼、如其成礼津馬、則事雖従新、意在循旧、所以定永世之規、而敦両国之好也、茲具輶品、寄諸環使、惟冀弥揚景烈、充受純嘏

最終的に、このうち「専」が「耑」に、「審」が「悉」に、「定永世之規」が「度時制宜」に改め

られた。両国書の変更がどのような意図でなされたかは知れない。原案が真実に率直であるにもかかわらず、成案は平板な常套文句に流れている。

以下に読み下す。

崇价戻止、華緘に達に随う、啓居寧謐を悉くするに因って、欣幸極ること靡《な》し、今者吾が統業を承るを以て、聘儀を修むるを蒙り、珍貽稠畳、殊に隆誼に感ず、其の礼を津島に成すが如き、則ち事新たに従うと雖も、意は循旧に在り、永世之規を定め、而して両国之好を敦くする所以なり、茲に輶品を具え、諸に還使を寄す、惟翼くは弥《いよいよ》景烈を揚げ、充ちて純嘏を受けんことを。

寛政三(一七九一)年五月、松平定信ら執政六人によって対馬藩主への令書に、朝鮮との隣交についての要提として『礼記』の文言が記されている。

礼は往来を尚ぶ、往きて来らずは礼には非ざるなり、来りて往かざるも又礼に非ざるなり。

往来の礼は一方的ではならないといっている。これからいえることは、聘礼の場所の問題ではないのである。朝鮮の信使が我国の境上対馬に来る、我使も境上にて信使を迎接するは、この礼に報いているのであって、「往来の礼」は失われてはいない。しかし、裏を返してみれば別である。この来聘を、朝鮮の日本への朝貢とみれば、ここに上下の関係が生じてくる。このような非対等的往来であってはならないとの戒めを感じ取らなければならないのである。

林述斎は対馬に到来したとき、藩主に進言した。

「従来我が国は素直で、朝鮮の国体を審らかにせず、名に泥みその実を誤ったことが少なくない。饗応や国書交換の儀という公礼には法式があって変更不可能であるが、筆談のような私礼はただ時宜をはかるだけで何の拘束もない。よって次のことを通信使側に申し入れられたい」

筆談唱酬では、今まで日本側が請願するばかりで、朝鮮側から面会を求められたことはない。よって今回は日本側からは面会を求めない。信使が旧好によって要請すれば会見に応じる。面会方法については、正副両使臣が主となれば述斎自身が会見するが、詩文に優れた製述官が同席するのであれば、精里に一任して自分は応じない、などなど。

六月二十一日、古賀精里は朝鮮信使の客館に赴き、製述官金清山・李泊翁に会い、自作の「洪浩然伝」を呈した。洪浩然は文禄の役にて、晋州城攻撃に加わった鍋島直茂勢に連行された少年で、佐賀藩の儒学の開祖となった人物である。

さらに精里自身が序を付した「李退渓書抄」、同じく自著「大学纂釈」をも贈呈した。

会談の中で、李泊翁は言った。

「……かつて聞いたところでは、あなたの国の荻生徂徠と伊藤仁斎は、朱子学とおおいに戦い、戊辰に通信使行に至り、わが父李鳳煥が書記として入来したとき、菅沼東郭は博大と見なすことなく、聖学（朱子学）を攻撃した。それゆえ私はつねづねあなたの国の学術が正しくないことを訝っていた。しかし、いまあなたが記した『退渓集』の序文を見るに、じつにその文章は一線を断っていないのではなかろうか。あなたに信頼して恃《たの》めば、正しい心が守られるであろう。たいそう喜びにたえない」

のちに精里は信使たちから高い評価を得た。

古賀精里の三男で、学問所の儒者見習・古賀侗庵は「対礼余藻跋」（文化十年）の中で言う。

「わが日本の領域は、海東に山高くそびえ立っている。対岸には十数国あるが、清国を除いて、わずかに礼義（儀）を知り使者と礼物を与え交わるべきは、独り朝鮮のみである。慶長・元和以後、朝鮮が入貢するを許し、接待するのに極めて優しくしてきた。すなわち、朝鮮の法律や文化、人材や国の風俗、地形の広さ、兵力の強さは、わが国に似たさまを望むことはできず、そのため政府はしばらく敵国として迎えたとはいえ、政府の万物を包み容れる徳を見るべきである。……国初以来の朝鮮通信使との接伴記録が皆後世に伝え残されてきたが、明らかに見るべきは、新井白石と徂徠の門人たちであり、記録によれば、筆談の優れたものとされている。かつてひそかにこれをひもどき閲覧したが、残念なことに、彼らの『好勝之心』が詩文の内に燃え、外に溢れ、自らの強さで相手の弱さを侮蔑し、自らの大きさで相手の小ささを軽蔑し、自らの美しく飾った詩文で相手の思慮なく文藻に乏しいことを批判している、それゆえ外国人は謙《へりくだ》るのに従をもってせず、ややもすれば、不肖之語を加えてやかましい。賓客と主人の賓主相見の礼は影もとどめず、国体を辱《はずかし》めて外国の笑い者になっているのではなかろうか。

精里はこれを鑑みて、卑しい姿勢で自らの徳を養い、敢えて淩駕することはなかった。試みにこれらの文章を閲覧すれば、からおどしや、でたらめの言葉、また飾り驕り高ぶった文章はまったくみられず、これがために彼らは心に感じてよろこびまた敬い慕い、敢えて抗することはなかった。幕府の威政は振燿を待たずして自ずから尊く、両国の友好は重ねて誓うことなくして益々堅固になる。

人が敵を憎み、どちらも屈服しなければ、そこには必ず好勝の心が生まれる。我が国が朝鮮に対する場合などは大きさはかけ離れており、臣はこれを蓄えて余りある。白石以下の諸子は好勝之心をもって相手と対面し、これがために自らを敵国の立場に位置付けた。これは自らを小さくして自らを卑しむものである。いま精里は、譲をもってここに居り、礼をもってこれと接した。彼の国は自ずから大国の畏るべきことを知るだろう。敢えて侵軼《しんいつ》（国境を侵す）することがなければ、どうしてつとめて以前の好勝の行為に倣うことがあろうか」

この（賓主揖譲之礼《ひんしゆゆうじようのれい》）考えは古賀家独特のものではない。まさに、新井白石、中井竹山、徂徠門下儒者の対応とは異なるものである。昌平坂学問所古賀門の共通の認識であった。古賀門では「文翰応接ノ規則ヲタテテル」を作成した。

「韓使は国家の大賓、宜しく礼譲を以て相接すべきなり」「韓使に接するに及び、卑以て自ら牧して敢えて淩駕せず」「家君はここに居るに謙を以てし、これに接するに礼を以てす」であった。

『論語』里仁篇はいう。「子曰く、能く礼譲を以て国を為《おさ》めんか、何か有らん。礼譲を以て国を為むること能《あた》はずんば、礼を如何せん」が基本であった。

まさに、この対馬の聘礼において、以上のような趣旨が全うされるべきであったが、はたしてそうであったか、古賀同門の個人的な思想にとどまったのであれば、為政者の不明というべきか。

古賀精里は死の直前（文化十四年五月四日死去）、病の床で白石の「折たく柴の記」を読み、白石について辛辣な評言を残した。

「源（新井）白石の為すところ、浮薄に流る、虚名を慕いて実用に遠し、動《やや》もすれば京師之制に依倣し、礼文之末に拘々す、其の柄用（権力をもつこと）之日短を幸いするのみ、久しく要津（重要な地位）に拠らしむ、其れ毒に流ること必ず大なり」（「泣血録」文化十四年四月十日）

過去の朝鮮の信使との筆談を記した反省の書「後師録」は林述斎側には渡っていないので、精里の思いは一般化しなかった。

『礼記』の「往来の礼」のあと、次の文言がある。

「人礼有れば則ち安く、礼無ければ則ち危し。故に曰く、礼は学ばざる可からざるなり。夫れ礼は、自ら卑しくして而して人を尊ぶ」

要は両国内の学問と人材登用の在り方について問答があったことも、ここに理由があった。

易地聘礼交渉費用として、対馬藩に二万両が支給され、藩の財政に寄与した。また、対馬藩主義功が病のため、聘事執行について世子岩千代（十二歳）が代行し、その適切なるを認め、文化十四年には、肥前国松浦郡、筑前国怡土郡、下野国都賀郡・安蘇郡内にて約二万石の加増があった。経費の総負担額は三十八万三六三〇両余で、「省幣」という立場からいえば、前回までの聘礼の半額とされるから、目的は達成された。

徳川家斉は天保八（一八三七）年四月二日に隠居し、あとを二男の家慶に譲った。家慶の正式襲職は、同年九月二日である。

これより先、同年四月八日、対馬藩主宗義質《よしかた》は早くも留守居役国分次郎兵衛を遣わし、朝鮮御掛老中松平和泉守乗邑《のりさと》に伺わせた。

今般御代替わり為され済み候に付、朝鮮国え先例の通り使者を以て告知為し候様仕るべく候、此段御届け申し上げ候。

家慶の十二代将軍襲職の予報は同年五月十一日、釜山の東萊府に通知された。

対馬藩は、多田左柄、大浦直左衛門、唐坊太膳、阿比留惣八に対して任命した。

右は将軍宣下済ませられ候らへば、朝鮮へ御告知及ばれ候に付、大慶参判使都船主仰せ付けらるべく候。

同年八月十四日、朝鮮国訳官使が協議のため来島した。

大御所様御隠居遊ばされ候段、朝鮮国へ告知に及び候処、当秋訳官使を以て御嘉儀申し上ぐべき旨、かねて申し聞く置き候得共、渡海の頃合治定致し候儀は未だ申し越さず候、弥当秋渡来仕り候は、折柄右京大夫在国仰せ付け置き候事故、同人対話致し候様仕り度く御座候、御差図成られ下さるべく候。

協議が進む中、天保十（一八三九）年十一月六日、幕府から指令が届いた。

今般御代替りに就き、信使を以て御嘉儀申上らるべく来聘時節の儀差図に及び候様訳官より申出候に付、則ち東武へ相伺い候処、諸事近例の通り対州に於いて御例式御整え成らるべく候、尤も時節の儀は近来凶荒打ち続き候に付、追って御下知これあるべき旨仰せ出され候、これにより聘期御指図これ有り候は、先形の通り使者を以て早速通達及ばるべく候に付、其の期に臨み遅延これ無く、これ有る事に候、右の趣任訳へ申し達し東莱府使より朝廷へ御伝達下され、返答の趣申し越すべきものなり。

己亥　　十一月

対馬藩では信使迎接の諸役を任命、さらに町並みの整理、風紀取り締まり、客館内に桜・松の植え込み、馬場筋をはじめ客館通筋、大手通り、下の浜三軒屋、浜小路にかけての家屋までに改築の指示がなされた。あまつさえ文化年間の信使迎接の例にならい、五万両の下賜金を願い出た。

天保十二（一八四一）年十二月、江戸家老幾度八郎左衛門は江戸城内で、信使来聘の期日が辰（弘化元・一八四四）年の春であることを、老中太田備後守資始より告げられた。この決定は、対馬藩信使請来大差使（正官小川丹下他）によって朝鮮王朝に通報された。朝鮮側は、易地聘礼は規定外条約違反として反対した。これに対して対馬側は易地聘礼の正当性を主張し、朝鮮側は甲辰年の実施は財政上不可能として、丙午（弘化三・一八四六）年に変更を要請したが、その間紆余曲折あって、どうやら同案に決定した。

信使来聘予定の一年前、天保十四年四月、幕府から不測の通達が寄せられた。

「辛未之度（文化八年信使来聘時）御入料（経費）莫大に相嵩み、之に依り当節者《は》大坂に於いて聘礼御整いなられ度く候……」

大坂は広富、饗応方も万事便利で、海島狭小僻遠の対州の比すべきところはなく、日本三都の一つである、とあった。

もちろん対馬藩は反対したが、聞き入れられなかった。

「修聘使御懸り合い済み、返翰差し出し居り候事故、我々取扱い難く相成る趣、断り申し出候付……」

老中水野忠邦は改めて天保十四（一八四三）年六月、前回の対馬聘礼が経費節減の実効をあげなかった事実を指摘し、大坂聘礼を十五代藩主宗義和《よしより》に指令した。朝鮮側は、財政難を理由に、延期を丙午（弘化三・一八四六年）より丙辰（安政三・一八五六年）の十カ年の間の条件に限って「大坂易地」に応じた。対馬藩大差使は、急ぎ自藩に通じ、対馬藩は急使をもって幕府に打診した。折しも水野忠邦は、天保十四閏九月十三日、老中職を罷免されており、朝鮮問題を所管する林大学頭が、十三年の延期は、江戸城本丸の炎上（天保十一・一八四二年発生）もあって、やむなしとした。

これは七月二十日、倭館に通達された。対馬藩としては、聘礼の十三カ年の延期は対馬藩への支援延期も意味したから、これを四・五年間へ短縮したい方針で、この旨大差使に通報した。同差使は、対馬藩の意向を秘し「十カ年間延期・大坂易地聘礼」の幕府方針を朝鮮側に通告し、朝鮮廟堂は了解した。

よって対馬藩・朝鮮の「節目講定」の交渉が持たれた。嘉永四（一八五一）年である。ここで、幕府の方針の変更が伝えられた。理由は、天保十四年の江戸城西丸火災と諸国凶荒であった。対馬藩使者は直ちに講定訳官と協議し、来聘期を丙辰年より五カ年延引し、辛酉（文久元・一八六一）年春の実施と決定した。幕府も反論せず、朝鮮廟堂も異議なかった。

嘉永六年六月二十二日、徳川家慶が死去した。聘礼使到来を得ないままの死である。嗣子家定が同年七月四日、将軍職を継襲した。よって信使派遣の問題が生じた。この来聘は先例通りとの幕府の指示により、対馬藩は、対馬聘礼を再興せんと企んだ。幕府の内諾を得るや、安政三（一八五六）

年九月、古川采女を釜山に派遣、交渉に入った。礼曹参判宛の書契は次の通りである。

三秋杪《こずえ》に向かう、貴国穆靖、本邦安寧、茲に我大君殿下襲立に因って、例に遵い信使溟を超す、須らく丙寅の歳（慶応二年）の春間に扛《あ》ぐ、貴国懇請の如く期を趁《お》い弊州に来、是れ別録の翰に希《こいねが》う、用を儀し鄙衷《ひちゆう》を致し祈願に余《あま》す、珍を序《の》べ嗇《やぶさか》に此に粛《つつし》む、不備。

朝鮮側は、先に決定した辛酉年をさらに五カ年延期することに合意した。よって老中連署をもって、丙寅年対馬聘礼が対馬藩に指示された。翌安政四年、対馬藩に二万両が下賜された。

しかし、安政五年、徳川家定は死去し、紀州より慶福（家茂）が将軍職を継承した。対馬藩主宗義和は、朝鮮に将軍交代を知らせるとともに、幕府に朝鮮からの新信使礼聘要請を願い出た。万延元（一八六〇）年二月、老中安藤対馬守は、かねての両国の合意に基づき、六年後の丙寅年をもって実施することを命じた。文久元（一八六一）年十月、対馬藩はまず修聘使（正官吉川右近他二名）を釜山倭館に派遣し、前交渉を始めた。ちなみに修聘使は、江戸幕府と朝鮮府との事務交渉役のことである。ところが訓導・玄学魯は、対馬藩から通信使請来大差使を差送しないので、すでに両国の了解済みとして接待を拒んだ。四カ月にわたる交渉の結果、修聘使が譲歩した。朝鮮側の「省幣」に応じて「信行節目」を新たに講定するとしたのである。翌文久二年二月、接慰官・柳光睦らが釜山に来て、三月、下船宴をあげ、回答書契・礼物を修聘使に伝達した。

約条制札の石碑（釜山）。「闇取引をした者は死刑」など5カ条が刻まれている（仁位孝雄氏提供）

同年十二月、宗義和は引退し、義達《よしあきら》が新藩主を継いだ。その間も「節目講定」の改訂交渉は続き、幕府からは一万五〇〇〇両を貸与された。翌年またも来聘延期が倭館館守・番縫殿介と講定訳官・金継運の間で協議され、元治元（一八六四）年三月、二年後に迫った丙寅年を止め、さらに十年延期して丙子（明治九相当・一八七六）年の実施に落ち着いた。

慶応三（一八六七）年三月、対馬藩は将軍徳川家茂の逝去（慶応二年七月二十日）を告げる「大訃参判使」、同時に「立儲参判使」、八月には「嗣位参判使」（徳川慶喜襲職・慶応二年十二月十二日）を釜山に派遣した。

さらに王政復古を朝鮮王朝に伝える「大修参判使」が派遣され、最後に慶応三年十月、慶喜の大政奉還による江戸幕府の終焉により、交渉の取り決めはすべて解消された。十二回にわたった通信使行は廃絶した。

13 明治の書契

第十五代将軍徳川慶喜から大政が奉還されたのは、慶応三（一八六七）年の十月十四日のことで翌十五日、この奏上を天皇が勅許した。よって慶喜は十月二十四日、朝廷に辞表を提出した。慶喜による諸侯への告知が十二月二日から七日の六日間であった。慶応三年十二月九日、京都小御所にて王政復古が宣言された。

新政府（太政官）は明治元年三月二十三日、対馬藩主宗対馬守に対し指令した。

是迄ノ通、両国交通ヲ掌《ツカサドリ》候様、家役ニ被命《メイジラレ》候。対朝鮮国御用筋取扱候節ハ外国事務輔ノ心得ヲ以テ可相勤《アイツトムベク》候条、被仰付《オウセラレルニツキ》……候事。

対馬藩主宗義達《よしあきら》は、明治元（一八六八）年九月、王政復古を知らせる先問使川本九左衛門を釜山倭館へ派遣し、朝鮮側の担当官訓導・安東晙らに訪問の趣旨を説明させ、二通の書契を交付した。

日本国左近衛少将対馬守平朝臣　義達、奉書　朝鮮国礼曹参議大人　閤下
季秋遙惟、文候介寧、瞻依良深、告者本邦頃時勢一変、政権帰一皇室、在　貴国隣誼固厚、豈不欣然哉、近差別使、具陳顚末、不贅于茲、不佞嚮奉、勅朝京師、朝廷特褒旧勲、加爵進官左近衛少将、更命交隣職、永伝不朽、又　賜証明印記、要之両国交際益厚、誠信永遠罔渝、叡慮所在感佩曷極、今般別使書翰押新印、以表　朝廷誠意、貴国亦宜領可、旧来受図書事、其原由全出厚誼所存、則不可容易改者、雖然即是係、朝廷特命、豈有以私害公之理耶、不佞情実至此、貴国幸垂体諒、所深望也、余冀順序保嗇、粛此不備。
慶応四年戊辰九月　日
左近衛少将平朝臣　義達　　義達（旧印）

〈読み下し文〉
日本国左近少将対馬守平朝臣　義達　書を奉ず
朝鮮国礼曹参議大人　閤下
季秋（晩秋）惟遙《これはる》か、文にて介寧を候《うかが》う、瞻《み》るに依って良深、告げる、本邦頃（このころ）時勢一変す、政権一《いつ》に皇室に帰す、貴国隣誼固厚在り、豈欣然ならず哉《や》、近く別使を差《つかわ》す、具に顚末を陳べ、茲《ここ》に贅せず（無駄口せず）、不佞（自分を謙遜していう）曩に奉じて、朝（鮮）京師（首都）に勅す、（日本）朝廷特に旧勲を褒し、左近少将を進官加爵し、更に交隣の職を命ず、永伝して不

朽、又証明の印記を賜る、之要するに両国交際の益厚く、誠信永遠に渝罔《かわるな》し、叡慮の在る所、感佩（敬服）曷《なん》ぞ極《きわ》まらん、今般別使の書翰に新印を押し、以て朝廷の誠意を表す、貴国亦宜しく領可すべし、旧来図書を受ける事、其原由は全て厚誼の所存に出る、則容易に改めるべからず者《は》、然りと雖も、是即ち朝廷の特命に係る、豈私（朝鮮と対馬藩）を以て公の理を害すること有らん耶《や》。不佞情実此に至る、貴国幸いに体諒（国体の誠）を垂れる所を深く望む也、余冀《ねがわ》くは順序（正しい秩序）を保嗇《ほしょく》（大切に保つ）し、此に粛みて不備（不宣〔くわしく述べず〕）。

あとの一通は省略する。

対馬藩家老大島友之允正朝が明治二年に外国官（のちの外務省）に提出した「朝鮮国御用件ニ付応接ノ概略」に、当時の状況が記してある。

戊辰一六六八年十月、朝綱一振ノ顚末、朝鮮国へ報告ノ使節差渡候ニ就テ者《ハ》、前以、先問ノ書契差越、新印押着ノ儀等及告知、御新政通報ノ事実及演説候処、彼国任訳訓導ト称シ候者、書契写相受取、不取敢府使ヨリ都表へ内報状差出候趣、返答申出。

先問書契写しを受け取った東莱府の倭学訓導・安東晙は、府使・劉顕徳がこれを都表礼曹へ内報したと伝えてきた。

明治元年十一月、対馬藩主宗義達は改めて大修大差使・樋口鉄四郎を釜山に派遣し、大差使書契を交付させた。

日本国左近衛少将対馬守平朝臣　義達、奉書　朝鮮国礼曹参判公　閤下
維時李秋、宓惟、貴国協寧、仰祝曷極、我邦　皇祚連綿、一系相承、総覧太政二千有余歳矣、中世以降兵馬之権挙委将家、外国交際幷管之至将軍源家康、開府於江戸亦歴下十余世、而昇平之久、不能無流弊、事与時乖戻、爰我　皇上登極、更張綱紀、親裁万機、欲大修隣好、而　貴国於我也、交誼已尚矣、宜益篤懇款、以帰万世不渝、是我　皇上之誠意也、乃差正平和節、都船主藤尚式、以尋旧悃、菲薄土宜、略効遠敬、惟希照亮、粛此不備。
慶応四年戊辰九月　日
左近衛少将対馬守平朝臣　義達
平朝臣義達所章（新印）

〈読み下し文〉
日本国左近少将平朝臣義達、書を朝鮮国礼曹参判公に奉る、閤下
維時李秋、宓惟（これやすらか）、貴国協寧仰ぎ祝う曷ぞ極まらん、我が邦は皇祚連綿、一系相承し、太政二千有余歳を総覧す矣、中世以降兵馬之権は挙げて将（軍）家へ委す、外国交際並びに之を管し将軍源家康に至る、江戸に開府し亦十余世を歴下す、而して昇平之久しくも、流弊無く

能わず事《こと》に乖戾《かいれい》（そむくこと）の時に与《とも》す、爰に我が皇上登極し、綱紀を更張し、万機を親裁し、大修隣好を欲す、而して貴国と我に於いて也、交誼已に尚し矣、宜しく懇款を篤く益す、以て万世渝《かわ》らずに帰す、是我が皇上の誠意也、乃て正平の和節都船主藤尚式を差し、以て旧悃（まごころ）を尋ぬ、菲薄の土宜（土産）、略遠敬を効《いた》す、惟《ここ》に照亮《しょうりょう》（あきらかな誠実）を希す、此に粛《つつし》んで不備……

礼曹参議公宛の書契は省略する。
大島正朝の「概略」は記す。

　十一月、御新政報知トシテ朝議御草案ノ書契相仕立、対州執政職ノ者、大修使ノ使命ヲ以、渡韓。……十二月、過日差越置先問ノ書契、奉出可致旨、追々役筋ヨリ訓導へ及応接候処、年内月迫、来陽ヲ待、可議ノ趣、強テ相断候付、中立ノ通、承諾。

先問書契への回答を翌年まで延期してくれというのである。大島は翌二年正月、次の通り記した。

　己巳正月、当春ニ至リ、有無ノ返答不申聞、伝語官（倭館通訳）ヲ以、屢々及談判候処、当時於政府専ラ商議ヲ尽シ候ニ付、京報相達候迄暫相待呉《クレ》候様申出、爾後訓導病託す、下来不致《からいいたさず》。

同年二月中旬、大島正朝は釜山に渡り、同月十六日、安訓導と対面した。返答は来月三日まで待ってくれということであった。理由は「朝議において書契に異例の訳があって、かれこれ異議が申し立てられた」からであった。

ところが二月二十九日、安訓導は幹伝官（倭館の大通事）宅に来て、釈明した。昨日京から通報があった。朝廷の議は甚だ難しい。その大意を書きとり真文（漢文）にして持ってきたと、一通を差し出した。幹伝官は一瞥して返却した。書面の次第が条理相整わず、不遜の文体であるとした。いうなれば、日本の書契の文言に不備はないといったのである。訓導は二月中に都表からの指示を待ち、これがないときは三月三日に書契受理を約束した。

二月末日、倭館館主と幹事官川本九左衛門は再び安訓導を倭館に呼び出し「面接」した。その場で訓導は、真文の「大意」が「朝廷の厳令」であり、よって三月三日の「堅約」は、都表からの文書が到来しない今は履行するわけにいかない、「朝命遵守の外」はないと申し立てた。議論は「鶏鳴」の夜明けまで続いた。

三月三日、訓導は、真文で伝えた「廷議」の「大意」に対する「返書」を「諺文」（朝鮮語で用いる音標文字）で渡されるよう（倭館幹事官に）懇願した。よって回答期限を三月六日もしくは七日に決めた。しかし、七日になっても、病を理由に出向いてこず、八日夜、九日訪問の届けが来た。

三月九日、来館した訓導は釈明した。

「その後、又、京報之有り候処、朝議弥込み入り、中々もって館所よりの書きとり、差上せ申すべき都合に是なく、兎角異例の書契を出送りいたすまじき趣にて、僕の心得方は等閑の訳（誹《そしり》）を以て、散々叱責を受け、やむを得ず釜山へ下来致し候」

その理由は次の三項であった。

一　異例の書契を周旋しようとする心得違いを府使から痛く譴責されたこと。

一　丙寅洋擾（一八六六年の朝鮮とフランスの戦い）以後、朝鮮朝堂には武官が台頭し対外強硬論が支配していること。

一　事を急遽に計らず、「漸々成功」を期した方がよいとの意見多きこと。

館守と川本九左衛門は、訓導の言辞を、「国情に事を転じ、遁辞をもって一時のがれ候術策」と看做し、書契が受理されるまで、訓導を倭館内に留置した。

留置は六日間に及び、十四日、訓導は不本意ながらも、ようやく朝廷の意向を告白し、放免された。この放免には条件が付いた。大修大差使の使節が到来してすでに告知しているように、「規外」の使節であるから、「旧幕交際の規則」にこだわらず、先問の書契の受理を省き、大差使の本書契を受理せよ、ということで、訓導は「此上も身命の限り努力」すると誓ったのである。

朝鮮政府の延議の三項目は次の通りである。

一　我国日本トノ通交、従来馬島（対馬）ハ所縁ノ地ニシテ牛馬ヲ分ツカ如キ隣島ナルカ故ニ、殊ニ是ニ対シテ隣交ヲ許ス。何ソ天皇与《ト》関白（征夷大将軍）ニ関ラン。是故ニ、馬島ニ年々許多ノ恩情ヲ施シ与フナレハ、仮令《たと》ヒ其国都ヨリ新奇ノ難事ヲ造為ストモ、馬島ニ在リ宜ク当《まさ》ニ防塞ス可キ事ニテ、豈《あに》我聴ヲ驚シ我国ヲ煩スノ理有ンヤ。……

一　日本兵馬ノ権挙《あげ》テ将軍ニ委シ外国交際幷《ならびに》管之セシニ今是ヲ廃シ、天皇交隣ヲ親裁スト、是牽強附会ナルヘシ。東武（幕府）ヱ委任スルノ時ト雖、固《もとよ》リ邦内ノ処置ハ天皇関ルヘシ。而シテ外国ノ交際ノミ何ソ天皇ノ指揮ヲ不奉ノ理アランヤ。然ル時ハ、天皇ノ指揮ニ出ル事ハ古今一般ナレハ今新ニ関白ヲ廃止シ一新シト雖、寔《まこと》ニ大臣相当ノ官ニ任シ交際ノ職ヲ置カハ豈不然《しからざる》ノ理アランヤ。

一　今日本ト和ヲ失スルハ長策ニ非スト雖、今此ノ天皇ヲ称スルノ術ハ、必漸ヲ以我国ヲ臣隷トスルノ奸謀ナレハ始ニ慎テ許スヘカラス。固リ飽ク事ヲ不知ノ国俗ナリ。今所告ノ親交ノ書契ヲ我受取テ我カ諾否ハ意ニ随テ回翰ヲ可為ト、此言頗ル理有ニ似レトモ一旦受之時ハ親交ヲ不好ノ意ヲ陳スルノ外他ナシ。此情由如是ノ異難ヲ以テ我ニ迫リ釁端《キンタン》（争いの起こるきっかけ）ヲ我ニ開カスルノ術策ナリ。……

朝鮮が問題としたのは、書契の文言に関わることである。

従来「日本国対馬州太守平某」としていたところを、新書契では「日本国左近衛少将平朝臣義達」に変更したこと、また「礼曹参判大人」を「礼曹参判公」と変更し、新印を押したこと、さらに明治天皇を朝鮮国王の上位に位置づけたことである。すなわち「皇」と「勅」の文字を使ったことである。安訓導は、倭館で日本側に与えた「覚書」によれば、「皇」とは「是れ統一天下、率土共尊の称」であり「勅」とは「是れ天子の詔令」で過去に使用例がなかったものであるという。しかも、この使用例は、中国皇帝の国書のみに許されたものであった。よって両国の約条は「金石不刊之文」で一言一字も違格があってはならなかった。かかる不遜な書契は両国の隣好を傷つけるだけである。

同年三月十八日、安訓導は倭館を再訪して告げた。

「大修使の書契の受理は、例格もあるのでしばらく待っていただきたい。ついては、三月二十一日に、大丘《(ママ)》の観察使営所に呼び出されているので出かける」と付言した。

大島の推察は次の通りである。

朝鮮は談判着手以来、「種々の術計」をもって「言を左右に寄せ」遅延策に出ている。日本と「朝廷の親交」となれば、朝鮮は「他日終に臣礼を取る」に至るやも知れないので、これまで通りの「敵礼」（対等の礼）を望んでいるところに深意がある。しかし、「皇上万機を親裁」しているので、親交を「条理上、之を防ぐに辞無」いため、朝鮮側としてはただ「率由旧章、遵守条約」を口実に談判も空転させるしかない。また朝鮮は「交易上穀貨ノ輸入ヲ禁シテ州中ノ生計ヲ妨」げれば、対州は結局術策尽きて朝鮮側の望む通りに中間にあって周旋せざるを得ないであろうと見越して「奸策」を弄している。したがって今「事を迅速急遽に謀」れば朝鮮側の「術中」に陥る。しかしいつまでも「穏当無事を主」にすれば長談判になるので、一方では、兵力行使も辞さない「寛猛両途の根底」を確定することが緊要である。

ここで重要なことは、交渉の経過によって、朝鮮がこれに従わないときは「兵力行使」も辞さないということである。先に議論される征韓論の芽ばえが見える。そもそも大島は征韓論者であった。これには前例があった。大島には親しい木戸孝允がいた。明治元年十二月十四日、木戸は記した。長州藩の毛利家は対馬藩の宗家と姻戚関係を結び、半ば従属する同盟関係にあった。

「速やかに天下の方向を一定し、使節を朝鮮に遣し、彼の無礼を問ひ、彼若し服せざるときは罪を鳴らし其土を攻撃し、大に神州之威を伸長せんことを願ふ」

明治二（一八六七）年三月十一日、大島は厳原に帰還し、六月には、朝鮮側の言を左右（言い逃れ）に寄せていたずらに時月の遷延を謀る事情を外国官に報告した。

五月十三日、外国官判事は対馬藩公用人へ対し通達した。

朝鮮国ノ議、旧幕府ノ砌《みぎり》ハ諸接待方其藩へ委托相成居候義《ママ》ノ処、今般追々諸般ノ制典被為挙行候ニ付テハ改テ条約御取結ノ積ニ付、追々申達候義モ可有之、其段可被心得候事。

いわゆる宗家の朝鮮の家役の免除を予告したのである。翌六月十七日、版籍奉還の措置がなされた。宗氏の家役は外務省との共同所管となった。

朝鮮の日本に対する警戒心は、日本側の事情にもよる。

次に外務権少丞宮本小一郎が明治二年に書いた「朝鮮論」（朝鮮事務書）を記す。

朝鮮国へ御一新ノ事ヲ報知セシニ快ヨク受ケス、且其返書ヲモ差越サス、因循スル由。其説ヲ聞クニ、其以前幕府ト同等ノ交礼ヲナセシ処、今天朝ト交際スル時ハ、幕府ハ将軍ニシテ、天皇陛下ノ臣下ナリ。然レハ朝廷ト交際スルニハ、二三等下サレサルヲ得スト。故ニ成ヘクハ宗家（対馬藩主）ト交際シ、日本ノ国変ニ関渉セサル方、彼国王号ニ対シテモ都合ヨシトノ説アリト聞ク。此説ハ朝鮮ノミナラス、我国人ニテモ恐ラク暗合ニシテ、幕府ノ交礼ニ引付、二三等接対ヲ卑クスル方ナラントノ説ヲナスモノアリ。是レハ朝鮮人、我日本ノ事体ニ暗キ故、右ニ述ベル如キ過憂ヲナスト見ヘタリ。我国ニトリテハ都合ヨキナリ。

然レトモ我ヲシテ朝鮮人ナラシメハ、左ノ如ク論セン。抑日本の古代ハ知ラス、我李氏・朝鮮ヲ併有スル以来、日本ハ只海盗国タルヲ知テ天子諸侯アルヲ知ラス、其後纏ニ宗氏ノ対州ニ在ルヲ知ル。豊臣氏我ヲ侵撃スルニ及ンテ、初テ日本ハ豊臣氏ノ有ナルヲ知レリ……同氏亡ヒ徳川氏ニ及フ迄、日本只東武ノ政府タルヲ知テ、天子ハ神仏ニ斉シキモノナリト思ヒシナリ。故ニ我朝鮮ニテハ、徳川氏ヲ政府ニシテ権力アル処ト見ナシテ交際セシナレハ、天子ト将軍トノ別ハ更ニナシ……故ニ今天皇陛下親ク政事ヲナシ玉フトモ、我朝鮮ニテ格式ヲトルコトハナシカタシ。則チ日本政府ノ主人公ノ交替シ玉シモノト見ルカ故ナリ。

明治二年九月、外務省は太上官弁官へ意見書を提出した。

……御一新ノ今日ニ当リ隣国ノ儀ニ付、別《わけ》テ名義ヲ正シ、実際ヲ以、交誼ヲ述《のべ》度《たく》ト種々取調候処、彼国ノ定論ハ詰リ旧貫ニ依リ宗家ニ対シ私交ヲ結、天朝ノ御政体ニ関渉不致方、彼ノ所好ト相見、宗家ニヲイテモ一家ノ経済、朝鮮ニ供給ヲ取候事、不少候ニ付、旧格ヲ守、其藩臣ニ命シ隣好御委任相願度所存ニ相見へ、是迄度々申立候趣モ御座候へトモ右ハ皇政御一新百度御更張、別《わけ》テ外国交際ハ至重ニ被為思食候叡慮ヲ不奉体認。古例墨守因順ノ私論ヲ唱、双方トモ採用可致筋無之。……

明治二年十一月、訓導・安東晙と別差・李周鉉は連名で、大差書契を拒む理由を箇条書きの覚書にして、倭館館守に渡した。従来の対馬州太守が「左近衛少将」「平朝臣」と称されたこと、従来の朝鮮国礼曹造給の印章でなく「新印」が使われたこと、大人と称してきた礼曹参判を「公」と改称したこと、「皇室」「勅」の字句が使われたことなどが、その理由であった。

十二月、外務省は佐田白茅《はくぼう》を長とする調査団（斎藤栄、森山茂同伴）を朝鮮に派遣し、その結果を報告させた。ちなみに佐田は旧久留米藩士で、文久三年頃、長州の尊攘派に加担した嫌疑を受け、五年ほど久留米藩の獄舎に幽閉された経歴の持ち主であった。征韓論の建白書を提出し、明治二年はじめ、外務省に出仕したばかりであった。

「この印を受けるは彼国制度上に取り、臣下に等し。加《しかのみならず》之歳賜米と唱え年々米五拾石を宗氏代々に給す。是彼国に臣礼を取るの最一とす。……累百年、私交の謬例《びゅうれい》発揮と御正《おんただ》し不相成《あいならず》候ては、交際の条理相立て難し」

つまり、対馬藩が朝鮮から歳賜米を給されることは、臣下の礼を取ったも同然で、この誤りを公的な両国交隣の条理からいえば正さなければならない、といっている。対馬藩の歳賜米受領は、対馬藩の屈辱である。明治新政府は、この屈辱を日本（神州・皇国）の屈辱としてはならない、というのが本意である。

明治三（一八七〇）年一月、外務権少丞・吉岡弘毅、権大録・森山茂、同広津弘信の外務省官員は正副の書契を携えて草梁倭館に派遣された。

応接した訓導は「只々新例開くべからず、以後百事対州を以て応接せらるるに非ざれば、決して引受致すまじき旨を主張し候に付、同三月宗氏より別書契を以て猶又両使へ面晤の儀相促し候処、数月の後に至りて外務官員の是に来れるは無前の事、況して面接の理はこれ無き旨を答え、終に其議も相調わず、両人は空しく二書を携えて帰り候」の有様であった。

持参した書契、漢・日文二通の一通、日本文のものを下記する。

日本国外務卿沢宣嘉書を朝鮮国礼曹判書某公閣下に奉る。嚮に我　朝廷より宗義達に命じて貴国と旧交を尋く事を謀る、今に三年に迄れども未だ回奏する所あらず。顧ふに貴国諸賢或ひは未だ、本邦尋交の旨を了せざる者有んと、故に特に重ね陳て以て我国家中世以降兵馬の権を将門に委ね、疆域の政も亦之に管ぜしめしに今や世運一変し、我朝廷綱紀を更張し幣を革め害を除き、政令維れ新たなることを告ぐ。原《たず》ぬるに夫《そ》れ、貴国と隣誼の深き業にすでに三百有余歳なり、宜しくさらに旧誼を尋き、両国の盟をして愈篤く愈固く、永遠に渝らざらしむべし。之に加ふるに海外諸邦星の如く羅《つらな》り、碁の如く布き、文を修め武を講じ、舟楫《ふなかじ》の便なる碩礮《せきほう》(砲)の利なる邇《じ》(近い)となく遐《か》(遠い)となく至らざる所なし。此時に当って凡そ国土人民の責ある者、豈遠く慮り深く謀らざることを得んや。而して貴国の東は即ち西にして、相距ること僅に一葦のみ、唇歯の相依り存亡相関る者の如し。是最も隣誼の愈篤く愈固きくを要する所以なり。閣下の高明なる必ずここに見る所あらん。誠信の在るところ言衷より出づ、閣下尋交の誠意を鑑裁して、両国の為めに良図をなし、明かに覆音を致さんことを冀ふ。不宣。

明治三年　月　日

ここに前回、異例とされた「皇」「勅」の字句はない。政府の配慮である。しかし、日本文であることは初めてであり、のちに問題となった。朝鮮が「皇」「勅」の字句がない書契を受け取らない理由は、「皇」「勅」の字句にこだわらない別のところにあると思われる。それは対馬藩の要人と朝鮮の訓導との間に密約があったことであろう。密約とは対馬藩の「家役」である朝鮮との交渉権を保持しつづけたい願望であったろう。対馬藩の生き残り、その利権の確保のためである。

同日付、日本国外務大丞・丸山作楽書の朝鮮国東萊釜山両令公閣下宛は省略する。

明治三年七月、外務権大丞・柳原前光《さきみつ》は主張した。

朝鮮国ノ議ハ北満州ニ連リ西韃清ニ接シ候地ニシテ、之ヲ綏服スレハ実ニ皇国保全ノ基礎ニシテ、後来万国経略進取ノ基本ト相成、若他ニ先セラルレハ、国事爰ニ休スルニ至リ可申。

この年七月二十七日、佐田白茅の「征韓論」に反発して、薩摩藩士で陽明学者の横山正太郎が集議院に建白し、その門前で屠腹して抗議した。建白書はいう。ひらがな書きとする

朝鮮征討の儀、草莽間、盛んに主張する由、畢竟《ひっきょう》皇国委靡《いび》（委任の）不振《ふしん》を、慨歎するの余《あまり》、斯く憤激論を発すと見えたり。然れども兵を起すには、名あり義あり、殊に海外に対し、一度名義を失するに至ては、縦令大勝利を得るも、天下万世の誹謗《ひぼう》を免るべからず。兵法に己《おのれ》を知り、彼を知ると云ことあり。今朝鮮の事は姑《しばら》く舎《お》き、我国の情実を察するに、諸民は飢渇困窮に迫り、政令は鎖細の枝葉のみにて、根本は今に不定。何事も名目虚飾のみにて、実効の立所甚薄く、一新とは口に唱ゆれど、一新の徳化は、聊見えず、万民洶々《きょうきょう》（さわがしい）として、隠々土崩の兆しあり。若し我国勢充実、盛大ならば、区々の朝鮮豈能非礼を我に加んや。慮《おもんぱかり》此に出でず、只朝鮮を小国と見侮《あなどり》り、妄りに無名の師（軍隊）を興し、万一蹉跌《さてつ》あらば、天下の億兆何と云ん。蝦夷開拓さえも、其土民の怨みを受《うく》る多し。且朝鮮近年屢外国と接戦し、頗る兵革に慣《な》る、と聞、然らば文禄の時勢とは、同日の論にあらず。秀吉の威力を以てすら、尚数年の力を費《ついや》す。今佐田某輩言所の如き、朝鮮を掌中に運《めぐら》さんとす。己を欺き人を欺く国事を以て、戯《たわむれ》とするは、是等の

言を云なるべし。今日の急務は、先ず綱紀《こうき》を建て、政令を一にし、信を天下に示し、万民安堵せしむるに在り、姑く粛墻《しゆくぞう》（粛清）意外の変を図べし、豈朝鮮の罪を問うに、暇《いとま》あらんや。

（記録者付言）横山氏十ケ条の建白に、此論を添えて奉れり、献言の行る丶を願い、断然屠腹す。

実に明治三年七月二十七日。

其忠志奪うべからず。其論旨果たして適当するを知らず。

横山正太郎は天保十四年、薩摩藩士森有恕の四男として生まれた。弟に森有礼《ありのり》がいる。隣家の横山家に養子としてもらわれ、家を継いだ。島津久光の小姓から明治元年、久光の五男悦之助の守役となった。正太郎は西郷隆盛を敬愛した。享年は二十八歳である。亡骸は薩摩江戸藩邸によって、芝の大圓寺に葬られた。明治五年八月、西郷隆盛は正太郎の碑文を作り、墓の傍の幟に「精神、日を貫いて華夷（中国と外国）に見《あら》われ、気節、霜を凌いで天地知る」という五言詩を記した。正太郎の義に対する俊逸な志操を讃えたのである。

明治四年七月、廃藩置県令により前厳原藩知事宗重正（義達）は外務大丞に就任した。朝鮮、日本の交際のことを幹事することを命じられ、礼曹参判・東莱釜山両使に宛て、外国交際のことは一切外務省が管轄すること、日本より派遣する使者に歓待されるよう書状を送った。使者は釜山で訓導に応接、周旋を懇望したが、訓導は病に託し容易に面談を許さなかった。申し出は二十回にも及んだ。

その後、別差が釜山に来たので、前件両書の写しを呈し、速やかに回答あらんことを求めた。数十日後、ようやく訓導が来て言った。

「公幹のことは国中の衆議を尽くした上ならでは、決答に及び難い、尤もその期限は早晩予めさだめられない」

これを不服とした使者は、やむを得ず、すぐに訓導を強いて同伴し、使者、倭館館守揃って東萊へ行き、府使への面会を求めたが、一向に聞き入れない。軍官をして前同様、国議を尽くして後決答に及ぶべく、ただただ恭《つつし》んで早晩の間の処分を待たれよ、という。

使者はなお、その時期を追及すると、まず六、七年乃至十年と心得られよと至極曖昧な答えであった。

明治五年五月、「止むを得ず、直ちに訓導を伴ひ、差使、館司一同東萊へ入り親しく府使へ面謁の儀を請求」した。

この面談は朝鮮側に物議をかもした。すなわち、日本人が倭館を朝鮮の承認なしに出ることは御法度であった。これを「攔出《らんしゅつ》」という。倭館の倭人が設門を突破して東萊府入りするのは、慶応三年に一度あったが、今回は二度目である。

東萊府は府使・徐璟淳を免職し、釜山僉使、訓導、別差一人残さず「戴罪挙行」に処した。日本人への処分はない。この館倭攔出以後、東萊府は倭館館主を交渉相手に認めなくなった。交渉は決裂した。

明治五年六月、吉岡弘毅らは、倭館からの即刻全面撤退を上申した。

「此機を失せず一同引上げ申すべくに相決し申し候。……(朝鮮は)種々点策を弄し、頑固無条理の言を皇張《ママ》致し候も、全く従来対人(対馬人)を睥睨籠絡《へいげいろうらく》するの長策に之有り候間、此上小手段を以て、区々の小价を馳せ督論確答を促し候共、到底水泡に帰し申すべきは顕然、其上我に於いて彼の小利に昏溺するものと看做さるる時は、両情氷炭実に国辱を醸し申すべきと存じ候。……是迄一粒たり共給米を食み候ものは挙げて引き払《は》はせ申す可き積りに館司へも委しく実を申し含め置き候間、何分神速《迅》御下命相成候様いたし度」

対策の要点は、次の三項目である。

一　倭館から旧対馬藩の管理を召喚させ、外務省の職員と入れ替えること。両国の関係が悪化することを憂慮し、たとえ倭館の占領を実際に行う場合もこれを秘密にすること。

二　文引はそれまでの図書をそのまま使用すること。

三　旧対馬藩の負債を清算すること。

明治五年七月、倭館の幹伝官浦瀬最助は訓導専従の陪小通事・崔在守に、朝鮮の国論が定まるまで三年ほど交渉を中断してはどうか、ともちかけた。

この事件に対して、外務権大録広津弘信は七月十三日、「差使(使者・姓は相良)正樹、館司六郎入府は実に韓人のみの意外にあらず、館中の者も驚愕いたしたるよし」と外務省へ報告した。次いで七月二十一日にも、浦瀬の提案について言上した

「三年間、従前通り船差渡し、旧印は勿論、公私貿易、書契等も全て依旧云々の趣意は韓対両間の私奸に陥」るもので「浦瀬も対人にて御座候間、兎角談話中表裏有之仁物《じんぶつ》」

さらに言う（七月二十八日）。

「代官所の奸徒彼と相応じ、決して我邦に於て全く絶ち候勢に無之間、如何にも旧規主張いたし、代官所さへ相残し置候へバ、何れ廟議再び素に復し、旧例を踏みて歳遣船、公貿易従前の通りを以て相交り候道に落来候外無之と内応いたし居候」

私奸とは、倭館内の対馬勢が朝鮮と同調して、対島藩の釜山の代官所の存続を図ろうとしていることである。すなわち、外務省が交渉権をもっていれば、いずれ倭館、代官所は取り潰しになる運命にあった。

明治五（一八七二）年九月十五日、外務大丞・花房義質らは軍艦「春日」に搭乗し草梁倭館に入った。一行には陸軍中佐北村重頼（土佐）、陸軍大尉別府晋介（薩摩）が加わっていた。軍隊は気船「有功丸」に歩兵二個小隊を同行させた。

花房は着任早々、朝鮮と私奸の疑いがある代官梅津茂太郎、上野敬助、中山喜兵衛の三人を対馬へ帰国させた。次いで館守深見六郎に新しく外務省直属の館司を与え、交渉させた。

十月、訓導・安東晙は館守深見六郎以下倭館員を認めず、倭館に対する食糧の支給と同館在住の日本人商人の貿易活動を厳しく取り締まる対策を講じた。「撤供撤市」である。次いで潜商（密貿易）については、三井組の手代が対馬商人の名義を借りて貿易を行っていた。東莱府はこの行為を厳禁する布告文を倭館守門に掲示した。布告文の趣旨は次の通りである。

日本は西洋の制度や風俗を真似ることに恥じない。朝鮮当局は対馬商人以外に貿易を許していないのに違反した。近頃の日本人の所為を見るに「無法の国」というべきである。

本文を一部読み下す。

近く聞く、接待の館中（日本人）其形貌、衣服、多く日本人に非ず。彼の変形、俗に易し、我所管に非ず……猝《にわか》に洋船・洋服の有るに至る也、日本人と謂うべからず。

要は、日本人の風俗が西洋かぶれして、その替わり身の早さが従来の日本人ではないと非難している。朝鮮政府にとっては、洋夷の攻勢と同様、倭夷も「衛正斥邪」（正を衛《まも》り邪を斥《しりぞけ》る）の対象であったのである。

以上のことを外務省に報告したのは広津弘信である。明治六年五月のことであった。

これより先、広津弘信にこの情報を現地で通報した者がいた。半井《なからい》泉太郎（のちの桃水）である。泉太郎は明治五年、十二歳のとき、対馬の医師で釜山に赴いていた父のもとで給仕として働いていた。時に草梁倭館の守門前に、東莱府の告示文が掲示してあった。後年、彼の回想録「燼餘日記」はいう。

一葉の新しき掲示あり、何心なく読下せば、彼（朝鮮）の政府より人民への諭達と覚しく、滔々数千言漢文をもて書かれたるが、悉く是れ日本を罵詈讒謗《ばりせんぼう》したるもの、予ハ悲憤禁ずる能はず、馳せて館司家に至り、広津氏に訴ふれば、広津氏大いに喜び、好くこそ知らせつれ、願はくバ写しを得て政府に稟申せんと思ふなり、さりながら吏を遣はさバ、門将必ず謄写を拒まん、子ハ年少、遊戯の傍写し取とも門将さらに意とせざるべし……

弱冠十二歳の泉太郎の異例の文才である。続けていう。

この明治五年九月、外務省は草梁倭館を接収し、「大日本公館」と改称、外務省の管轄下に置いた。

当時釜山なる外務省用所には、久留米の士、外務省七等出仕広津弘信氏長たり、朝鮮との通商は殆ど困難の絶頂に達し、三井組より商業視察の為、手代数名渡来せしに、対州人に非ざるものの通商に来りしとて朝市を禁むるに至れり、……

東萊府の告示文の一部は次の通りである。

彼雖受制於人不恥、其変形易俗、此則不可謂日本之人、不可許其来往我境、所騎船隻、若非日本旧様、則亦不可許入我境、マタ近見彼人所為、可謂無法之国……

〈読み下し文〉

彼（日本）は制（西洋風）を受くと雖も人恥じず、その形を変え俗に易《か》うるは、これ則ち日本の人と謂うべからず、我（朝鮮）が境に来住するを許すべからず、騎する所の船隻、若し日本旧様に非ずんば、則ち亦た我が境に入るを許すべからず。また近頃彼の人の為すを見るに、無法の国と謂うべし。……

外務少輔上野景範は、広津の報告を受け重大事と見て、これを太政大臣三条実美に審議を求めた。明治六年五月二十一日及び三十一日頃のことである。

閣議には次の議案が掛けられた。要旨は次の通りである。

朝鮮側の官憲が、日本を目して無法の国となし、または日本をして「妄錯生事後悔あるに至らしめよ」と掲示したので、もし朝鮮の暴挙ともなれば、我国人（居留民・在住二百人余）いかなる凌辱を受けるやも知れない。このままであれば日本の国辱である。よって居留民保護のため、断然武力を背景に使節を派遣して「公理公道を以て屹度談判に及ぶべき」である。

太政官正院の構成は、三条太政大臣、西郷隆盛、板垣退助、大隈重信、後藤象二郎、大木喬任《たかとう》、江藤新平の各参議であった。

板垣が、居留民保護のため兵士一大隊を急派せよと発言した。

西郷が反論して言った。陸海軍の派遣は、朝鮮官民の疑懼をまねき、日本側の趣意に反する結果となろう。まず使節を派遣して、公理公道をもって談判すべきである。今度は全権を委ねられた大官を派遣すべきである、とした。

三条は、使節を派遣するとすれば護衛兵を率いて軍艦に搭乗して赴くべきとした。しかし西郷はこれに対しても、使節は軍服でなく「烏帽子《えぼし》、直垂《ひたたれ》」の礼装とし、非武装でなければならない、とした。

結論は、責任者で当時清国出張中の副島外務卿の帰国を待つことになった。西郷の国外派遣は、三条が躊躇したので結論は保留となった。副島の帰国は七月二十七日であった。

七月二十九日、西郷は板垣に書状を呈し、自説を述べた。居留民保護のために出兵が必要というのであれば、すでにカラフトではロシア兵が「たびたび暴挙」しているから「朝鮮より先」にカラフトに派兵するのが順序である。書状の後段で西郷は本心を露わにした。

「……往き先の処故障出来《しゅったい》候わん。夫よりは公然と使節を差し向けられ候わば、暴殺は致すべき儀と相察せられ候に付、何卒私を御遣わし下され候処、伏して願い奉り候。……」

朝鮮への使節が余儀なく暴殺されることも予測される、その役目に私を指名してくれと言ったのである。決死の覚悟がくみ取れる。

八月十六日夜、西郷は三条を訪問し、使節派遣の事情を説明し、さらに言った。「内乱（新政府への不満分子の反乱）を冀《こいねが》う心を外（朝鮮）に移して、国を興すの遠略は勿論、旧政府の機会を失し、無事を計って終に天下を失う所以の確証を取って論じ候」

このような朝鮮派兵は内乱の回避を意味するといっている。

実は、この内乱回避策は二義的問題であった。西郷の朝鮮派遣は、直接朝鮮征伐に参ずるものでなく、朝鮮と和平を求めるための使節で、この目的が不幸にして朝鮮の誤解にて、日本を敵視して忌避した場合は使節を撤退し、二次的な対応をとらざるを得ない。このことが一義的に解決されるべきことであった。

これに対して、三条は「能くよく腹に入れ候」と応じた。翌日十七日の閣議で、西郷の朝鮮派遣使節任命は議決された。さらに翌々の十九日、三条はこの決定を、箱根宮ノ下行在所に避暑中の天皇に上奏した。天皇は、遣外大使岩倉具視の帰朝を待って熟議しさらに奏聞すべしと、条件を付して了承した。

九月一日、三条は西郷に、「使節の内決」をしたので外務卿と協議して準備を進めるべく促した。尤も重大事件につき、欧米使節大使岩倉具視帰朝の上、その見込みなどを熟議し、その上でのことであるとの条件を示した。岩倉使節の帰国は九月十三日である。

西郷は九月十二日、朝鮮に連れて行く予定の別府晋介陸軍少佐に手紙を出した。

「今日は大使も帰国のつもりである、よって自分も当所（西郷従道の渋谷別邸）を引き払い、小網町（自邸）へ帰るつもりだ、是非二十日までには出帆のつもりだ」

ところが下旬になっても、三条からの連絡はない。しびれをきらした西郷は、書状をもって三条の怠慢を責めた。二十八日、慌てた三条は岩倉に書状をもって西郷の使節登用を相談した。

岩倉は三十日、西郷を表敬訪問した。「今夕西郷方へ行き向き候ところ、朝鮮事件頻りに切迫論これあり候」と大久保宛の書状にある。

この間、三条は何をしていたのか。三条が専ら岩倉に相談したことは、大久保利通を参議に登用し、当面の問題「百事（多事多難）」を処理することであった。ところが、大久保は参議就任をしぶった。この間、伊藤博文の協力もあって、大久保が参議就任に応じたのは十月八日であった。大久保は条件を付けた。

一　三条・岩倉が朝鮮使節処理方針を確定し、かつ中途で変説しないとの約定書を大久保に差し遣わすこと。

一　外務卿副島種臣も同時に参議に任命すること、並びに工部大輔伊藤博文に閣議に列席できる便宜を与えること。

十月十四日、閣議は開催され、改めて朝鮮使節派遣問題が審議された。出席者は、太政大臣三条実美、右大臣岩倉具視、参議西郷隆盛、同板垣退助、同大隈重信、同後藤象二郎、同江藤新平、同大木喬任、同大久保利通、同副島種臣の都合十名、欠席木戸孝允（病気）であった。

冒頭、岩倉が発言した。

「樺太の露国人暴行、台湾西蕃の暴行、朝鮮の遣使、この三事案は孰れも重大なり。能く先後寛急を慮りて、以て其処分を議定せよ。一人朝鮮遣使のみを以て、目下の急務として論ずべきものに非ず……」

西郷は反論した。

「樺太・台湾の二事案は、何が之を重大と謂わん。朝鮮事案の如きは、皇威の隆殺・国権の消長に関係す。須臾も忽諸に付すべからず。閣下が意見の如く、先ず樺太の事案を処分し、而る後に朝鮮の事案に及ばんと欲せば、敢えて請う、予に遣露使の命を奉ぜんことを」

岩倉は言った。

「樺太の事案を処分するは外務卿の任なり。外務卿命を奉じ、露国政府と論議して、其事案を処分し、且つ露国をして永く朝鮮国の援国たらんとするの意思を断たしむべし……」

西郷は抗弁した。

「朝鮮遣使の順序を議定せられよ」

板垣、後藤、副島、江藤の四人は西郷に賛成した。大久保、大隅、大木喬任はその不可を論争するも議決せず、翌日に持ち越された。大久保は、使節派遣即開戦論を前提に、征韓戦争が始まれば日本にとって不利益となる七箇条をあげて反論している。七箇条の要点は次の通りである。

朝鮮遣使を「俄《にわか》に行うべからず」とし、
一、所を失い産を奪われ大いに不平を抱くの徒……若し間に乗ずべきの機あらば一旦不慮の変を醸すもまた計るべからず」、すなわち開戦の混雑に乗じた不平士族の反乱が起きる危険がある。
二、「数万の兵を外出し日に巨万の財を費し征役久をいたす時は……大いに人民の苦情を発し終に擾乱を醸しまた言うべからざるの国害を来たす」、すなわち戦費の負担が人民の反抗を招くおそれがある。
三、「今無要の兵役を起し徒らに政府の心力を費し、巨万の歳費を増し……政府創造の事業尽《ことごと》く半途にして廃絶」、すなわち政府財政は戦費に堪えられない。
四、「先端を開く時は、……戦艦弾薬銃器戎服《じゆうふく》多くは外国に頼らざるを得ず……ますます輸出入の比例に於て大差を生じ大いに内国の疲弊を起さん」、すなわち軍需品の輸入が国際収支を悪化させる。
五、「朝鮮と干戈を交ゆる時は、……魯（ロシア）は正に漁夫の利を得んとす」、すなわちロシアを利するのみである。
六、「其の負債を償うこと能わずんば英国は必ずこれを以て口実とし終に我が内政に関するの禍を招き」、すなわち戦費のために現存外債の償却を怠ればイギリスの内政干渉を招く。
七、「条約改正の期すでに近きに在り……独立国の体裁を全うするの方略を立てざるべけんや、これまた方今の急務にして未だ俄に朝鮮の役を起すべからず」、すなわち条約改正に備えて国内体制を整備するのが戦争より先決である。

同十五日、西郷は前説を主張し尽力した。岩倉と大久保は敢えて動かなかった。三条はついに西郷に左袒した。よって会議は初めて決した。

この夜、三条は岩倉に所信を報じた。

「御安心奉賀候。然れば朝鮮事件には、容易ならざる御苦心、実に恐察に奉じ候。必境初発の僕らの軽率により事今日に至り候而、其罪僕一身に帰し申し候、去りながら今日に相成り候而は、無是無非儀と存じ奉り候。僕も今日に至り、論を変じ候次第申し訳之なく、大久保氏にも萬々不平と存じ候。去りながら、西郷の進退に付而は、容易ならざる儀と心配仕候儀御座候。就而は朝鮮事件今日の通り御決定之上は、速やかに僕に海陸軍の総裁職御命し相成り候様懇願仕候事に候。……」

岩倉はこの書を大久保に送付し、付言した。

「……何の面目もこれなく、洪大息之仕合せ、皆以て愚昧の致す所、実に恐縮に堪えず、頻りに苦慮罷り在り候。別紙三条公より到来内覧に入れ候。総裁云々尚御舎置《すえおき》宜しく願い度候。早々一筆此如くに候也」

同十七日、岩倉、西郷、板垣、後藤、江藤、副島は太政官代に入って三条の出席を待った。しかし、三条は病のため欠席し、岩倉宛てに書状を呈した。区々職責を全くできざるを悔い、末尾に自分の進退を述べた。

「……全く小生演説粗忽・貫徹致し難き事と恐懼仕まつり候。此上は決心進退を致すの外これ無くと存じ候。何分今日は持病困苦不参せしめ候。乃而早々此の如くに候也」

よって、この日、大久保は奉職の準的（標準）立ち難く、辞官返上の表を奉り、木戸孝允も亦病にかかり職事を壙《おろそかに》し、罪に累するを懼れるの趣旨を以て、辞官の表を奉った。これを受けて岩倉は、猶予して敢えて朝鮮遣使の儀を奏上しなかった。夜分に至り岩倉は三条を訪ね、反復討論に及んだが、両者の意見は合しなかった。時に岩倉は西郷が提示した「出使始末書」を呈した。読み下す。

朝鮮御交際の儀、御一新の涯《きわ》より、数度に及び使節差し立てられ、百方御手を尽くされ候得共、悉く水泡と相成り候のみならず、数々無礼を働き候儀之有り、近来は人民互いの商道を相塞ぎ、倭館詰居りの者も甚だ困難の場合に立ち至り候故、御拠《よんどころ》無く護兵一大隊差し出さるべく御評議の趣承知いたし候に付、護兵の儀は決して宜しからず、是よりして闘争に及び候而者《ては》、最初の御趣意に相反し候間、此節は公然と使節差し立てらるる、相当の事に之有るべし、若し彼より交際を破り、戦を以て拒絶致すべく哉《や》、其の意底慥《たし》かに相顕れ候ところ迄は、尽くさせられず候而《て》は、人事に於いても残る処之有るべく、自然暴挙も計られず抔《など》との御疑念を以て、非常の備えを設け差し遣わされ候而者《ては》、又礼を失せられ候得者《は》、是非交誼を厚く成され候御趣意、貫徹致し候様之有りたく、其上暴挙の時機に至り候而《て》、初めて彼の曲事分明に天下に鳴らし、其罪を問うべき訳に御座候。いまだ十分尽くさざるものを以て、彼の非を而已《のみ》責め候而は、其罪を真に知る所これなく、彼我共疑惑致し候故、討つ人も怒らず、討たるる者も服せず候に付、是非曲直判然と相定め候儀、肝要の事と見居《みすえ》建言致し候処、御採用相成り、御伺いの上使節私へ仰せ付けられ候筋、御内定相成り居り候次第に御座候。此段形行《なりゆき》申し上げ候。以上。

十月十七日

同二十二日、西郷、板垣、江藤、副島の四人は、先に三条辞任により太政大臣代理に任命された岩倉具視をその自邸に訪ね、「太政官職制」の規定に則って十五日の閣議決定を天皇に上奏するよう求めた。

岩倉はこれを断った。三条と自分は別人であるから自分の思い通りにすると言い放った。江藤は反論した。代理人岩倉は原任者三条の意志に従うのが法の理論である。

しかし、岩倉は自説を翻さない。内密には、岩倉の背後には大久保がいた。大久保は使節延期論者であった。これが天下のためであると自負していた。

西郷は無言で退出した。翌日二十三日、辞表を提出し、行方をくらました。

同日、岩倉は閣議決定を上奏した。自説を呈示した。

「今頓《とみ》に一使節を発し万一の事ありて後事継がず、而して更に他の患害にかかるあらば、悔ゆといえども追うべからざるなり（西郷の引き留めをしないこと）。故に之が備をなさず今頓に使節を発するは、臣その不可を信ず」

二十四日、天皇は「汝具視が奏状これを嘉納す」と裁可した。同日、西郷は参議・近衛都督を解任され、陸軍大将は従来通りと処置された。

参議、板垣退助、江藤新平、後藤象二郎、副島種臣の四人もそろって辞表を提出した。

この政変は、関係する無しにかかわらず波乱を呼んだ。陸軍少将桐野利秋、篠原国幹《くにもと》ら近衛士官をはじめ西郷系、板垣系の官吏多数が辞職した。

これより先、一八六三（哲宗十四・文久三）年十二月八日、先代の王・哲宗が三十二歳で死去した。哲宗に正統な嗣子はなく、神貞王后趙氏（先先代王・憲宗の母）と李昰応《かおう》（興宣大員君）の合意により、李昰応の二男命福（高宗）を十二月十三日に即位させた。時に高宗は十一歳であった。そのため即位後の二年は神貞王后が垂簾聴政《すいれんちょうせい》（皇太后が政治をすること）、その後は大院君が政治の実権を握った。日本の院政のようなものである。

大院君は、内政では安東金氏の勢道（大両班主管）政治を打破し、外征は鎖国・攘夷策を執った。一八七一（高宗八・明治四）年五月、アメリカのロジャース率いる米艦隊五隻が江華島を襲い、砲撃後、陸戦隊が上陸、草芝鎮・広城の砲台を占領した。朝鮮の守備隊は夜陰に乗じ、奇襲攻撃により、これを敗退せしめた。大院君はこの攘夷を徹底すべく「石碑」を作り、各地に建立して民衆に訴えた。

「洋夷侵犯　非戦則和　主和売国　戒我万年子孫　丙寅作辛未立」

（外国の侵犯に対して、戦わずして則ち和するは、和を主とする売国の徒である、我、万年の子孫に戒む）

ところが、その二年後、一八七三年十一月、大院君は失脚した。高宗の妃閔氏と反大院君派の陰謀により、高宗の成人を名目として、政権を高宗に戻させられたのである。

高宗十一（一八七四・明治七）年六月二十九日の記録に次のことがある。

「これより先、壬申九（一八七二・明治五）年六月以来、日本国外務省使員、草梁倭館員役既に撤退し、交隣の衝に当たるものなし、而して日本国情穏やかならず、本国（朝鮮）に称兵するの説あり、領議政李裕元、右議政朴珪寿等、之を伝聞して、密かに憂惧し、三百年の信好、書契の異式を以て閉関絶約の状に至るは、一に大院君、訓導安東晙の言を信じ、其所為に任ぜしに由ると為し、安東晙を拿来《だらい》して法を正し、別に渡海訳官を派送して、日本国情を詳細探索せしめんことを請ふ。(高宗)之を允《ゆる》す」

一八七三年十一月、大院君の政敵領議政李裕元が登用され、高宗に啓言した。

「臣、倭館事を以て竊《ひそか》に一言有り。……我国、倭人と結隣通信してすでに三百年、一の釁端《きんたん》(争い)なく百の和好ある所而なり。書契、これ礼を以てし、贈給、これ時を以てし、毫も相失することなし、にわかに三年間故なく疎隔し、いま則ち関を閉じ約を絶するに異ならず。我国、なおその由る所を知らず。ただ一訓導の言を信じ、その為すところに任せり。渠《かれ》、自ら得意、恣横放肆、……その罪を知るといえども敢えて顕言する莫《な》し。国体の虧損《きそん》、約条の隳壊《きかい》(破壊)、実にこれに由る。……臣、意《おも》うに、府の羅将を発遣、前釜山訓導安東晙を拿来《だらい》(捕獲)し、厳に覈《しらべ》て罪を正し、別定の渡海官を、下送、その委曲を探り登聞せしめ、その公私幻弄の物は、道臣をして一一査出、公に並属し、軍需に補用せしむることを請わんとす。これに従う」

ここでも、なお倭人の呼称が用いられているのは注目に値する。ちなみに安東晙は李太王十二(明治八・一八七五)年三月四日、梟首された。

これに先立ち、高宗十(明治六・一八七三)年八月、朝鮮国王高宗は中国燕京から帰国した進賀使・李根弼(正使)らから復命を受け、その場で日本に対する認識を示した。

「予（高宗）曰く、倭人数十余名皇城に来在す。年前、服色なお渠国《かれ》（日本）の制を守るといいしに、今、則ち多く洋夷（西洋）の様に倣《なら》うという。洋夷の誘う所のためその本色を変えしや。根弼曰く、果して然り。而して一国を挙げ洋制に従うを欲すという。必ず内乱の生ずるあらん。敬源（副使）曰く、倭醜果して洋服を着し、今年春間、洋艦に乗り、洋醜に随いて東牌楼近地の廃寺に来接す。初め久住の意有り。六月初、その国書を伝えるや遑忙《こうぼう》として即帰す。中朝の士多く言う、渠国必ず内乱有らんと。宇熙曰く、所謂倭王は和同し、経伝を毀棄し、専ら邪教を尚ぶ。衣服制度に至りては、みな洋夷一様の如し……。

予曰く、倭国いま関白無ければ洋夷の通倭は、すなわちこれ倭主のなす所なりや。

根弼曰く、倭主、洋酋を引入れ、その力を藉《か》りて関白を除き、みずから権綱を総攬すといえども、その実、空山に独座し、引虎、自衛するが如し。敬源曰く、いま洋と倭は異なるところ無し。……」

朝鮮の上層は明治政府の急速な洋式的制度改革を揶揄している。「倭」と「夷」の字の多用は、朝鮮の時代の変化に対する自らの認識の旧弊なることを暴露している。

高宗の親政が始まった。大院君の政策の方向転換、精算であった。よって新政権に対して、壬申書契の取扱いの予備交渉が始められた。明治七年八月二十八日である。

交渉は、日本側は森山茂、朝鮮側は朴健休らであった。森山の主張は朝鮮側に概ね好感をもって迎えられた。

「今日の事決して旧日の非にあらず。冀くは公（森山）安頓せよ。両国親睦ならざるを得ざるは論を俟たず」

　本交渉は同年九月三日に行われた。朝鮮の新任訓導は玄昔運、別差は玄済舜らであった。朝鮮側の主張は意外にも強行であった。

「皇・勅」の字について「相成るべくは御同前に朝廷という文字にて御済し下されては如何」。

　森山は拒否した。

「貴国は貴国の思し召しもあるべし。我に於いては万国に対する格例あり。これらは決して相談は承難し」

「勘合印については、朝鮮側で鋳造したものを用いては如何に」

「外国に航するものを統営するは即ち本省（外務省）なり。而して外国航行の印式あり。旧規の日朝の外交は特別であった。これからは万国共通の公法によるべき」

「三百年の久しきを保つも条約ありてなり。実に万世不易の約条と云うべし」

「決して然らず、万世不易の約条というものは即ち恒約なり。貴国と我邦との約条の如き、則ち常約にして随時制を宜しく康熙以来幾回にして全備せしや、之を知らず。而して其約例多くは皆黙約になる。何ぞ万世不易の語を呈するや。思うに、貴国は約条を重んじて好誼を軽んずるが如し、如何」

　朝鮮側は、これを論駁できなかった。

　明治八（一八七五）年三月三日（高宗十二年一月二十六日）、次の書契が朝鮮に渡された。書契は日本文であった。

大日本国外務卿寺島宗則書を
朝鮮国礼曹判書　閣下に呈す。我明治元年、皇上極に登り万機を親裁し、紀綱を更張し、汎《ひろ》く外交を容る。而して本邦の貴国と隣誼旧あり、彊土相連なる、蓋是唇歯《しんし》の国宜く更に懇欵《こんかん》を敦くし、綏寧《すいねい》を揆《はか》るべし。爰に勅を奉じ、書契を修し、特に理事官森山茂、副官広津弘信を派し、明かに本邦盛意の在る所を告ぐ。貴国、それ之を諒せよ。萬づ使伻《しほう》（使者）の口陳に委す。不宣。
明治八年一月　日
外務卿寺嶋《ママ》宗則

大日本国外務大丞宗重正書を
朝鮮国礼曹参判　閣下に呈す。曩《さき》に我皇上親政幕府を廃し、太政官を復し封建を革め郡県と為す。又外務省を置て外交を管し、世襲の官皆之を罷《や》む。重正も亦対馬守及び右近衛少将の任、並びに本邦と貴国と交際将命の職を解き、更に現官に任ずる等の事已に屢次家人を差し之を報ずるを経たり。本省又官員某等をして往きて東萊釜山両使に晤《ご》し、本邦盛意の在る所を告げしむ。而して貴国峻拒納れず、隣誼に反し、旧交に背くもの此に七年、重正不佞乏しきを現官に承け、外勅意を奉揚する能《あた》はず、内士民の激怒を致し、恐慚《きょうざん》恐愧《き》、深く貴国の為に之を慨《なげ》き、之を怪む。将に上請し躬親《みちか》から渡航し、蟠錯《ばんす》（わだかまり誤る）の情を究明し、善隣の道を講求せんとす。会たま《（ママ）》本省官員森山茂貴国官弁と接晤し、貴国始めて姦譎《かんけつ》の徒の中間に在るあって之を壅蔽《ようおう》（耳口を塞ぐ）せしを覈知《かくち》（調べ知る）し、方に捕縛を行ふことを審かにするを得たり。是に於て従前の窒礙《ちつがい》（障害）頓《とみ》に開け、旧来の懇欵乃ち復す。茂帰京事由を中奏し、朝廷深く之を嘉す。不佞果して嚮《さき》の峻拒は貴国廟議に出て然るに非るを信ず、欣抃《きべん》（大なる喜び）曷《なん》ぞ已《や》まん。而して其縛に就くものも亦皆刑に処し、法に抵《ふれ》るや否や、事両国の信義に関かる、怨を匿して相友とするは古今の恥る所、是を以て問を為すものは、将に以て両国交驩《こうかん》（交わり喜ぶ）の地を成んとす。敢て務て此詰難不祥の辞を為すに非ず。貴国以て如何とす。姦《かん》（悪人）を黜《しりぞ》け、譎〈偽り〉を罰するは、貴国自ら法典のあるべし。若し夫一時の諠を済して人心に慊《あきた》らざるときは永遠を保つの道に非ず。貴国も亦豈《あに》此の如きを望んや。委曲《いきょく》を垂示せんことを請ふ。茲に我外務卿書を礼曹判書に修め、理事官森山茂、副官広津弘信をして東莱府に往き、之を使道に致し、伝達して以て尋交を商量せしむ。貴国宜く之を欵接《かんせつ》し、速に専使を派来し、以て万世不渝〈変わりない〉の盟ひを訂すべし。冀望《きぼう》の至に堪えず。更に陳す、貴国曽て鋳送する所の図書三顆併《か》て茲に返進す。照納を是祈る、粛此不宣。

明治八年一月　日

外務大丞宗重正

以上二通の書契について特徴的にいえることは、東海の小国日本が大日本国を唱えたことである。ここには朝鮮を超えようとする日本の優越感が暗示されており、敢えていえば、西欧列国に互し、世界に進出していこうとする明治政府の気概が見える。そのためには万国公法に準じていくことはもちろん、そのために国力をつけ、親善隣好の誠信のこころをもって対処していかなければならない。独善・倨傲《きよごう》であってはならない。明治政府には自信があった。朝鮮に忌み嫌われた「皇・勅」の二字を、敢えて当書契に使用したからである。

朝鮮朝廷は、この書契を見て論議した。

「皇」は「大清〈中国〉」であり、日本は朝鮮と対等の関係にあるので、日本だけが、「大日本大皇帝」を称するのは許されない。

しかし、明治八年三月十三日、国王高宗は述べた。

「所来の書契、終に受見せず、殊に誠信の道に非ず、……今番、第令を取りて見る、苟《いやしく》も（書契に）違格の処有るも、更に退斥の為未だ不可となさざる也」

書契受け取りについては種々異論は多出するも、ようやくにして同年五月十五日、旧格の厳守を条件に書契を受理し、そのための宴会の開催を許した。しかし、この宴席に招待された森山茂は、前例のない洋式の大礼服を着用していたため、宴亭大庁正門で入場を阻止された。

判中枢府事・朴珪寿は、書契の格式違反を批判しながらも、日本の「皇帝」を称するのは数千年にもなり、これを受理するかどうかは「聖度（朝鮮国王）の包容如何」にある。よってこれを拒否すれば、憎まれて戦端が開かれると進言した。しかし、朝廷はこれを不受理と決した。

14 釜山居留地

朝鮮の公式宴会に洋服の着用で出席を不許可とされた森山茂は、朝鮮との交渉を断念した。七月二日、外務省に帰国命令を求める文書を認め、広津弘信に託して帰国させた。正式に指示が出たのは九月三日であった。九月二十一日、釜山を発った。

これより先、明治八年四月、交渉中、森山は広津弘信と相議し、交渉がこのまま、まとまらざる場合を危惧し、その対策として「軍艦ヲ発シ対州近海ヲ測量セシメ以テ朝鮮国ノ内訌ニ乗ジ以テ応接ノ声援ヲ為ンコトヲ請フノ議」を政府に建議していた。

「……今彼（朝鮮）ノ内訌シテ攘鎖党未タ其勢ヲ成サヽルノ際ニ乗シ、力ヲ用ルノ軽クシテ而シテ事ヲ為スノ易カランニハ、即今我軍艦一、二隻ヲ発遣シ、対州ト彼国トノ間ニ往還隠見シテ海路ヲ測量シ、彼ヲシテ我意ノ所在ヲ測リ得サラシメ、又朝廷時ニ我理事ノ遷延ヲ督責スルノ状ヲ示シ、以テ彼ニ逼ルノ辞アラシメハ、内外ノ声援ニ因テ理事ノ順成ヲ促カシ、又結交上ニ於テモ幾分ノ権利ヲ進ルヲ得ヘキハ必然ノ勢ナリ。況ヤ予メ彼海ヲ測量スルハ、従来事アルト事ナキトヲ問ハス、我ニ必要ノ事ナルニ於テオヤ。……」

これにより外務卿寺島宗則は、太政大臣三条実美、右大臣岩倉具視、海軍大輔川村純義らと協議、軍艦「春日」、「雲揚」、「第二丁卯」の三艦を釜山に派遣して、朝鮮に対する示威行為をなすことに決した。

雲揚号艦長井上良馨《りようけい》は、五月二十五日、釜山へ予告なしに入港した。他の二艦も随行した。翌二十六日、訓導・玄昔運は森山に詰問した。森山はこれを斥けた。

「外交使臣が来ているとき、護衛のため軍艦が来るのは当然なり」

九月、雲揚丸は再び示威行動を起こした。海軍省より清国牛荘までの航路探策を命じられ、九月二十日、江華島付近に至り、投錨した。目的は、「測量及び諸事検捜、且つ当国官吏へ面会、万事尋問」であった。ボートを下ろし、江華島と朝鮮本土の間の塩河に侵入すると、左辺の草芝鎮から砲撃を受けた。応戦するも無勢につき井上は本艦へ引き返し、これを国辱として翌日、本艦にて出動、草芝鎮砲台を攻撃、殲滅し、その後項山島に上陸して民家を焼き払った。なお、このとき軍艦には日本の国旗が掲げられていた。

さらに二十二日、永宗島に陸戦部隊を上陸させ、鎮台の守兵と交戦、ここを焼き払い、武器、軍服、楽器などを分捕った。朝鮮の戦死者三十五人、日本人一人、戦利品は砲三十八門であった。二十四日、小島で汲水し、長崎に帰還したのは九月二十八日であった。井上は直ちに電報で事件を報告した。次いで九月二十九日付で報告書を提出した。

政府は急遽、御前会議を開き、善後策を講じた。釜山の日本公館及び居留民の保護のため軍艦を派遣することに決した。

十月九日、寺島外務卿は英国公使パークスに事件の説明をした。

「我雲揚艦牛荘辺へ通航の砌、九月二十日、朝鮮江華島の近傍に碇泊し、飲料の水を得んが為、端船を卸し、海峡に入る。第一砲台の前を過ぎ、第二、第三砲台の前に至る」

また日本国旗の掲揚については「以前（日本の）軍艦、彼の海岸に行くや、彼は我国旗を知らざるの模様ありたり、依ってこの艦の此に入るや、常に揚げる国旗の外に二流の国旗を増し、三檣に三流の旗を揚げて示せり」とした。

ちなみに実際には、日本国旗のことは明治五年と七年に二回にわたって、釜山草梁公館において日本側から朝鮮に通知されており、朝鮮側もこれを認め、ただ中央政府の伝達が末端までいたらなかったと陳謝し、そのため「異用船」と認識し、日本船を誤認したと釈明した。

しかるに日本は、朝鮮側からは先に砲撃を受けたと主張し、しきりに朝鮮の違背をパークスに訴えた。同様のことは以後にフランス、オーストリア、ロシア、イタリア、ドイツ、イギリスからも問い合わせがあり、政府は十月八日付の井上の二回目の報告書を同月十七日に届けた。

ただし、この井上の二回目の報告書は、九月二十九日の報告書と同文ではない。井上の九月の報告書では、江華島への侵入は、あくまで「測量のため等」とあるのが、十月の報告書では、「飲料水の確保」に替わっている。江華島は、朝鮮国の首都漢城へ通ずる漢江に直結する国防上の要地であり、そこを無断で測量することは領海侵犯にあたる。これが外国に知れることは、いかにも不都合であったし、井上もこれを知らないはずはなかった。よって二回目の井上の報告書には、事実の隠蔽があったことは疑えないことであろう。これは、おそらく政府との合意の上であろう。

十一月、政府はようやく、先に攻撃を受けたことを口実に、この事件の責任を問い、条約を締結する方針を決めた。遅くなった理由は次の二点に集約される。

一　海軍省内に於ける西郷派に属する薩摩軍人らが決着済みの征韓論を再燃させ、保守派の島津久光らの勢力増大を、大久保、木戸が懸念したこと。

一　朝鮮の宗主国清国の反応を正確につかめていなかったこと。

ところが十月二十七日、島津久光が辞職し、一つの懸念はなくなった。

この間、木戸孝允は十月五日、三条太政大臣に建議した。

「徒に世の論者の慓軽なる論議に従い、其流を逐い其波を揚ぐべからず」と征韓論を批難し、まず清国の責任を問い、仲介を依頼し、それが拒否されたならば直接朝鮮と交渉すべきであり、自らがその遣使になることを希望した。

同年九月二十一日、朝鮮政府は、「異様船」が蘭芝島に停泊したとの情報を、永宗僉使から受け、翌二十二日、問情訳官を江華島に送り、さらに京畿観察使、江華府・留塑に警戒を命じた。二十三日には、「異用船」が項山島に放火し、永宗鎮を砲撃したことが伝わった。二十五日になって、永宗鎮の火災で民家が焼け、軍民に死傷者が出たことが分かった。政府は直ちに責任官吏を罷免し、死者をあつく弔い、怪我人に施薬し、被害者撫恤を決めた。

大院君の時代、洋攘に対して軍備を強化していたことに比し、高宗は財政負担を軽くするため内政に注力し、軍備は疎かになっていた。その虚を突かれたのである。

九月二十八日、左議政・李最応は廟堂にて、先の永宗島に関わる事態は憤激の極みで言葉もない、たとえ軍卒が不足していたとしても、日本人が上陸するのを座視して接戦せず、六百人余の兵士が負傷し、砲台を捨てて潰走したことは驚くほかなしと嘆息した。これは軍の指導者に人材を得ていないからである、と指摘した。

折しも森山茂は長崎に帰っていたが、江華島事件の翌日、寺沢卿の指示により、「在韓人民保護」のため草梁倭館に帰任していた。十月二十七日、海軍少将中牟田倉之助は軍艦「春日」及び「第二丁卯」を率いて釜山に入港し、帰国する森山に代わって人民保護の任を担当した。

十一月八日、日本兵士が七名、東莱府沙下面旧草梁里に乱入、それを阻止しようとする住民に抜剣して立ち向かった。翌九日にも日本兵七十人が旧草梁里に乱入し、放銃、抜剣して民家に押し入り狼藉を働いた。朝鮮側は実力をもって撃退できず、ようやく法例を楯に説得に努め、退けた。

さらに十一月二十三日、日本兵八十五人が、小船にて釜山浦に上陸したが、朝鮮の軍校が「善隣の義」をもって諭し、「禁条の厳」をもって責め、内五十五人が陸路倭館に帰り、三十人が軍艦に戻った。また十二月十三日、騎乗した士官が指揮する五十八人の日本兵が、それぞれ砲銃と刀剣を携えて倭館から豆毛浦及び開雲浦に向かった。釜山鎮では軍校及び住民を動員してこれを阻止しようとするも、十二名が負傷した。

訓導・玄昔運は強更に倭館に抗議した。しかし倭館側は、日本兵は海軍省の管轄であるから、外務出自の自分たちにこれをやめさせる権限はない、として応じなかった。これらは、いずれも威赫的な日本の示威行動であった。

十二月十二日、李最応は打開策として、問題になっていた日本の書契の文中の数個の字（皇上と奉勅）などは、ただ彼国（日本）臣民の自尊の称に過ぎないので我に何の損失があろうか、と述べて、外務卿の書契の受理を啓言し、朝鮮国王はこれに同意した。

これは玄訓導によって倭館に伝えられ、合わせて日本軍艦の撤退を要請した。このとき日本ではすでに朝鮮への全権使節派遣が決定していた。

当初使節に予定されていた木戸孝允が病のため、十二月九日、特命全権弁理大臣に黒田清隆（陸軍中将兼参議）が任命された。特命副全権大臣は井上馨（元老院議官）である。随員は外務権大丞森山茂、陸軍少将種田政明ら、合わせて三十人であった。

この派遣は駐日各国公使にも了解をとりつけられた。アメリカ公使と寺沢外務卿の対談には次の文言がある。

「十二月九日、米国公使ビンガムは外務卿より、日本の目的がペリー提督の故智に倣う朝鮮の平和的開国にあることを聞いて諒解した。……次いでビンガムは井上副全権に、ペリー提督日本訪問の際の一随員テイラーの著（『ペリーの日本遠征小史』）を贈ったりした」

出発に先立ち三条太政大臣は黒田に対して「訓条」と「内論」を与えた。

「訓条」はいう。

要するに、江華島事件において「我カ国旗ノ受タル汚辱ハ応ニ相当ナル賠償ヲ求ム」ること、しかし「我主意ノ注ク所ハ交ヲ続クニ在ルヲ以テ、今全権使節タル者ハ、和約ヲ結フ事ヲ主トシ、彼能我カ和交ヲ修メ、貿易ヲ広ムルノ求ニ順フトキハ、即此ヲ以テ雲揚艦ノ賠償ト看做シ、承諾スル事」であった

「和交」の内容においては、「徳川氏ノ旧例ニ拘ル事無ク更ニ一歩ヲ進メ」、必ず挿入すべき条件を指示した。

「内論」においては、朝鮮側の出方による対応の仕方を指示したもので、「彼レ其説ヲ主張シ、若クハ虚飾シテ到底我カ必要ナル求望ニ応セサルニ至ルトキハ、縦令ヒ顕ハナル暴挙ト凌辱トヲ行ハスト雖トモ、使節ハ両国和好ノ望ミ已ニ断へ、我カ政府ハ別ニ処分アルヘシトノ旨趣ヲ以テ、決絶ノ一書ヲ投シ、速ニ帰航シテ後命ヲ俟チ、以テ使節ノ体面ヲ全フスヘシ」

実際に日本は、交渉決裂のときのため、馬関（下関）に山県有朋陸軍卿率いる大軍を出張待機させた。

黒田使節の一行は明治九（一八七六）年一月六日、艦船六隻に八百名の護衛兵を乗せ、品川湾を出航、一月十五日、釜山を経由し、一月下旬、江華島近海に現れた。予備交渉のため、森山は江華府に至り、軍隊四千人を随行させたが、さらに二千名が来援するだろうと予告した。

朝鮮側は、東莱府使が日本艦の釜山寄港により江華島来島を察知した。同月二十七日、直接に事

情調査させた南陽府使の報告を通じて概要をつかむと、国交樹立に方針を定め、一月三十日、接見大官に申櫶、副官に尹滋承を任命し、江華府に送った。

二月五日、朝鮮政府は宗国清国の礼部から、開国を勧告する意図を持った書簡を受けた。当時、清国は、イギリス、フランスなどと紛争を抱えており、朝鮮を支援する余裕がなかった。

両国交渉は二月十一日、「紀元節」を祝う艦砲の轟きによって始まった。黒田正使は、朝鮮の書契不受理、江華島事件などで朝鮮を責めた。朝鮮側は復交の障害に八戸事件を持ち出した。これは一八六七年、日本人八戸順叔なる人物が香港の新聞に、日本は朝鮮が朝貢しないので征討を計画していると寄稿した事件である。結局この情報はでたらめであった。

翌十二日、黒田正使は十三款の項目からなる条規原案を呈示し、十日以内の同意を求めた。このとき黒田・井上両人は念のため、従来の対馬を介する交際では、また紛議を生じ、両国に不慮の難を醸すも測られず、永遠に相安んずる道がないと条約締結の目的を説明、この条約案を「天地の公道に基つき万国普遍の例に依り取り調べたる」ものとした。

朝鮮側の回答は次の通りである。

「大日本国皇帝殿下」と「朝鮮国王殿下」という呼称や、日本の「外務省貴官」と朝鮮の「秉権大臣」が接見するということを、対等の礼を欠くという理由から問題である、とした

日本側は応答した。

「皇帝」「国王」の呼称を使用せず、「日本国政府」、「朝鮮国政府」とし、相互の接見は「外務卿」

と「礼曹判書」間で行うことに改めた。

さらに、朝鮮は外交使節の首都駐留を拒否し、臨時的滞在であることを明確にするよう求めた。一款の最恵国待遇に関する一項は、他国との条約締結の意志はないので削除を願ったもので、これは削除された。

批准書の形式では対立した。日本側は国際間の慣例を持ち出し、国王の親署と玉璽捺印を求め、朝鮮側は国法に反するとして拒否した。結局、新たに「朝鮮国君王之寶」の印章を造って押印することで決着した。

二月二十七日、江華府の錬武堂で「日朝修好条規」が調印された。第一款と第四款を記す。

第一款　朝鮮国ハ自主ノ邦ニシテ日本国ト平等ノ権ヲ保有セリ　嗣後両国和親ノ実ヲ表セント欲スルニハ　彼此互ニ礼義ヲ以テ相接待シ毫モ侵越猜嫌スル事アルヘカラス　先ツ従前交情阻塞ノ患ヲ為セシ諸例規ヲ悉ク革除シ務メテ寛裕弘通ノ法ヲ開拡シ　以テ双方トモ安寧ヲ永遠ニ期スヘシ

第四款は次の通りである。

第四款　朝鮮国釜山ノ草梁項ニハ日本公館アリテ年来両国人民通商ノ地タリ　今ヨリ従前ノ慣例

及歳遣船等ノ事ヲ改革シ今般新立セル条款ヲ憑準トナシ貿易事務ヲ措弁スヘシ　且又朝鮮国政府ハ第五款ニ載スル所ノ二口ヲ開キ日本人民ノ往来通商スルヲ准聴スヘシ　右ノ場所ニ就キ地面ヲ賃借シ家屋ヲ造営シ　又ハ所在朝鮮人民ノ居宅ヲ賃借スルモ各其随意ニ任スヘシ

この条規で日本は、外交使節の首都派遣（第二款）、釜山のほか二港の開港（第五款）を規定した。条規の署名人は、大日本国特命全権弁理大臣・陸軍中将兼参議開拓長官黒田清隆、大日本国特命副全権弁理大臣議官井上馨と大朝鮮国大官判中枢府事申櫶、大朝鮮国副官都総府副総官尹滋承であった。注意を要することは、朝鮮が「大朝鮮国」と自称したことである。これは日本の「大日本国」の顰《ひそみ》にならったものであろう。朝鮮の日本に対抗しようとする意識の現れである。

第十款（領事裁判権）の規定は、居留地の日本人の罪科について裁判権の確保に関するもので、これは日本に帰属するとされ、朝鮮人の罪科は朝鮮側に属するとされた。いわゆる不平等条約である。

これは安政五（一八五八）年、日英両国間で結ばれた日英修好通商条約を下敷きに作成されたもので、日本側はこの不平等を知りながら、これを朝鮮に押しつけたのである。もっとも、朝鮮はこれに気づいていなかった。

これは、第一款の「朝鮮国は自主の邦にして日本国と平等の権を保有せり」の文言に反するものであった。

以上の細目については、第十一款により、六カ月以内に再協議されることになった。六月、日本政府は外務大丞宮本小一を理事官に任じ、翌月、朝鮮に派遣した。朝鮮側は趙寅熙を講修官に任命、会談にあてた。会談の場所は漢城であった。

宮本が日本出発にあたって三条太政大臣から受けた訓令は、輸出入ともに無税とすること、もし朝鮮側がこれに強く反対するときは、一律に従価五分の課税まで譲歩してよいこと、であった。

「附録」は十一款あって、釜山で日本人の自由遊歩範囲を、埠頭から起算して東西南北の朝鮮里法の十里（日本の十里の一割）以内としたこと、釜山の草梁公館にこれまであった守門、設門を撤去すること、日本貨幣の通用、両国人民で私鋳銭をもつ者があれば、各国の法律において処分するものであった。

八月五日から交渉は始まり、「修好条規附録」、「朝鮮国議定諸港に於て日本国人民貿易規則（通商章程）」が調停された。

忠武公李舜臣像（釜山・龍頭山公園。編集部撮影）

明治十（一八七七）年一月三十日、釜山で調印された「釜山港居留地借入約書」を次に記す。片仮名はひらがなに改める。

相考を為す事、朝鮮国慶尚道東萊府の所管草梁項の一区は古来日本国官民の居留地とす、その幅員は図の如し、図中旧称東館区内の家屋赤色を著する者三宇は朝鮮国政府の構造に係るなり、日本暦明治九年十二月十二日、朝鮮暦丙子年十月二十七日、日本国管理官近藤真鋤、朝鮮国東萊府佰（ママ）洪祐昌と会同し、両国委員嚢に議立する所の修好条規附録第三款の旨趣に照遵し、自今地基租を納る、歳に金五拾円、毎歳抄翌年租額を完清するを約す、家屋は則日本暦明治十年一月三十日、朝鮮暦丙子年十二月十七日、再び協議を経て旧称裁判家なる者を除くの外、朝鮮国政府所構の弐宇を以て日本国政府所構、旧称改船所及倉庫等六宇と交換し、以て両国官民の用の允《み》つ、嗣後当に朝鮮国政府に属すべき家屋七宇は黄色にて輪廓をなし以て其別を昭にす、地基も亦焉《ここ》に属す但地基は朱を以て之を劃す、其の他の地基道路溝渠は悉皆日本国政府の保護修理に帰し、船艙は則朝鮮国政府之を修補す、因て併録し副《そえ》るに地図ヲ以てし、互に鈐印して以て他日の紛拏《ふんだ》を防ぐことを是の如し。

大日本国明治十年一月三十日

管理官　近藤真鋤　印

大朝鮮国丙子年十二月十七日

東萊府伯　洪祐昌　印

日本・朝鮮の修好条規締結後、江華府に残った随員宮本小一、野村靖は、黒田全権大臣の内命により、申櫶に朝鮮による回礼使の日本来訪を慫慂し、申櫶はこれを国王に上申した。日本の国内事情を検分させるためであった。

金錡秀を正使に、総勢七十三人の使節（修信使）が編成された。幕末までの通信使が将軍襲封ごとに派遣されたのと違って、外交懸念の発生時に臨時に派遣するものであった。

よって国王の国書・公礼単の交換もなく、礼曹書契のみとし、三使のうち副使・従事官の同行もなかった。「修信使」の名称は、「昔からの友好を修めて信義を敦くする」ものであった。

明治九（一八七六）年五月五日、一行は、釜山から日本によって提供された黄竜丸に乗船、横浜まで海行、そこから東京まで鉄道を利用した。五月二十九日到着した。

「東京日日新聞」は報じた。同社は征韓論反対派である。三月九日付の論説にいう。「朝鮮ノ講和ハ独リ韓人ヲシテ我ガ国是ヲ諒解セシメタル而已ナラズ又従テ我ガ国人ヲシテ彼ノ国情ヲ詳悉セシムルノ実効ヲ現ハスナリ」

五月三十日の論説はいう。

「昨廿九日ハ皆様御待ち兼の客人すなハち朝鮮使節の入京だと申す事にて何が扨もの見高き東京人の持前にて面白くない陸釣《おかづり》さへ立留り見物する位の気風なれバ朝飯まへからの大騒ぎソレモウ来

るだらうナル程アソコへ煙に見える様だなど丶新橋の方を見たり京橋の向を詠《（ママ）》めたりして当もなき取沙汰ハ恰もお祭りの出しを待つにサモ似たり」

一行は大歓待され、明治天皇にも謁見を許された。これは中世以来、歴代天皇では初めての外国使節接見であった。

金正使は、「倭皇」明治天皇について、のちに記録した。この倭皇の呼称は、なお朝鮮の伝統的夷狄観を引きずっている。

「中等の身材、面白は微黄、眼は爛々として精彩有り、神気にして端穆（温和）、未だ諦察を尽くさず」。また帰国後も報告した。「治を図るに励精、勤々怠らず、関白を廃すべく則之を廃す、制度変ずべく則之を変ず」

日本滞在は六月二十六日までの約一カ月であるが、訪問先は多岐にわたった。視察項目は、軍事制度と器械の利便性、さらに日本の社会と風俗であった。

外務省、赤坂仮皇居、延遼館、博物館、日比谷操連練場、海軍兵学寮、陸軍鉋兵本廠、工学寮、開成学校、女子師範学校、書籍館（湯島聖堂）、元老院議事堂などである。

別遣堂上の玄昔運は、帰路に横須賀造船所に招かれた金錡秀に代わって軍艦「天城」、「迅鯨」の建造現場を見学した。また所写官副司果朴永善は種痘館を訪問、その伝習を受けた。

金正使は帰国後、「日東記游」と称する使行記録を著した。日本の自然地理、風俗、都市の様子、天皇制、軍事と武器、学術技芸、物産人物像を網羅したもので、わけても重要なものは「万国公法」

についてであった。金正使はこれを次のように理解した。

「諸国締盟し、六国連衡之如し」

近代の朝鮮開国を迫る「国際法」理解の兆しとなった。

第二回修信使の派遣は、明治十三（一八八〇）年六月二十六日から八月十一日までであった。正使は金弘集（礼曹参議正三品）で総勢は五十八名であった。名目は、日本からの代理公使派遣の答礼と日本の物情調査、さらに「通商章程」の改訂の予備交渉である。

訪問先は、延遼館、外務省、清国公使館、興亜会、赤坂仮皇居であった。興亜会は長岡護美《もりよし》を会長に設立された会で、「欧美（欧米）諸洲に比隆する」ことを目的とし、清国とともにアジアとの友好を保つことを運動していた。同会から例会参加の勧誘があり、修信使から、李祖淵、尹雄烈、姜瑋の三名が送り込まれた。

ところが外務省は、金正使が全権委任状を携帯していなかったことを理由に、協議を拒否した。しかし、金正使は、駐日清国公使の何如璋と会談して、国際的な情報を得るとともに、参賛官・黄遵憲から『朝鮮策略』を寄贈され、帰国後、朝廷に献上した。

黄は清国の外交官で、『朝鮮策略』の要旨は次の通りであった。

一　清朝と朝鮮の宗属関係の強化。

一　日本とアメリカと連携すべきこととし、そのためアメリカと早く条約を締結すること。

一　通商を拡大し、欧州から軍事や工業技術を学び富国強兵を図ること。

朝鮮朝廷は、『朝鮮策略』をめぐって議論が沸騰した。高宗の意向は開国に傾いた。ちなみに金正使は、東京に滞在中、日本に留学中の朝鮮人李東仁に会って親密な関係となった。李は来日前、江華島事件の通訳を務めた本願寺の僧侶、楓玄哲と親交を深め、また、花房義質《よしもと》弁理公使一行が江華島に来るたびに、宿舎を訪れ、日本人と交流した。

明治九（一八七七）年、東本願寺は、外務卿寺島宗則の意向で大久保利通を介して勧められ、いち早く釜山居留地に布教所を開設した。釜山進出は国策であった。奥村円心と平野恵粋の二僧を送り込んだ。建物は「旧参判官館舎」を改造して使い、敷地は八百坪で永代借用であった。これは翌年、「釜山別院」に改称された。住職は輪番制で初代は奥村円心である。その翌年、李東仁は奥村に弟子入りした。当時は、僧侶でない朝鮮人も各地からたびたび訪ねてきていた。また、仏教徒である政治家・金玉均もここで知り合った。李と金はともに朝鮮での開化派であった。その他、金鉄桂、無不、呉文定、黙庵らも、ここを根城に日本に渡った。

ちなみに、円心の祖は、織田信長の近従の武士奥村掃部介である。信長の死後、本願寺教如に帰依し、法名を浄心に改め、支那布教を志した。本山の許しを得て、天正十三（一五八五）年二月、釜山に赴き、布教所を創建した。文禄元（一五九二）年、豊臣秀吉の朝鮮出兵に際して、秀吉より釜山海の寺号を頂戴し、戦没者供養のため高徳寺を建立した。一時帰国するも、浄心は慶長三（一五九八）年夏、再度釜山に行ったが、十二月帰国した。慶長六（一六〇一）年、唐津初代藩主寺沢志摩守に請われて、唐津に釜山海高徳寺を創建した。円心はこの後裔である。

居留地開始直後に八十二人だった日本人は、布教所設置時には三百人となり、一八八〇（明治十三）年には二千人に達し、さらに日清戦争（明治二十七・一八九四年）後には五千人、一九〇二年には一万人を超えるようになった。

明治十二年十一月、別院境内に「東萊府招魂碑」が建てられた。これは、倭館が豆毛浦から草梁に移転する交渉の途次、これに尽瘁《じんすい》し、急死した対馬藩士・故参判官津江兵庫の功績を讃え、その霊を弔うものである。対馬人真島専蔵の請願に依った。場所がこの地に選ばれたのは、この別院の前身が、「参判官館舎」であったからである。

別院は寺の業務の傍ら、多くの事業を展開した。布教用に「真宗教旨」を用い、朝鮮の僧侶に配布、また朝鮮語に訳したものを参拝者にも配った。一八七七年には児童教育を始め、一八七九年「韓語学舎」を創設、居留民に朝鮮語の教育をし、さらに朝鮮人対象に「釜山学院」を設置した。

明治十四（一八八一）年五月一日、円心の「朝鮮開教日誌」はいう。

「閔致福来リ談話シテ曰ク、真宗ノ教法我国（朝鮮）ニ弘通スル時ハ、耶蘇教ヲ防禦スルノ第一策ナリ。此一言感ズルニ余りアリ」

ちなみにその他の日本の寺院の朝鮮進出は、一八八一（明治十四）年に日蓮宗、一八九五（明治二十八）年に西本願寺、一八九八（明治三十一）年に浄土宗、一九〇七（明治四十）年に曹洞宗・臨済宗である。

日露戦争に際して、本願寺宗主明如は「直諭」の中で宣言した。

「本宗の教義を信ずる輩は、已に金剛堅固の安心に住する身に候へば、死は鴻毛よりも軽しと覚悟し、たとい直ちに兵役に従わざる者も、或は軍資の募に応じ、或は恤兵《じゅっぺい》（金品を贈って出征兵士を慰めること）の挙を助け、忠実勇武なる国民の資性と、王法を本とする我信徒の本分とを顕わし」と述べ、明治天皇の従軍派遣について「あまねく遊軍僧侶を出征部隊に派遣し志気を鼓舞するに務め、其労少なからず、朕深く之を嘉《よみ》す」という勅語を頂戴した。これが当時の「奉公」であった。

円心は明治十（一八七七）年、釜山に別院を建立したあと、明治十四年、仁川、元山に東本願寺別院を作った。その後、一旦唐津に帰るも、さらに明治三十二年には千島の色丹島に転じ開教の責任者になった。「アイヌ系」の人々の安寧のためである。

龍頭山のすぐ下、国際市場の入口にある現大覚寺は、別院の名残りである。

明治十二年、李東仁は金玉均、朴泳孝らとともに、花房公使の支援を得て日本に密航、京都・東本願寺に潜伏した。李は京都で半年間日本語を学んだあと、東京に出向き、東本願寺の僧寺田福寿の紹介で福沢諭吉のもとを訪れ、日本人との人脈を作った。政治家や民間人だけでなく、英国人にも接触した。公使館の通訳で、のちに駐日公使を務めるアーネスト・サトウである。サトウは李の人柄を見込み、代理公使ケネディの許可を得て、李を「英国の代理人」に任命した。

明治十三（一八八〇）年九月、李は金弘集とともに帰国した。金の紹介で閔妃の甥・閔泳翊を知り、その肝入りで高宗に拝謁、日本の国情と開国の必要性を訴え、これを好感された。さらに翌十月、日本に舞い戻り、駐日清国公使・何如璋に米韓条約締結の斡旋を要請、その傍ら、十一月、サトウを再訪し、主張した。朝鮮の使節（紳士遊覧団）が間もなく日本に来ると予告したという。英国は、できるだけ多数の堂々たる艦隊を率いて朝鮮に乗り込むことを切に期待するといった。いわゆる英国軍艦による開国要請のための強力な示威行動を指している。

十二月一日、サトーは記録した。

「いま彼（李）の考えているのは、諸外国の代表と外交関係を協議するため、朝鮮の使節を派遣することである」

ちなみに一方では、同年十一月二十四日は、花房弁理公使が東京を出発して、同十二月十七日、漢城に到着した。かねてからの懸案、朝鮮の日本国書不受理を解決するためであった。同十二月二十二日、礼曹判書に面会し、公使駐在と国書奉呈について談判した。公使は主張した。

「『皇帝陛下』と記したこのたびの国書については、朝鮮政府もそれなりの御事情がおありになろうが、先に明治九年、我理事官・宮本小一との対談において、これを贈らないと約束したわけではない、もとより朝鮮国と交誼を厚くするは、我国皇帝陛下の叡旨であり、速やかに貴朝廷に奏聞されるべきと存ずる」

それにより朝鮮政府は、修信使らからの報告にて現今の情勢に鑑み、翌日、国書を受け入れることを決議し、附帯的に、謁見奉書の儀式を定め、煩雑な手間を省き、進退六揖（進退ごとに三拝礼）して花房自らが国書を朝鮮国王に奉呈することになった。

十二月二十七日、花房公使自らこれを行った。朝鮮国王は、外国の使臣を引見し国書を受けるのは初めてのことであった。かくて明治初年よりの朝鮮の日本書契不受理問題は解決した。以下に国書を記す。

大日本大皇帝敬テ
大朝鮮大国王ニ白ス。曩ニ両国交誼ヲ敦クシ当行事務ヲ商ル為メ、代理公使花房義質ヲ簡派セリ。義質貴国ニ往来スル已ニ年所アリ。能ク両国ノ好ヲ賛ス。朕之ヲ器重シ仍チ弁理公使ニ陞任シ貴国京城ニ駐劄シ以テ交渉事宜ヲ弁スルヲ掌ラシム。義質人ト為忠篤精敏ニシテ黽勉《ビンベン》（つとめはげむ）事ニ従フ。朕克ク其任ニ堪ルヲ知レリ。冀クハ、大王幸ニ寵眷ヲ垂レ、時ニ陛見ヲ賜ヒ朕ノ命シテ陳述セシムル所善ク聴納ヲ為シ以テ其職ヲ尽サシメンコトヲ。茲ニ、大王ノ多福ヲ祈ル。
神武天皇即位紀元二千五百四十年明治十三年十一月八日
東京宮中ニ於イテ親ク名ヲ署シ璽ヲ鈐セシム。
御諱国璽
奉勅　外務卿　正四位勲一等　井上馨（印）

これより先、明治十三年五月、元山津が開港され、次いでようやく明治十四年一月二十八日、仁川が開港された。

話を修信使に戻す。

高宗は、花房公使の勧めもあって、開化政策の一貫として、私的な「朝士視察団」を編成させた。日本政府はこれを「全く公命を帯びたる訳にこれなく、名とする所の紳士の遊覧に外ならず」と理解した。非公式な視察団であり、朝鮮政府から日本政府への正式な派遣の挨拶、協力要請もなかった。

編成は朴定陽（参判・従二品）ら朝士十二名、それぞれに随員二名、通訳一人、従者一名で都合六十二名であった。高宗はこれに補助金として、日本円にして一人宛一万五千円を与えた。その余の費用は個人持ちであった。

使節一行のうちには開化派と保守派が混在し、良好な関係ではなかった。釜山では保守派の暗躍、「衛正斥邪」の激しい運動が発生、五十日余も釜山に滞在を余議なくされた。釜山を明治十四（一八八一）年五月五日に出発し、厳原に到着したのが五月七日、長崎到着が翌八日であった。これを日本政府が知ったのは、長崎県からの視察団到着の電報であった。彼らは受・宇の二班に分かれ、東京では文部省、内務省、外務省、大蔵省をはじめ、造船所、造幣局、印刷局、紡績工場、製紙所、鉱山施設、さらに学校、図書館、病院、博物館、新聞社などを歴訪し、見聞に努めた。また、日本の制度では、官制、陸軍、海軍の制度、税制、刑法を学んだ。三条太政大臣ら政府要人には、日本の開化政策について聴聞し、文人三島中州《ちゅうしゅう》らとも交流した。

紳士遊覧団は帰国後、報告書を朝廷に献上、これは政府内部の開化派に絶大な影響を絶えた。

第三次修信使の派遣は、同年八月下旬に編成された。最初、二回目の修信使の正使・金弘集が予定されたが、彼が、「朝鮮策略」を持ち帰ったことで、開化政策に転じた朝廷に反発した慶尚道の儒生・李晩孫らから「嶺南万人疏」が国王に上程されるなど、激しい糾弾を浴び、やむなく守旧派の趙秉鎬（吏曹参判従二品）に変更した。また、日本の状況視察は、直近の紳士遊覧団の報告で尽くされていたから、この修信使の派遣目的は、「通商章程」の輸入税の一割賦課や米穀と紅参の輸出禁止の問題解決であった。総勢三十五名であった。

このたびの国書については、日本から事前に国書がおくられていたから、返礼の朝鮮国王の国書を携帯した。よって正使は、正三品から従二品に格上げされた。

明治十四年九月二十八日、漢城を出発し、十月十九日、釜山港を出航。同二十三日、神戸に入港し、そこで一部下船。同二十六日、一行は「和歌浦丸」で出航、横浜を経て東京に入った。十一月九日、天皇に謁見、国書を呈し、同十七日、外務省と交渉に臨んだ。

ところが、ここで異変が起こった。全権委任の書類上の不備を指摘された。日本側は、輸入税率を五分の低率にする腹であった。交渉は暗礁に乗り上げた。

趙正使は諦めない。清国公使・何如璋を訪ね、助言を乞うた。何は答えた。

「翌年、日英条約の改定が予定されている。よって、輸入税率を認めさせるには、この時を待つべきである」

その間、十二月五日には本郷の天文台を訪問、十日には延遼館での午餐に招かれた。また、随行した張大鏞と申福摸は陸軍戸山学校で陸軍下士の学術を、李銀突は陸軍教導団で歩兵喇叭《ラッパ》術科の伝習を受けた。玄昔運らは興亜会に参加した。

同十二月十七日、一行は東京を出発、同日横浜から帰国の途についた。見るべき成果はなかった。明治十五（一八八二）年、朝鮮は国内的に多難の年であった。同年七月二十三日、興宣大院君らの煽動を受けて、漢城で大規模の兵乱が発生した。大院君は守旧派である。これに対し、大君の実子は高宗、及びその后閔妃一族は開化派である。その前年八月、政府の実権を握っていた閔妃一族は、軍政の改革を目し、日本から顧問として堀本礼造陸軍工兵少尉を招いた。新式の武器や用具が導入され、「別技軍」が組織された。隊員は両班の子弟が多く、その待遇が現行の兵士のものより上回った。さらに、給料（俸給米）の支給が十三カ月も遅れていた。この不満が爆発したのである。

暴動は一旦収まったが、暴行の首魁が捕えられ処刑されると、また暴動が起こった。これは前政権の統領であった大院君の現政権奪取の陰謀であった。

同年八月、大院君は清国に連行され、李鴻章による査問会を受け、天津に幽閉された。その他、官吏ら四人、儒学者九人が「大逆不道罪」に問われ、「凌遅刑」により処刑された。遺体は三日間晒された。なお、その家族、一族、郎党も斬首刑となった。

反乱は在住の日本人にも及んだ。堀本少尉、語学生が危害を受けた。公使駐留武官水野大尉は報告した。

「……混乱する朝鮮政府に公使館を護衛する余裕なく、暴徒の襲撃を受けた日本公使館はやむなく自ら応戦した」

公館は放火され、あとは脱出するだけであった。花房弁理公使は、避難先を京畿観察使の陣営と定め、二十八人の所属員を夜間脱出させた。しかし観察使・金輔鉉はすでに殺害されており、よって漢城脱出を決意。漢江を渡り仁川府に保護されるも、ここも安泰でなく、ついに済物浦《さいもつぽ》（仁川）から小船で脱出。漂流するうちに、英国の測量船フライングフィッシュ号に救われ、長崎に帰還した。殺害された日本人は、堀本礼造など軍人・官員ら十四人であった。のちに彼らは靖国神社に合祀された。

日本政府は賠償を求め、花房公使を全権委員とし、軍艦五隻、歩兵第十一連隊の一個の歩兵大隊及び海軍陸戦隊をつけて仁川に派遣した。これがいわゆる壬午《じんご》事変の概略である。外務卿井上馨の交渉方針は次の通りである。

今般の事変の如きもまた之を公法と情宜とに照らし、宜しく朝鮮政府に責むるに相当の謝罪及び要償を以てすべくして、未だ之に因りて俄かに兵馬の力を藉り、以てその国を蹂躙するの極点の処分を施すに至らざるべし。……

この結果、両国は済物浦条約を結び、日本軍の公使館の警備を約束し、朝鮮に軍隊を常駐させた。同条約の内容は次の通りである。略記する。

㈠加虐した実行犯の逮捕と処罰、㈡被害者の遺族・負傷者への見舞金五万円、㈢損害賠償五十万円、㈣兵営設置費・修理費の朝鮮負担、㈤謝罪使の日本派遣などである。

この謝罪のために修信使が派遣された。

全権大使に朴泳孝（前国王・哲宗の娘婿・金陵尉正一品）以下、全権副大臣・金晩植、従事官・徐光範の三使で、これは過去の通信使の形式に倣うものであった。随行者は、閔泳翊、金玉均、兪吉濬など開化派の面々であった。国王の国書を持参した。

一行は仁川から花房公使と「明治丸」に同船し、同年八月十四日、神戸に到着。半月ほど滞在し、イギリス、アメリカ、ドイツ、ベルギーの領事と会見。八月二十九日、外務卿井上馨と同船、九月一日、最終目的地東京に到着した。九月五日、外務省を訪れ、壬午事変の謝罪、関係者の処分を報じる書契を提示した。天皇に謁見したのは九月八日である。天皇の印象は、「日皇は起立して冠を免じ、容儀は整粛、身材は中等、眼は恢々として量有り」であった。

明治十五（一八八二）年九月十五日、外務省で井上外務卿と交渉に臨み、済物浦条約の補償金の支払い年限を五年延長して十年として妥結した。十月三十日、日・朝の修好条規続約が批准・交換された。布告は十一月二十二日である。

修好条規続約の第一は次の通りである。

元山・釜山・仁川各港間行里程、今後拡為四方各五十里（朝鮮里法）、期二年後（自修約批准之日起算周歳為一年）、更為各百里事。自今期一年後、以楊華鎮、為開市場事。

（第二略）

（附記）諭旨ニ拠リ約ヲ立テ印《いん》ヲ蓋《がい》シ更ニ批准ヲ請ヒ二ヶ月ノ内日本東京ニ於テ交換スベシ

十月二日、延遼館で各国公使との祝賀会が開かれた。その会場の四隅と中央に、各国の国旗に並んで、初めて朝鮮の国旗太極旗が掲げられた。この旗は、朴正使が日本へ向かう船中で考案したものである。朴正使の思いのたけが祝辞にあふれた。

朴正使は、西洋の公使に会う時に「大朝鮮特命全権大使」と自称し、公式外交文書には朝鮮の開国紀元（一三九二年、李朝開始年）を使用し、独立国家の威容を示した。清国との宗属関係を否定する意味合いがある。これで修信使の役目は終わった。同年、朝鮮はアメリカをはじめイギリス、ドイツとも修好条約を締結し、開港に踏み切った。

帰国に際し、井上馨の後援で、福沢諭吉の門下、井上角五郎、牛場卓蔵らが、新聞発行の要員として同行した。翌年十月、金晩植が主管する博文局のもとで「漢城旬報」が創刊された。

話は前後する。

明治十四（一八八一）年五月、半井泉太郎は「大阪朝日新聞」の海外特派員として釜山に赴いた。同地では、父湛四郎がなお医院を継続経営していた。

泉太郎が父の勧めで釜山をあとに上京したのは、明治五年、十二歳の時であった。洋学者尺振八《せきしんぱち》が明治三年、両国に設立した英語塾・共立学舎に学び、次いで明治十年、三菱に勤めるも、上司と意見があわず、ほどなく退社し、京都でしばらく放浪した。比叡山に登り、修業生活し、一時出家得度を考えるも実らず、その後、東京日日新聞社などに匿名で日朝関係について投稿を繰り返し、重宝された。ジャーナリストとしての文才があったのである。この縁で明治十三年五月、「大阪朝日新聞」の主幹津田貞が去って、八月に新しく「魁《さきがけ》新聞」を発刊したので、宇田川文海《ぶんかい》、胡蝶園若菜（貞爾）、小宮山圭介らとともに、これに加盟した。しかし、これも明治十四年八月、経営不振で廃刊した。その前五月、泉太郎は失職した。これを案じた胡蝶園若菜は村山龍平、上野理一を説き伏せ、泉太郎を釜山に渡韓させた。『上野理一伝』での若菜の言葉は次の通りである。

いま釜山には対馬人がたくさん入りこんで成功者も多いので、渡韓すれば何かの伝手があろう。また伝手がなくても同君（泉太郎）は朝鮮語が達者だから通訳としても立って行けそうです。ただ目下困っているのは渡韓も旅費で……ついては折入ってお願いがあるのですが、桃水君の渡韓費を何とかしていただけませんか。……ただしこれは決して半井君に恵与する金でない。……渡韓できれば現地から朝日新聞に詳細な通信を送って貰ってはどうかと思うのです。

同年五月、泉太郎は釜山に赴いた。二十二歳（数え年）であった。釜山で最初に着目したのは、李東仁の暗殺事件であった。明治十四年五月三日の「東京日日新聞」の記事は次の通りである。

曽て東遊せし李東仁は其後参謀官となり閔泳翊の家に寓し居たるが、鎖港論の勢熾なるに及び其身も危しとや思ひけん、三月中旬より閔が家を逃げ出でて、何処に去りたるや、その蹤跡を隠したるに付、国王も憤怒し給ひ、彼碌々たる小人なるかな、今時勢の難を見て徒に身を躱避して自善の計を為すとは何事ぞや、彼は素日本人にて我邦語に通じ偽り、朝鮮人と称したるに非ざるか、とて逆隣あらせられし、……彼の李東仁の如きも或は暗害せられたるにあらざるや抔というものもあり、又此等の毒殺暗殺は皆な大院君の所為なりと云ひ、又は金宏集、李祖淵の両人の謀りし所なりと云ふものもあり、斯く両党の軋轢よりして、其間に種々の猜忌を挟み互いに相傾けんとせば、此末何千人の命を損するも知るべからず。

暗殺の真相は不明である。李東仁は金弘集の穏健開化派と齟齬をきたしたという考えもあった。金弘集の考えは『朝鮮策略』の路線、アメリカと連合するものであった。ここでいう李が日本人である説もデマである。

奥村円心の「布教日誌」の見方はこうである。読み下す。

「……京城の議論憤悱沸が如く見聞すべからず、而して暗作の変怪被害の者甚だ多し、是国中、前無きの乱也」

半井泉太郎の釜山からの第二報は、同六月十四日、「大阪朝日」の記事である。

某（信濃人）は三月下旬より商売の為絶ず居留地に出入する韓人二三名を語ひ、衣冠より履に至るまで尽く新たに調へて装飾を韓人に擬し、密かに二三の韓人に伴なハれて居留地を脱し、東萊（館を去る三里許北地より先は日本人の入るを禁ず）を経て梁山（東萊より四里）に達し、同所を過ぎんとするに当り、某は馬を雇ふて之に乗り、馬上随へたる韓人と何事をか語りしに、一小童傍にて之を聞き忽ち馳て県吏っみ訴へたり（此小童ハ屢々館に物を売りし故能く日本人の語気を解するなり）……

某は逃げんと争ふ折、運の尽きにハ彼某が冠の紐のコックと斬れ落る機会《はずみ》に髻《もとどり》の根添ハ取てハッタと落ち長散髪の顕ハれしより、県吏は何の容赦もなく某は素より韓人まで直に縛して東萊に送り獄屋に厳しく繋ぎおきしハさる三日の事にして、東萊より領事に掛合ひ翌日直に引渡せしが、右に係ハる韓人の何れ近日斬るべしと、又某ハ当時禁固中なるが朝鮮人は必定領事の間者なるべしと云合へる由なれバ、是も唯でハ済むまじとの評判、尚委細ハ落着の後再び発せん。

これは日本人が朝鮮人に変装してスパイ行為を疑われた事件で、問題は釜山遊歩地域規定に違反して域外に出張った問題である。某は東萊府から日本領事館に引き渡され、禁固刑に処せられた。軽い処分である。治外法権のためである。これに引き換え案内した韓人へ対する東萊府の処分は厳しかった。

某案内をなせし韓人禹某は、其後東萊に囚われとなり、日夜過酷なる拷問に遭ひしより遂に同国人中、日本人と親しき者の姓名等詳らかに白状せり、此に於て府伯ハ数多《あまた》の縛吏を出し、既に七八名を捕縛したり。

明治十四年八月、釜山居居留地の郊外、梁山郡亀浦村で日本の商人四人が、朝鮮人集団から殴打される事件が起った。この事件の実録を半井泉太郎は、実名を出すことを憚《はばか》って弟の名義で「朝日新聞」に送った。これは同年九月十一日、「朝日新聞」に掲載された。

去月十八日、在釜山港米穀仲買商末永秀一、梅野徳治、津留定助、堀田忠三郎の四名は、取引上避がたき用事にて梁山郡亀浦村（居留地を距る我里程四里半）に至りしに掛合向の間違ひしより遂に夜に入たる処、八時頃にやありけん、韓人等百人許手に手に得物を携へて突然四人のものを囲み、唯一言の応答にも及ばず我先に打掛りし故、我商人は大ひに驚き二三町も逃げ行きしを尚土民等は追来り、或は礫を飛ばすあり、或は耜鋤《すきくわ》にて打擲《ちょうちゃく》する故、我商人は散々に打ちなされ、皆々手傷を負し中にも堀田は頭部其他に数ケ所の重傷を受し故、殆ど九死一生なりしと、此時津留も軽傷を受け居しが、所詮衆寡敵し難く寧ろ今より館に皈《かえ》り加勢の人数を乞ふに如かずと、直ちに馬を鞭って我居留地に皈りしは午後十一時頃なりき。

この事件で重要なことは二点の違反であった。この年六月、米穀の輸出は禁止となっていたこと、それと梁山郡は居留地の外で、遊歩許可がなかったことである。

この事件を通報された日本の領事警察の岡警部は、翌十九日未明、居留民の軽挙盲動を制止し、医者一名、巡査五名、通訳一人を率いて、騎馬で亀浦村へ急行した。しかし、居留民は制止を聞かなかった。

現地で、岡警部の尋問に、村吏は犯人を引き渡さなかった。行く先不明と曖昧に応えるのみであった。かえって、朝鮮人が撃たれて負傷し、自宅で療養中という。岡警部は医者を伴い、その家を訪ねると誰もいない。かたや居留民はおさまらない、暴動になりかねない。止むなく岡警部は村吏を縛り、東莱府へ行って談判するとして、居留民二人を代表として同伴し、東莱府にて府伯と会った。ところが、府伯は部下を亀浦に派遣するので、村吏を返してくれと哀願した。あとで犯人を引き渡すと約束した。よって岡警部は村吏を返した。

犯人の引き渡しを待っていた居留民は、岡警部の言葉を信用するも、引き渡しが遅れたので、騙されたと怒りだした。釜山の永嘉台の番人某は、ある日本人に肩先二三寸を切られた。その夜は派遣された巡査数名になだめられて、居留民は事無きに終わった。しかし二十日、無慮三百人が協約社に集結、衆議紛々して、あるいは亀浦に押しかけ、犯人詮索を言い出し、あるいは領事に解決を迫った。

このときにあたり、半井泉太郎、藤崎益三郎、国分篤太郎の三人が来て、民衆に呼び掛けた。

東莱府で亀浦の村吏を捕縛していったのだから、村吏が事情を知りながら傷害事件を引き起こしたわけで、勿論責任がある。そうでなければ、職務怠慢である、いずれにしても責任は免れない、村吏を受け取り弁察官に渡して政府に処置を迫るべきである。さらに、警察官の制止を聞かずに行動したのだから、どうせ法律は犯している。この上は、朝鮮人がこのような「凌侮」つまり日本人に対する暴行侮辱を二度としないよう、強行に談判に及ぶべし。

その夜十時頃、抗議する居留民四、五十人が東莱府に押しかけた。岡警部は多数の巡査を率いて出動し、二十人程を捕縛した。半井ら三人は出遅れたので捕縛を免れ、山道をつたって逃れたが、二十人が捕縛されたと聞き、警察に自首した。近藤領事も東莱府行きを予定していたが、警察からの捕縛の報告を得て、行くことを思いとどまった。

後日、領事代理杉村濬が東莱府に赴き、府伯と掛け合おうとしたが、府伯は病気を理由に出て来ず、代理の「弁察官」と面談、先日の日本人襲撃事件の犯人の処分如何を糺した。回答は、杖八十であった。これは寛大に過ぎる、日本では二年以上の禁獄にあたると主張した。府伯代理は答えた、杖八十以上の刑は東莱府の権限ではできない、中央に上申しなければならない、と。

この事件で半井泉太郎は領事裁判を受け、禁固六十日の処分を下された。刑の執行は故郷厳原で為された。これは形式的なものであった。その年の暮れに釈放され、再び釜山に戻った。引き続き「朝日」の通信員となった。

「朝日新聞」は翌年三月一日、事件の結末を報じた。

○前号に度々奉じたる亀浦事件の首犯安性白他二名ハ予て政府へ伺中なりしが、此程遂に厳刑に処せられたる由、其刑名ハ聞漏したれど、先首を刎ね後四肢を切断し之を市に曝すこと五日、夫より全身を塩漬にして二人の者に担ハせ鐘太鼓を打て罪の次第を読み八道を引廻す事の由。

いかにも過酷な処分といわざるを得ない。日本側の圧力に屈したというほかはない。

明治十五年六月二十五日、泉太郎は桃水野史の筆名で「朝日新聞」紙上に朝鮮の小説「春香伝」を二十回にわたり翻訳掲載した。これらの報酬や、宝善堂や楽善堂などの薬品特約販売も兼業し、生活は安定した。

同年七月、いわゆる壬午事変が起こった。興宣大院君らの煽動による大規模な兵士の反乱である（既に記述したので内容は略す）。

半井は早速、取材のため釜山から海行、仁川を経て京城に向かった。韓国の全権李裕元と花房公使との済物浦条約締結（一八八二年八月三〇日）までの交渉経緯、さらには暴動主謀者の口述書並びに断罪の宣告文などを報告した。同年十月、一時大阪に帰るも、十一月、「朝日新聞」の海外特派員となり、釜山に戻った。

明治十六年、半井桃水は釜山で、旧対馬藩士成瀬氏の娘もと子と結婚した。しかし翌年、もと子は肺結核で死去した。桃水は生涯、独身を誓った。

半井桃水の著作の始めは、明治十四年九月、「大阪朝日新聞」の「釜山港花柳通信第二報」（筆名桃水痴人）である。第二とあるから第一があったはずであるが不明である。

これは、釜山居留地の人口の増加につれ繁盛していた状況を表現したもので、その釜山花柳界の裏面を伝えた。一部を記す。


さて此地の芸娼妓の都《すべ》て負債をなす者にて少なきハ二三百円より多きハ千円に至る斯る事の因て起る所を推《おす》に元来此辺にまごつく者ハ彼（長崎）丸山の焼出され皺関の娼家の流れ者故容貌《かお》と技倆とに比較しては前借なども甚だ多く為に自狂《やけ》を起来る者十中八九にてヤレ帳場が気障な言を云ふた主人の仕方が気にくはぬと何彼に付て怒出し……


しかし、釜山居留地の当初は、こういう繁栄はなかった。明治十年のことである。「釜山居生良女」の「潜入交奸」事件が起こった。日本の吏員石幡貞の記録による。

すなわち、同年五月十四日、日本人高島種蔵の家に突然朝鮮の捕吏四五人が乱入にて、捜索のあげく、三人の朝鮮人女子を発見、連行していった。種蔵の言によれば、彼女らは、昨夜戸をたたいてきて、飯を求めたという。断り切れず、家にいれ、食事を与えた。おりしも釜山周辺は米がとれず、未曾有の飢饉であった。するうちに夜があけたが、居留地に朝鮮の女性の入場は厳禁であったから、人目を避け夜になれば、逃がして返そうと思っていたところであった。三女の処刑は悲惨を極めた。以下読み下す。

該婦の縛に就く也、榜掠捶打し、至らざる所無し、（朝鮮）国人の観る者、亦皆口を極めて罵言叱咤す。継いで乱殴を以てす、血痕淋漓す、体完膚無し、捕吏後に在って熟視し敢えて制せず、面は甚だ緊く縛られ、且つ頭髪を連結し、之を牽《ひ》くに犬豕の如し、気息奄々、跂跬《きき》歩に堪えず、棍棒にて駆逐して去らしむ。

挙げ句の果てに、手引きした男一人と女子三人は斬首された。高島にはお咎めはなかった。日本人であるからである。日本人はこのように見た。

「我人民の之に逢う者、皆目を掩い首を俛《た》れた。正視するに能わず云」

旧草梁倭館の女人禁制にも勝る仕置といわざるを得ない。石幡貞は、この事件を追悼して言った。

「果然として罪死するは、饑死するに勝る」

飢え死にするくらいならば、交奸してでも、死んでも構わないほどの貧困の世情であったのである。

しかし、その後、日本人の妻帯者が増えて、日本人の女性が釜山で生活するようになって、ついに黙認された。しかし、入居者が妻帯者ばかりではない。よって花柳界が釜山に出現したのである。

さて、明治十五年六月、「雞林情話　春香伝」（筆名桃水野史訳）を同新聞に二十回掲載した。さらに半井泉太郎名で明治五年、三回にわたり、「京城通信」（第二、第三）、それに「朝鮮みやげ」（一〜三）を同新聞に載せた。この小説は朝鮮語を日本の流麗な文章に翻訳したもので、桃水の才能を発揮した佳品である。桃水の執筆の動機を記す。

我国の朝鮮に関係あるや年已に久しといへども、未だ彼国の土風人情を詳細に描写して、世人の覧観に供せしものあるを見ざりしは、常に頗る遺憾とせし所なるが、近日偶《たまたま》彼国の情話を記《しる》せし一小冊子を得たり。亦以て、其人情の一斑を知るに足るべくして、今日、彼国と通商貿易方《まさ》に盛んならんとするの時に当り、尤も必須なるものなれば、訳して追号の紙上に載す。

明治十六年五月にも、半井泉太郎名で同新聞に「在朝鮮釜山」（一〜四）を掲載し、その後明治二十一年の五年間、著作がない。『東京朝日新聞」に掲載するのは明治二十二年からである。以後十数点の著作はほとんどが「東京朝日新聞」掲載である。筆名は半井の下に痴史もしくは桃水であった。明治二十五年十月、代表作「胡砂《こさ》吹く風」が一五〇回にわたり「東京朝日新聞」に掲載された。この時節、桃水に師事し、そのもとに出入りしていた樋口一葉は、「よもきふ日記」（明治二十六年二月二十三日）に批評文を記した。

胡砂吹く風は朝鮮小説にて百五十回の長編なり。桃水うし、もとより文章粗にして、華麗と幽棲を書きたまへり。又みづからも文に勤むる所なく、ひたすら趣向意匠をのみ尊び給ふと見えたり。なれども林正元（主人公）の智勇、香蘭の節操、青楊の苦節ともにいさゝかもそこなはれたる所なく、見るまゝに喜ばれ、嘆くべきには涙こぼれにこぼれぬ。さるは編中の人物活動するにはあらで我が心の奥にあやつるものあればなるべし……とまれ完美の作にはあらざるべし。

至って辛い評価である。両者の小説に対する肌合いの違いであろう。

『胡砂吹く風』の発行は明治二十六年二月六日、今古堂梓で、この題字と裏表紙の「思量成千世」は藩南朴泳孝の書によるものである。朴は当時の開化派である。桃水との交流があった。

ついでながら、ここにも一葉の推薦文がある。

桃水うしがものし給ひし　こさ吹く風をミ参らせて　かくハ
朝日さすわが敷島の山ざくら　あはれかバかりさかせてしかな（哀れこんなにも咲かせたものよ）

この本の「胡砂」はモンゴルの砂漠である。朝鮮から中国、モンゴル周辺を吹いてまわる砂塵を意味する。砂塵は政治の騒乱を意味する。

この「胡砂吹く風」の主題は、日本と朝鮮の混血児林正元が朝鮮を舞台に生きていく個の恋愛の歴史と、主として朝鮮の壬午事変と甲申政変時の開化派の要人との活躍を記した政治の過程とが復合した物語である。

この本の後編の「序」に、遂軒居士は小説の趣旨を説明した。

……本編胡砂吹ク風ノ主人公ハ、其母朝鮮ニ出テ成功ノ母ノ日本ニ於ケルト其趣相類ス、但彼ハ明末騒乱ノ世ニ遇テ不幸其社稷ヲ亡ヒ孤節ヲ一小島中ニ守テ変セズ是ハ太平無事ノ時ニ生レ希世ノオヲ以テ大ニ其志ス所ヲ達シタルモノナリ、顧フニ今日ノ朝鮮国ハ東洋ノ要衝ニ当リ其消長休戚ハ延テ東洋全土ニ及ブ東洋ノ大勢ニ注目スルモノハ一日モ忽諸《おろそか》ニ附ス可ラザルナリ、桃水氏其意ヲ採リ以テ此編ヲ為ス、其深意ノ在ル所近松（門左）子一部ノ戯曲徒ニ婦女子ノ歓ヲ邀フルモノノ比ニアラズ、殊ニ編中朝鮮国ノ風土人情ヲ写レ、制度交物ヲ叙スル如キハ尤モ世人ニ稗益ヲ与フルモノアリ、尋常一般稗官的ノ著ト其撰ヲ異ニスルヲ見ル、今ヤ其ノ後編印刷成ル、乃チ一言ヲ贅《ぜい》ス、明治癸巳（二十六年）一月春威、猶薄梅信未通時

次いで、その書『胡砂吹く風　後編』一五〇回の末尾はいう。

多年正元が脳裏に画きし内治外交の方案ハ一として用ひられざるなく、就中《なかんずく》此の度の騒乱より三国（日・清・朝鮮）同盟ハ期せずして自から成り、久しく東洋波乱の中に浮沈せし朝鮮半島も

独立王国の宝を得、翌年の春に至りて八三国公《おおや》けに委員を撰び東洋連合大会を日本東京に開く事となり、林正元八三国の印綬を帯びて委員長に推薦せられ是より東洋の進歩著しく、獅英《しえい》（獅子の如き英国）牙を折り、鷲露（鷲の如きロシア）摶《う》つに由なく、林正元の名望ハ富士白頭の山よりも高かりしとぞ。

この部分は虚構で、桃水の政治的願望を表している。

ちなみに、甲申政変を概説する。

壬午事変後、大院君を排除した開化派、金玉均、朴泳孝、徐載弼らは、清国と結ぶ閔氏政権を倒し、朝鮮政府から閔妃一族を一掃の上、新政権をうち立てるため蜂起した。一八八四（明治十七）年十二月のことである。暗殺計画は同月四日、ソウル郵政局の落成式に応じて、この席に招かれた閔氏一族が対象であった。このとき王宮に放火し、この火の手を見て、火消しの指揮のため局を出て現場に向かう者を路上で殺害するのである。ところが王宮の放火に失敗し、局にいた金玉均に連絡され、やむなく金は郵政局付近の民家に放火を命じた。

閔泳翊は、路上に待ちぶせていた日本人宗島和作に斬られ、血みどろで郵政局に逃げ込んだ。金らは、清国軍が攻めて来ると称して国王を騙し、王宮から景祐宮に移した。この報を聞いた宮廷の高官らが景祐宮に詰めかけたが、同門を警戒していた日本軍に遮られ、暗殺を予定されていた者だけ入門させた。尹泰駿、韓圭稷、李祖淵、閔泳穆、閔台鎬、趙寧夏である。

金玉均は新政権樹立を宣言した。「領議政」（首相）に大院君の親戚の一人李載元を、副首相に朴泳孝を任命、そして自ら大蔵大臣となった。

革新政策の十四条目の四項目を記す。

一　国王は今後殿下ではなく、皇帝陛下として独立国の君主として振る舞うこと

二　清国に対して朝貢の礼を廃止すること

三　内閣を廃し、税制を改め、宦官の制を廃すること

四　宮内省を新設して、王室内の行事に透明性を持たせること

同月六日、日本軍の出動が清国側に知らされた。宮廷の重臣南廷哲が清国軍の兵営に来て、国王の日本軍からの救出を懇願したのである。日清両軍の衝突は同日午後三時に始まり三時間で終わった。日本公使と日本軍は公使館を引き上げた。国王は混乱のうちにようやく金らに確保された。朴らは竹添公使に従い、公使館に引き上げた。やがて十二月十一日、ソウルの日本人居留民百余名、日本兵百四十余名とともに、ソウルから仁川に逃れ、便船を得て、朴らも同船、日本に亡命した。洪英植、朴泳教らは国王に従うも、のち清国軍に殺された。

しかし、竹添公使は仁川に留まった。折しも、生き残った閔妃は清国に密使を送り、国王と自分の救出を要請した。清国は袁世凱率いる一五〇〇の兵を送りこみ、王宮を守る日本軍一五〇人を攻略、銃撃戦の末、竹添公使は日本公使館に火を放って長崎に敗走した。日本公使館に逃げ込まなか

った居留民、婦女子三十名は、清兵に凌辱、逆殺された。かくて新政権は三日天下に終わった。親清派の守旧派が臨時政府を樹立した。開化派の残った者は、家族を含め概ね三親等までの近親者が残忍な処刑を受けた。追って日本に亡命した金玉均は、その後日本を転々とするも、のち上海に渡り、明治二十七年三月、刺客洪鐘宇に暗殺された。

翌明治二十八年一月、日韓交渉は始まった。その結果、日本の主張通り「漢城条約」が決まった。交渉役は井上外務卿であった。

一　朝鮮国の謝罪
二　日本人被害者及び遺族に対する補償
三　磯林大尉を殺害した犯人の探査・逮捕・処罰
四　焼失した日本公使館と兵営建築のための敷地と資金の提供

清国との交渉は同年四月三日、天津にて伊藤博文と李鴻章との会見で始まった。条約（天津条約）の要旨は次の通りである。

一　ソウルからの両国軍隊の撤兵
二　今後日清両国は朝鮮国軍を教練するための顧問を送らない

三　将来朝鮮国に重大な変乱が起こった場合に、日清両国もしくはその一国が出兵するとき、互いに行文知照し、事がおさまればすぐに撤兵すること

話を桃水に戻す。

桃水の新聞報道は甲申政変の時期から途絶えた。小説への関心が高まっていったのであろう。

その後、桃水は、日清戦争（明治二十七年）に際して「続胡砂吹く風」（明治二十八（一八九五）年一～四月）を「東京朝日新聞」に七十回にわたり連載し、その後中断した。この作品は当時の朝鮮を舞台に、日本、満州、朝鮮、清国がそれぞれ政治的に独立して、同盟を組むとの意図をもって書かれたといわれる。しかし、現実はそうならなかった。

紆余曲折あって、釜山居留地がその役目を終わるのは、そのあと十五年、日露戦争（明治三十七年）を経て、日韓併合条約の締結（明治四十三・一九一〇年）を待たなければならなかった。

その間、高宗は、旧暦一八九五年十一月十六日を、翌一八九六年一月一日に新暦の太陽暦に変更した。よって、新正を「我がソル（正月）」あるいは「朝鮮のソル」とし、旧暦の旧正を「日本のソル」あるいは「倭奴《ウエノン》のソル」と称した。

ここには旧暦が日本の侵攻（倭奴）の時代という潜在意識がある。

同じく一八九五年十月七日、日本公使三浦梧楼は、日本の守備隊と大陸浪人に指令して、親露国派の朝鮮国王妃・閔妃とその一派を暗殺した（乙未《いつび》事変）。このあと大院君（李昰応）を味方に引き

込み、金弘集内閣を親日政権に仕立てあげた。新政権は、閔妃殺害の真犯人を李周会ら朝鮮人と指名、処刑した。しかも同年十一月、断髪令が強行された。これも日本の先例にならうものである。民衆は憤激した。忠清道の報恩などで「挙義討賊」を呼びかける地方の儒生が立ち上がり、拡大していった。蜂起の主力は農民である。義兵部隊は、忠清・慶尚・江原の三道が境を接する一帯で猛威を振るった。このときにあたり、義兵将の一人、柳麟錫は「義兵にあたう」の詩を発した。

伝統はながく　礼儀の国と　その名も高き　わが朝鮮　国の興亡はいままさに　人民の双肩にかかる　狡猾欺まんの倭国の侵攻　われらは坐して待つべきか　われら人民の総力あつめ　なすべきことを　いざなさん　いざ立たん

日本公使は報告した。

「韓国上下ノ人心凡テ帝国ニ背離スルト同時ニ所謂日本派ナルモノノ勢力モ全ク地ヲ掃フテ空シキ有様」

日本の勢力が一時後退し、金弘集内閣が崩壊し、断髪令が中止されるや、内乱は治まった。いわゆる甲午農民の反乱である。

一八九七（高宗三十四・明治三十）年十月十一日、高宗は上疏を受け、それにより朝鮮の独立を自ら画策し「大韓帝国」を宣言、自ら皇帝（光武帝）となった。しかし同国は、一九〇四（明治三十七）年の日露戦争後、日本の反露政策のもとに朝鮮と露国の条約を廃棄させられ、八月、「第一次日韓協約」を締結され、善隣友好の道を選択することは閉ざされて、以後一九一〇年まで日本の干渉が続いた。

ちなみに、右「第一次日韓協約」に先立ち、明治三十七年二月二十三日、日本の特命全権公使・林権助と韓国の外務大臣臨時署理陸軍参将・李址鎔との間に契約された「議定書」は次の通りである。

第一条　日韓両帝国間ニ恒久不易ノ親交ヲ保持シ東洋ノ平和ヲ確立スル為大韓帝国政府ハ大日本ヲ確信シ施政ノ改善ニ関シ其ノ忠告ヲ容ルヽ事
第二条　大日本帝国政府ハ大韓帝国ノ皇室ヲ確実ナル親誼ヲ以テ安全康寧ナラシムル事
第三条　大日本帝国政府ハ大韓帝国ノ独立及領土保全ヲ確実ニ保証スル事
第四条　第三国ノ侵害ニ依リ若クハ内乱ノ為メ大韓帝国ノ皇室ノ安寧或ハ領土ノ保全ニ危険アル場合ハ大日本帝国政府ハ速ニ臨機必要ノ措置ヲ取ルヘシ而シテ大韓帝国政府ハ右大日本帝国ノ行動ヲ容易ナラシムル為メ十分便宜ヲ与フル事
大日本帝国政府ハ前項ノ目的ヲ達スル為メ軍略上必要ノ地点ヲ臨機収用スルコトヲ得ル事
第五条　両国政府ハ相互ノ承認ヲ経スシテ後来本協約ノ趣意ニ違反協約ヲ第三国トノ間ニ訂立スル事ヲ得サル事

第六条　本協約ニ関連スル未悉ノ細条ハ大日本帝国代表者ト大韓帝国外部大臣トノ間ニ臨機協定スル事

李朝の終わりであった。

ちなみに、樋口一葉は明治二十九（一八九六）年十一月二十三日、二十五歳で亡くなった。その後、明治四十（一九〇七）年、桃水は後妻を迎えた。旧対馬藩士大浦繁太郎の長女岩枝である。彼女は歌沢寅右衛門の門人で寅千代といい、のちに小唄に転じ、豊千代と名乗った。

桃水は大正十五（一九二六）年十一月二十一日、敦賀の病院で、妻にみとられて死去した。東京の駒込の曹洞宗養昌寺に葬られた。戒名は観清院謡光冽音居士である。六十七歳であった。

参考文献

中井竹山著『草茅危言』一七八九年（経済雑誌社〔経済叢書〕、一八九四年）
桃水痴史（半井桃水）著、筒井民次郎編『胡砂吹く風 前・後編』今古堂・金桜堂、一八九三年
浅川伯教著『釜山窯と対州窯』彩壷会、一九三〇年
松平定信著、松平定光校訂『宇下人言・修行録』岩波文庫、一九四二年
佐田白茅編『征韓評論』一八七五年（吉野作造編『明治文化全集 第二二巻 雑史篇』一九四七年）
田保橋潔著『近代日鮮関係の研究 上巻』文化資料調査会、一九六三年
山辺健太郎著『日韓併合小史』岩波書店、一九六六年
昭和女子大学近代文学研究室編『近代文学研究叢書 第二五巻』（半井桃水ほか）、昭和女子大学、一九六六年
呼子丈太朗著『倭寇史考』新人物往来社、一九七一年
貝原益軒著、益軒会編『益軒全集 巻之五』国書刊行会、一九七三年
長崎県史編纂委員会編『長崎県史 藩政編』吉川弘文館、一九七三年
申維翰著、姜在彦訳注『海游録――朝鮮通信使の日本紀行』平凡社、一九七四年
朝鮮史研究会編『朝鮮の歴史』三省堂、一九七四年
松田甲著『日鮮史話 第三巻』原書房、一九七六年
姜在彦著『朝鮮の攘夷と開化――近代朝鮮にとっての日本』平凡社、一九七七年
山田勝美著『論衡〔中〕』（新釈漢文大系 68）明治書院、一九七九年
映像文化協会編『江戸時代の朝鮮通信使』毎日新聞社、一九七九年

柳世竜著、朴鐘鳴訳注『懲毖録』平凡社、一九七九年
毛利敏彦著『明治六年政変』中央公論新社、一九七九年
次田真幸著『古事記（中）全訳注』講談社、一九八〇年
金富軾著、井上秀雄訳注『三国史記』全四巻、平凡社、一九八〇〜八八年
田中健夫著『倭冦――海の歴史』教育社、一九八二年
田代和生著『書き替えられた国書――徳川・朝鮮外交の舞台裏』中央公論新社、一九八三年
李進煕著『倭館・倭城を歩く――李朝のなかの日本』六興出版、一九八四年
三宅英利著『近世日朝関係史の研究』文献出版、一九八六年
宇治谷孟著『日本書紀（上・下）全現代語訳』講談社、一九八八年
金錫亨著『古代朝日関係史――大和政権と任那』勁草書房、一九九〇年
姜範錫著『征韓論政変――明治六年の権力闘争』サイマル出版会、一九九〇年
星野良雄著『広開土王碑研究の軌跡』吉川弘文館、一九九一年
申叔舟著、田中健夫訳注『海東諸国紀』岩波書店、一九九一年
田井友季子著『対馬物語――日韓善隣外交に尽力した雨森芳洲』光言社、一九九一年
泉澄一著『近世対馬陶窯史の研究』関西大学東西学術研究所研究叢刊(8)、一九九一年
白崎昭一郎著『広開土王碑文の研究』吉川弘文館、一九九三年
峰町誌編集委員会編『峰町誌』峰町、一九九三年
辛基秀・仲尾宏責任編集『大系 朝鮮通信使 第四巻（辛卯・正徳度）・第五巻（己亥・享保度）・第七巻（甲申・宝暦度）』明石書店、一九九三・一九九五・一九九四年
上垣外憲一著『ある明治人の朝鮮観――半井桃水と日朝関係』筑摩書房、一九九六年

片野次雄著『徳川吉宗と朝鮮通信使』誠文堂新光社、一九九六年
李元植著『朝鮮通信使の研究』思文閣、一九九七年
沈箕載著『幕末・維新 日朝外交史の研究』臨川書店、一九九七年
厳原町誌編集委員会編『厳原町誌』厳原町、一九九七年
孫承喆著、鈴木信昭監訳『近世の朝鮮と日本』明石書店、一九九八年
永留久惠著、岡田武彦監修『雨森芳洲』西日本新聞社、一九九九年
福岡地方史研究会古文書を読む会編『福岡藩 朝鮮通信使記録 九』福岡地方史研究会、一九九九年
金仁謙著、高島淑郎訳注『日東壮遊歌――ハングルでつづる朝鮮通信使の記録』平凡社、一九九九年
M・W・スティール著、小島康敬編『鏡のなかの日本と韓国』ぺりかん社、二〇〇〇年
ケイト・W・ナカイ著『新井白石の政治戦略――儒学と史論』東京大学出版会、二〇〇一年
賈島憲治著『雨森芳洲の運命』風媒社、二〇〇一年
田代和生著『倭館――鎖国時代の日本人町』文藝春秋、二〇〇二年
石田徹著「明治初期日朝交渉における書契の問題」(『早稲田政治経済学雑誌』第三五六号、二〇〇四年)
小野正敏・五味文彦・萩原三雄編『中世の対外交流――場・ひと・技術』高志書院、二〇〇六年
鄭章植著『使行録に見る朝鮮通信使の日本観――江戸時代の日朝関係』明石書店、二〇〇六年
眞壁仁著『徳川後期の学問と政治――昌平坂学問所儒者と幕末外交変容』名古屋大学出版会、二〇〇七年
信原修著『雨森芳洲と玄徳潤――朝鮮通信使に息づく「誠信の交わり」』明石書店、二〇〇八年
永留久惠著『対馬国志 第一巻・第二巻』対馬国志刊行委員会、二〇〇九年
嶋村初吉編著・訳『李芸――玄界灘を越えた朝鮮外交官』明石書店、二〇一〇年
伊藤章治著『サツマイモと日本人――忘れられた食の足跡』PHP研究所、二〇一〇年

上田正昭著『倭国から日本国へ――画期の天武・持統朝（新・古代史検証　日本国の誕生5）』文英堂、二〇一〇年
斎藤弘征編『対馬易地聘礼200周年記念』対馬観光物産推進本部、二〇一一年
田代和生著『新・倭館――鎖国時代の日本人町』ゆまに書房、二〇一一年
金潤煥著『開港期釜山における東本願寺別院と地域社会』（『開港都市研究』第六号、神戸大学大学院人文学研究科海港都市研究センター、二〇一一年）
田中健夫著、村井章介編『増補　倭寇と勘合貿易』筑摩書房、二〇一二年
趙景達編『近代日朝関係史』有志舎、二〇一二年
雨森芳洲著、田代和生校注『交隣提醒』平凡社、二〇一四年
貫井正之著「孫文彧試論」（縁地連朝鮮通信使地域史研究会『朝鮮通信使地域史研究』創刊号、二〇一五年）
仲尾宏著「宗成職島主期の日朝関係」（縁地連朝鮮通信使地域史研究会『朝鮮通信使地域史研究』創刊号、二〇一五年）

示車右甫（じしゃ・ゆうほ）

1931（昭和6）年，福岡市に生まれる。

1950（昭和25）年，福岡市立博多工業高等学校卒業。

2004（平成16）年，東福岡信用組合退職。

【著書】

『断食者崩壊』（1967年。福岡市民芸術祭賞・小説部門の一席）

『天草回廊記』（上・下，文芸社，2006・08年）

『対馬往還記』（海鳥社，2009年）

『天草回廊記 志岐麟泉』（海鳥社，2010年）

『天草回廊記 隠れキリシタン』（海鳥社，2012年）

『廃仏毀釈異聞』（海鳥社，2014年）

『歴史探訪 天草興亡記』（海鳥社，2015年）

『瀬戸焼磁祖 加藤民吉，天草を往く』（花乱社，2015年）

『天主堂二人の工匠――小山秀之進と鉄川与助』（海鳥社，2016年）

『破戒僧 親鸞』（櫂歌書房，2019年）

日《につ》朝《ちよう》交《こう》隣《りん》外《がい》史《し》ノート

❖

2020年1月15日　第1刷発行

❖

著　者　示車右甫

発行者　別府大悟

発行所　合同会社花乱社

〒810-0001 福岡市中央区天神 5-5-8-5D

電話 092(781)7550　FAX 092(781)7555

印　刷　モリモト印刷株式会社

製　本　有限会社カナメブックス

[定価はカバーに表示]

ISBN978-4-910038-12-4

瀬戸焼磁祖　**加藤民吉、天草を往く**

示車右甫著

瀬戸焼の礎を作った加藤民吉の知られざる九州での修業時代を中心に描いた歴史小説。肥前・肥後の各地の皿山を遍歴，天草陶石と出会い，遂に色絵の秘法に達する——。

▷四六判／284ページ／並製／本体1600円